Theodor W.
Adorno
阿多诺选集 遗著

辩证法导论

[德] 阿多诺 著
[德] 克里斯托夫·齐尔曼 编
谢永康 彭晓涛 译

Einführung in die Dialektik (1958)

上海人民出版社

国家社科基金重大项目资助
阿多诺哲学文献的翻译与研究（编号：20&ZD034）

总　　序

如果没有特奥多·W.阿多诺，没有这个哲学家、音乐理论家和社会学家，就不会有批判理论。当然，还有其他人，为20世纪哲学的这个重要流派奠定了基石；也还有其他人，在这个学派的最初岁月里就公开地铸就了其知识形象（intellektuelles Erscheinungsbild）。马克斯·霍克海默开启了后来被称为“法兰克福学派”的批判理论传统，他于1930年被聘为社会研究所的所长，这个研究所是1923年在法兰克福建立的。在霍克海默还未被委以新任的时候，他身边就聚拢了一个由志同道合的科学家构成的圈子，一起以一种非正统的马克思主义精神来研究当时资本主义的结构和动力；此时他特别重视研究规划的经验性方向，采取学科交叉的项目形式，对西欧资本主义社会的实际发展——而不仅仅是假设的发展——进行探索。在开始的阶段，霍克海默认为意义特别重大的问题是，考虑到历史形势的改变，坚持马克思主义关于无产阶级革命潜力的旧有信条，是否还是合时宜的。与此相应的，是关于无产阶级成员的社会化条件和人格性形成的受精神分析影响的研究，这些研究从根本上规定了那时批判理论在公共领域中的形象。而阿多诺则相反，他受他的朋友霍克海默之托，在研究所从事哲学和美学方面的基础课题，从一开始就完全处于这种经验研究活动的阴影之中；他关于方法论、音乐理论和历史哲学的作品，虽然正合西方马克思主义的激进代表人物的小圈子的兴趣，但是最初在研究所的内部并没有更大的影响。当社会研究所结束美国的流亡，迁回法兰克福之后，这个由霍克海默建立的批判理论，除了阿多诺之外，就没有任何别的名字能够代表，而这已然是 20 年之后的事了；又过了 20 年，阿多诺被西德学生运动视为理论学派的知识分子首领，人们将反抗联邦共和国国内复辟和固化的关系的本质性冲动归功于这个理论学派。如今，被称为批判理论或者法兰克福学派的东西，几乎等同于特奥多・W.阿多诺的著作。因此，这个思想家对这个 20 世纪哲学最重要的流派之一所具有的杰出意义，乃是源于其否定主义方法的激进性，源于其理论工作的令人惊叹的涉猎范围，源于其思想姿态的刚正不阿。

在特奥多・W.阿多诺，这个天资聪慧的学生于 1930 年成为社会研究所的成员之时，他才刚刚 27 岁；此时他已经在维也纳跟随十二音音乐之父学习了音乐理论，并在他的家乡美因河畔法兰克福学习了哲学。在他关于一种批判理论的方法论的诸多早期作品中，就已经显露出否定主义的特征了，这些在后来构成了他的整个哲学和社会理论的根本特征。在结束了对格奥格尔・卢卡奇的《历史与阶级意识》的开创性研究之后，青年阿多诺便认为，社会世界处于资本主义经济的统治之下；只有在对外部自然和内部本性的控制可能性的工具性计算形式下，这种经济才允许人类理性的潜能发挥出来。阿多诺哲学的独特面貌是在其因纳粹掌权而被迫于 1938 年流亡美国期间才获得的，而在此之前他已经在英国的牛津大学停留了 3 年作学术研究。在美国，当时快要 40 岁的阿多诺，开始逐渐意识到，被资本主义强迫推行的理性单一化在当时已经达到了如此程度，以至于社会生活的所有冲动和实施都受到了它的损害。因此阿多诺从现在开始将蔓延到全球的资本主义统治理解为一种“总体的蒙蔽关联”(totalen Verblendungszusammenhang)，在其中主体、自然，包括心理感受，都被按照同一种模型来处理，这种模型将所有鲜活事物都归结为某种单纯物性的可支配的东西。阿多诺这种否定主义最终影响如此深远，以至于他同时作为音乐理论家和作曲家能够辨认出，只有在现代的、加密的艺术作品中，还留有反抗理性的社会病理学的一席之地；阿多诺的所有后期著作，无论是《否定的辩证法》《美学理论》《最低限度的道德》，还是那许多文化批判文集，都是这种思考的见证，它试图对抗资本主义对我们理性能力的肢解，回忆那沉睡在艺术中的、一种非同一化的世界关系的力量。借助于这个动机和基本思想，特奥多·W.阿多诺成为了所有批判理论在精神上的核心人物；任何在今天努力接续法兰克福学派传统的人，都必须接受阿多诺哲学的严格、严肃和远见的衡量。

因为阿多诺的著作在20世纪哲学中是如此独一无二和不可分割，现在上海人民出版社已经作出决定，出版一套规模宏大的著作选集，以让中国的公众能够受惠，这是功德无量的。这勇敢的一步，不仅仅标志着东西方知识文化之间迟来的接近；而且，它还是一个明确的信号，即无论在东方还是西方，在经济的应用兴趣和政治的权力诉求重新占据主导地位的今天，都需要一种思维，这种思维在对工具合理性的批判中，呼唤我们真实理性的人道和负责任的潜力。我们，在西方想要推进批判理论传统的我们，只能希望，这个宏大的、令人钦佩的阿多诺著作中文出版计划，对它自己的国度亦不无裨益。

阿克塞尔·霍耐特

2020年7月于美因河畔法兰克福

目　录

第一讲

(1958年5月8日[1])

诸位在这里即将了解的辩证法概念,与关于远离事物本身、沉迷于单纯概念艺术的思维那种流行概念无关。在哲学刚浮现出辩证法概念的地方,在柏拉图那里,就已然是相反的含义,即一门应该能免于沦为诡辩论操纵的牺牲品的思维学科。柏拉图认为,人们只有对事物有所理解,才能就诸对象说出些合理的东西来[《高尔吉亚篇》(*Gorgias*)、《斐德若篇》(*Phaidros*)]。[2] 在其起源处,辩证法正意味着尝试一种对概念思维的严密组织来克服单纯概念的骗局。柏拉图试图用其对手(即智者们)自己的方式来击败他们。 9

尽管如此,从古代流传下来的辩证法概念与我所指认的东西相去甚远。因为古代的辩证法概念是一种哲学方法的概念。在某种程度上说,辩证法的概念一直都是如此。辩证法是一种思维方法,但更是事物的一种特定结构;无论如何,出于非常根本的哲学考虑,这种结构应该被作为哲学思考的主导尺度。

辩证法在柏拉图那里意味着,哲学思想并非立于原地、一成不变地继续存活,而是以这样一种方式继续存活,即它在我们没有意识到的情况下塑造了我们的意识。柏拉图的辩证法是这样一种学说,它对概念适当排序，以让具体的概念上升到最高和最普遍的概念。最初，诸理念不过是思维将自己提升而达到的最高的普遍概念。[3]另一方面，辩证法
10 又指人们用正确的方法自上而下地对诸概念进行划分。[4]如何正确地对概念进行划分这个问题，让柏拉图预见到了另外一个难题，即如何分派概念，以使之与在其下被把握到的事物相适应。一方面，它要求逻辑的概念形成(Begriffsbildung)，但是不能强行按照某种图型来完成，而是说概念必须以与事物相称的方式得以形成。辩证法与林奈(Linné)的植物分类学体系[5]以及基于植被结构的自然系统相类似。古代的、传统的辩证法概念无非是一种规整概念的方法。

另一方面，柏拉图也已经意识到，我们并非直接知道，我们印刻在事物上的概念秩序是否同样也是诸对象自身具有的秩序。柏拉图和亚里士多德都非常重视以概念来模仿自然，这样便有助于它们去表达其下被把握到的事物。我们是从何知道某种最初位于诸概念对面的非概念性存在的呢？我们注意到，个别概念自身会陷入困境；那么基于这种不足，我们必须转向一种更好的概念构造方式。这就是辩证法的基本经验，即通过与概念所表达的东西的对抗来推进诸概念。人们必须进行比较，被给予性(Gegebenheiten)是否与相应的概念符合一致。

辩证法虽然是一种方法，本身涉及的是一种思维方式，但同时它又不同于其他方法，因为辩证法一再尝试根据事物本身的被给予性来矫正自身，而不是凝滞不动的。让我们来尝试为辩证法下一个定义：辩证法是这样一种思维，它并不满足于概念秩序，而是通过诸对象的存在来实现矫正概念秩序的技艺。辩证思维的命脉就在这里——矛盾性的因
11 素。辩证法与人们对它的设想相反，它不仅仅是一种单纯的操作技艺，而且还是一种克服单纯概念性操纵的努力，是一种在任何层次上都维持思想与其下把握的东西之间张力的努力。辩证法是思维方法，但不仅仅是方法，还是一种克服方法的单纯任意性，并将那本身不是概念的东西带进概念的努力。

关于“夸大”[6]的问题:据说,真理必须永远是更单一的、原始的,那些远离这一原则的东西应该只是任意的添附。这种观念的前提是,世界就像它外表所显现的那样。在这个问题上,持有该立场的哲学应该说彻底搞错了。一种不竭力克服根深蒂固的观念(die eingeprägten Vorstellungen)的思维,不过是对人们所说所想的东西的单纯复制而已。哲学应当教导我们不让自己变得愚蠢。黑格尔在与歌德的对话中说道:“哲学是组织起来的矛盾精神。”[7]任何刺穿表面或者必然的假象(即意识形态)的思想,总是被夸大了的。辩证法走向极端的趋势,在今天恰好具有承受住超额的外部压力的功能。

辩证法使自己意识到,一方面要具备思想,另一方面要具备思想竭力把握的东西。辩证的思维不是单纯理智主义的,而且它还恰恰是通过事物来对思维进行自我限制的努力。那么,思维如何在思维规定的范围之内对事物产生效果?黑格尔在《精神现象学》[8]中认为,在思想所经历的运动的每个阶段,都有直接性的再次回归。思想总是发现自己面临对立面,面临那可以被称为自然的东西。辩证法的导论,必须在不断面对实证主义的问题的过程中进行。它不能假装实证主义的标准 12
并不存在,而是[必须]努力以自己来衡量自身,从而超越实证主义本身的概念。实证主义是辩证法的一个要素,而不是什么世界观。

注释

① 阿多诺1958年5月8日的第一次讲演并没有录音转抄。这里的文字是根据为这个讲演而作的速记稿整理而成的。

② 在早期的对话《高尔吉亚篇》中,柏拉图让智者高尔吉亚(公元前483—前375)首先提出这样的论点:“在大众面前,没有一个雄辩家在对话中比随便一个行家更有说服力,这种情况是不存在的。”(Gorgias, 456 c4—6;如未特别说明,本书均采用施莱尔马赫的翻译。Vgl. Platon, *Sämtliche Werke*. In der Übersetzung von Friedrich Schleiermacher hrsg. Von Walter F. Otto u. a., Hamburg 1957—59.中译参阅柏拉图:《柏拉图全集》第一卷,王晓朝译,人民出版社2002年版,第331页,译文有改动。)接着,他的对话者苏格拉底区分了两种说服的类型,通过这种区分,柏拉图使他的辩证法与诡辩

论形成鲜明的对比：一种说服类型只产生于意见和信仰，因为它对所说的事物一无所知；另一种说服类型是通过对事物各方面本性、概念和根据的认识而产生知识。然后，对话的第一部分以高尔吉亚的妥协结束，他承认为了能够传授他的修辞艺术，一个真正的雄辩家的确必须具备专业知识。(Vgl. Gorgias, 459 c8—460 b1.中译参阅柏拉图：《柏拉图全集》第一卷，第334—335 页。)在稍晚的《斐德若篇》中，那用来区分好的和坏的雄辩家的第二个主体部分围绕“有没有专业知识”这个相同的反题展开：“苏格拉底：文章要做得好，主要的条件是作者对于所谈问题的真理要知道清楚。你是否这样看？”(Gorgias, 259 a4—6.中译参见柏拉图：《斐德若篇》，朱光潜译，商务印书馆 2018 年版，第 48 页。——中译者注　《高尔吉亚篇》似为《斐德若篇》，疑为编者考据错误。)阿多诺在自己的柏拉图版本[Plato, *Sämtliche Dialoge*, hrsg. von Otto Apelt, Bd. 2, Leipzig o. J. (ca. 1922)]中给这段话加了下画线，并在边缘处加了一个“F”(德语“强调”的意思——中译者注)；在这段话上方写着“修辞学理论的核心”。在《斐德若篇》中，讨论也得出了与《高尔吉亚篇》相同的结论：“苏格拉底：作者对于所写所说的每个题目须先认明它的真正的本质，……在他还没有做到这步功夫以前，他就不能尽量地按照艺术去处理文章，无论他的目的是在教学还是在说服。这就是前面辩论所得的结论。”(Phaidros, 277 b5—c6.中译参见柏拉图：《斐德若篇》，第 77—78 页。)

③ 对于这种从具体到普遍——到理念——的上升运动，《会饮篇》中蒂奥提玛演讲的最后一段话是经典篇章，阿多诺多次提到这段话(阿多诺在他的柏拉图版本中为这段话加上了大量的标记和旁注)。(Vgl. Symposion, 210 a—211 b; s. auch S.28 sowie Anm. 27.中译参阅柏拉图：《柏拉图全集》，第二卷，第 253—254 页。)

④ 鉴于这种双重运动——向最高的普遍概念进展的上升运动，通过划分概念结构的下降运动——以及他以下的考虑，阿多诺显然对柏拉图的一段话记忆犹新，这段话出现在《斐德若篇》最后一节，在将爱的辩证概念规定为疯狂的神圣本性之后。柏拉图的这段话是：

苏格拉底：我认为这篇文章在大体上只在开玩笑，不过在信手拈来之中倒有两个明显的法则，各有它的功能，颇值得我们求得一个系统的了解，假如我们能的话。

斐德若：什么法则呢？

苏格拉底：头一个法则是统观全体，把和题目有关的纷纭散乱的事项统摄在一个普遍概念下面，得到一个精确的定义，使我们所要讨论的东西可以一目了然(……)第二个法则是顺自然的关节，把全体剖析成各个部分，却不要像笨拙的宰割夫一样，把任何部分弄破。(……)就我这方面来说，我所笃爱的就是这两种法则，这种分析和综合，为的是会说话和会思想。不仅如此，若是我遇见一个人，他能如其本然地看出一和多，我就要追随他,"追随他的后尘像追随一个神"。凡是有这种本领的人们,我都一直把他们叫作"辩证术家";叫得对不对,只有天知道。(Phaidros, 265 c8—266 c1.中译参见柏拉图:《斐德若篇》,第 58—60 页。)

这段话在阿多诺的阿佩尔特版《柏拉图全集》中得到丰富的注释。阿佩尔特将施莱尔马赫译本中"wie jedes gewachsen ist" [hē péphyken]这个表述翻译成"der Natur entsprechend",阿多诺为这句话加了下划线。在这页上方,可以发现三条下划线的提示:διαίρεσις[dihaíresis]符合自然。柏拉图这里提出要求,在概念规定的过程中非暴力地紧贴事物的本性,这对阿多诺的辩证法观念来说具有核心的意义。他在《否定辩证法》中详细地发展了——又一次参引《斐德若篇》——这一思想(vgl. GS 6, S. 53 f.中译参阅阿多诺:《否定的辩证法》,张峰译,上海人民出版社 2020 年版,第 35 页)。无论如何,柏拉图在《斐德若篇》中就其晚期的辩证法观点所说的,只不过是对借助概念二分进行的定义的新程序的一般说明,这个新程序他在《智者篇》中才首次充分展开,并将其作为"辩证科学"来进行概念把握。(Vgl. Sophistes, 253 d1—e2.中译参阅柏拉图:《柏拉图全集》第三卷,第 58—59 页。)

⑤ 卡尔・冯・林奈(Carl von Linné, 1707—1788),他的著作《自然系统》被视为现代生物分类学的奠基之作。在阿多诺看来,这部作品中所使用的对其对象进行分类的方法,是一种只是外在的、根据抽象—逻辑的图型进行的方法的集中体现。

⑥ 阿多诺这样安排他的第一次讲座,即先采纳并试图逐步反驳针对辩证法的三种流行偏见。这些偏见涉及:辩证法是借助单纯的概念进行的人为操作,辩证法夸大了一切,辩证法是理智主义的。

⑦ 根据爱克曼的记录,在被歌德问及黑格尔对辩证法的看法时,他回答道:"辩证法不过是每个人所固有的矛盾精神经过规律化和系统化而发展出来的。"(Johann Peter Eckermann, *Gespräche mit Goethe in den letzten Jahren seines Lebens*, Eintrag vom 18. Oktober 1827; in: Johann Wolfgang Goethe, *Sämtliche Werke nach Epochen seines Schaffens*, hrsg. von Karl Richter, Bd. 19, hrsg. von Heinz Schlaffer, München und Wien 1986, S. 603.中译参见爱克曼:《歌德谈话录》,朱光潜译,人民文学出版社 1978 年版,第 162 页。)

⑧ 参见 Georg Friedrich Wilhelm Hegel, *Werke*. Auf der Grundlage der Werke von 1832—1845 neu edierte Ausgabe. Redaktion Eva Moldenhauer und Karl Markus Michel, Bd. 3: *Phänomenologie des Geistes*, Frankfurt a. M. 1986。(德语版注释中没有标注黑格尔这句话的出处,但查阅《精神现象学》,对应段落应为:"因此,自然的意识也总是自己进展到作为它自身的真实东西的这一结果,并造成了对此的经验,只不过意识同样也总是一再地忘记这一点,而要从头开始这一运动。"中译参见黑格尔:《精神现象学》,邓晓芒译,人民出版社 2017 年版,第 67—68 页。——中译者注)

第二讲

（1958年5月13日）

13 女士们，先生们[1]：

在上一讲中，我试图将诸位引向一个问题或者一个难点，如果要想接近辩证法这个概念，从一开始就要抓住这个难点。这其中的难点在于，一方面，辩证法是一种思维方法；另一方面，辩证法是一种公正地对待所要研究的事物本身的规定、品质以及本质特征的努力。黑格尔在《精神现象学》[2]的“序言”中创造了“概念的运动”这个术语来表达这个难点，但是在黑格尔那里，“概念”恰好就意味着如下这种双重性，也就是说，一方面是我们赋予诸事物的概念，亦即从我们自身出发，有条不紊地对各个环节作出的概述，另一方面是事物本身的生命；因为正如诸位接下来将要悉知的那样，在黑格尔那里，一个事物的概念恰恰不单纯是从诸事物中抽绎出来的概念，而且还应该是真正构成事物自身本质的东西。如果大家对这门学科是陌生的，那么要接近辩证法的概念，首先在于要对它实际上应该是什么有一个概念、有一个想法，其困难恰恰在于我向诸位指出的这一点上，即恰恰在于辩证法一方面涉及的是我们可以学习到的思维操作程序，但另一方面却涉及在事物本身中发生的东西。

所以,一方面诸位听到辩证的方法作为一种程序的说法,它是指使一个对象在其矛盾的必然运动中进行展开。但是另一方面诸位也听到,用如今(特别是赫尔曼·韦恩[3]以来)用得最多的词来说,就是实在 14
辩证法(Realdialektik),也就是一种发生在事物本身中的辩证法,它应该根据本身的概念在矛盾中运动。如果诸位听到的是这些形式的东西,那么诸位大概首先就不禁会产生这样的想法(作为一种必然的思维结果),即我们必须预设一种思维与存在之间的同一性,从而才能使用我努力向诸位描绘的双重意义上的辩证法概念。也就是说,只有真正地在一种最终的意义上,当通过方法来表现的思维和思维的对象(亦即应该通过辩证法得到表达的事物本身)是同一回事的时候,我们才有可能以合理的方式谈论这种双重意义上的辩证法;如果这不是简单地意味着一种混淆,也就是说,如果我们不是简单地用同一个词语来涵盖两种完全不同的事物的话。我们可能真的是在处理一个简单的歧义句(Äquivokation),这是因为一方面我们把一种特定的思维方法称为辩证法,即一种陈述事物的特定方式,正如马克思在一个或许不太适合的地方所描述的那样[4],辩证法仅仅是一种特定的陈述方法,另一方面我们又可以通过辩证法这个词想象到某种完全不同的东西,即诸对立在事物本身中生成发展起来的方式。我认为非常重要的是,诸位从一开始就要弄清楚,如果我们想要从根本上掌握一种严肃的辩证法概念,那么它就既不能是一种单纯的方法——因为那样的话,它就恰恰是我在上一讲中为诸位描述过的更老旧的、古代的辩证法,是一种单纯的关于思维程序的学说——也不能是一种以经验的方式现存于事物中的诸对立的单纯表象;因为如果那样的话,在辩证法中就不会存在那种强制,那种整体的暴力,这种整体的暴力真正使辩证法完全有资格成为类似于哲学的东西,成为在诸如实在性(Realität)以及形而上学这样的宏大问 15
题上给我们提供某种类似于解释原则的东西。如果说,一种辩证的哲学必定是一种设定思维和存在为同一的哲学,那么思维和存在必定首先得是统一起来的。事实上，这对于辩证法在其哲学上获得充分发展的形式，即黑格尔辩证法来说是非常正确的；黑格尔辩证法在根本的意义上乃是一种同一性哲学，这种哲学最终宣扬的正是存在本身，或者正如《精神现象学》“序言”中所说，真理是主体。[5]

现在，我已经将诸位带进一个位于辩证哲学开端处的真正严肃的问题。因为如果诸位听过我的上一讲，就会回忆起，我曾对诸位说过，辩证法恰恰是这样一种努力，即要以哲学方式掌握那本身不是主体的东西，也就是说，努力掌握两种互不相融的规定，一方面是事物，另一方面是思维。但是现在，至少在黑格尔构想的意义上，它们突然被认为应该彼此等同。诸位在这里遇到的这个最高矛盾——一方面，辩证法是一种非同一性思维的努力，亦即这样一种努力，它通过思维来接纳在思维中没有穷尽的、对立的因素；但在另一方面，辩证法只有作为一种同一性哲学才是可能的，亦即作为一种在彻底的意义上将思维和存在设定为一的哲学才是可能的——[这一矛盾]恰恰已经真正表达出了辩证法在其唯心主义版本（黑格尔的版本）中真正为自己拟定的那个方案。这种思维其实已经明确宣告了它的方案，就是要把同一性和非同一性统一起来，就像用这种辩证法的语言所说的那样。[6]这也就是说，要把一切纳入思维，但同时要在每个单独的时刻把思维坚持为一种区别于
16 其对象的东西。对此，诸位首先会说，这不过是新闻自由与审查制度，这是一对公开的矛盾，它对思想提出了如下过分的要求：一方面，辩证法恰好费心地表达出主体与客体、事物与方法以及认识与无限绝对者的对立；而另一方面，它又应该将这些对立重新设定为一，从而取消这些对立。这究竟该如何设想呢？

现在，黑格尔对这个问题的答案——目前我只说黑格尔版本的辩证法，亦即唯心主义辩证法；随后我们会听到唯物主义辩证法的情况，后者是以完全不同的方式被构造的——黑格尔的理念[借此，诸位就真正拥有了一种就像处于“螺蛳道场”（Nußschale）中的辩证哲学方案]是

这样的:虽然在一般思维所能作出的每一个个别规定中,都会出现非同一性,亦即思维与其对象并不彼此一致,但是思维所能使自己提升到的一切规定的总概念(Inbegriff),或者哲学的一切规定的总体却恰好在自身中确立起这种绝对的同一性,或者我们必须更谨慎、更严格地用黑格尔的话来说,即辩证法确立起这种同一性,而且确立其为总体性,确立为一切完成了的个别矛盾的总概念。那么,这就意味着,在黑格尔哲学所声称的整体中,矛盾同时也是活生生的,并在作为一个整体的哲学中被扬弃。

简而言之,这就是唯心主义辩证法真正为自己拟定的方案,并且这点在黑格尔的一句话中得到表达:真实的东西是整体。[7] 但是在我们谈
到与真理概念有关的某些问题之前,我想至少给诸位朗读一段我已经 17
给诸位说起过的话,即涉及所谓“概念的运动”的那段话。因为在这里,诸位最初也会遇见一定的困难;如果在这一讲中我想将诸位引入辩证法,而不是向诸位阐明某种作为整体的辩证哲学,那么出于我在上一讲向诸位提及的那些原因,这其实只能说明我在努力清除由前科学的意识和科学的意识所预先形成的全部意识中反对辩证法的那些困难;由于这种对困难的否定同时也总是类似于对辩证法概念本身的一种规定,因而这种哲学入门同时也是一种诸位究竟可以如何辩证地思考的模式。

如果我们谈论的是概念,那么像“概念的运动”这样一种观念(我刚才从黑格尔那里向诸位援引过这个观念,用在这里也许有点过于轻率了),对诸位来说也有些强人所难。或者是出于诸位前科学的思维,或者更多地(我想说)是出于诸位已经以任意一种形式从事的科学研究,诸位都习惯了将如下努力直接当成人文科学的任务,即要去坚持你们的诸多概念,也就是说,通过一定数量的特征“干净利落”(sauber)地定义这些概念;这简直就是科学整洁性(Sauberkeit)的证明,即我们不会将不同定义的其他概念强加给这些概念,换言之:我们不会移动这些概

念。如果我上次告诉诸位，辩证法在很大程度上存在诡辩的嫌疑，它被怀疑能从人们那里夺走任何稳固的规定，那么诸位在这里所得到的恰好是这种抵抗的全部所在：我们本以为，自己在辩证法中什么都不能维
18 持，好不容易相信手头还算握有一些概念，这些概念很快又被夺走了，可以说，人们只能听任思维者的任意，抑或听任他们的暗示。在我向诸位朗读一段与这个问题相关的段落（这个段落首次出现在黑格尔《精神现象学》中）之前，我在这里首先想对诸位说：辩证思维的任务不是用这样的方式去玩弄概念，即人们暗中用一个概念的那些其他规定去替换同一个概念的随便哪些规定。这样一条道路实际上是诡辩思维的道路，而不是辩证法概念的道路。但是，根据辩证法的理想——我最终断言，这一点将始终且在每一个辩证法的操作中得以实现——辩证法真正要求的是，宁可这样使用概念本身，这样追索概念的对应物，即首先使概念与其所指之物相对照，直到这个概念和它所指的事物之间产生某些困难，接着这些困难就迫使我们随着思维的进展以某种方式改变概念，但是不允许放弃概念原初所具有的那些规定。而毋宁说，这种变化或许正是通过对原初概念的批判——也就是说，通过指出原初概念与它对应的事物本身不相一致，不管后者看上去被定义得多么合适——来实现的，并且只要这种改变坚持这个原初的概念确实与它对应的事物相一致，那么它对原初概念就是公正的。通过辩证思维放弃一个定义不是一种通过玩弄不同的定义而产生出来的任意行为，而恰恰应该——至少根据它的理念——通过如下事实来表达那非同一性的因素，那种概念与事物的不相融（Nichtaufgehens），即概念在它与事物
19 的持续对抗中，也就是（也可以这样说）在它的内在的批判中，被判定为自身的不充分性；并且概念在此经历的变化，至少在黑格尔的意义上，同时也是事物本身的一种变化。

因此，这就是我在辩证法到底如何对待它必须处理的概念及其定义这个问题上，首先和预先向诸位给出的答案。现在，我给诸位朗读黑

格尔的这样几句话:“纯粹本质性的这种运动构成着一般科学性的本性。这种科学性,就其作为它的内容的关联来看,乃是必然性,是这内容扩张为一个有机的整体。”——哲学知识的概念,充分展开的知识的概念——“由此也同样成了一个必然的完整的形成过程,以至于这一准备过程就不再是一种偶然的哲学思考了”——因此,这一准备过程也不再是概念任意的延续了,正如我刚刚向诸位说过的那样——“这种哲学思考正如它带有偶然性那样,而与不完全的意识的这些和那些对象、关系以及思想相连接,或者试图从特定的思想出发,通过来回的推理、推论和推断来论证真实的东西;相反,这条道路则将通过概念的运动而在它的必然性里包括着意识的完整的世界性。”[8]

因此,这就是这一概念运动的方案。我已经首先向诸位展开了这一概念运动的理念,或者更谦虚地说,在通过我们的思维而降临到概念上的那种程序的意义上勾勒了这个理念。然而,如果诸位稍稍回忆一下我一开始对诸位说过的,辩证法的理念真正说来总是意味着一种双重的东西,即它既与思维的方式有关,又与事物的形态有关,那么诸位可能就更熟悉“概念的运动”这个概念,在我看来这个概念是一般辩证 20
法的核心,进一步说,如果诸位对辩证哲学所依据的事物、对象的观念(Konzeption)有所了解——在这里我想明确地说,这一概念以同样的方式为辩证哲学的两种解释,即唯心主义的黑格尔解释和唯物主义的马克思解释奠基——也就是我现在有点独断地说(我希望这种规定的独断性和单纯断言性在以后得到补偿),这就是对象的表象,通过概念得以展开的东西的表象,一种由自身推动的东西的表象,因此就是一种并非自身等同的东西的表象,这种东西不是一劳永逸地与自身等同,相反,其自身真正说来就是一个过程。如果要从这一点出发来表述,就会使人回忆起从事物出发的基本经验,回忆起从客体理论而非主体理论出发的基本经验,回忆起从被一般辩证法所激发的事物出发的基本经验,回忆起事物本身的基本动态性的经验,换句话说:关于一般世界的根本历史性的经验——这是关于如下一点的根本经验，即天地间真正说来并不存在什么单一的东西，相反，一切东西都要被真正理解成一种不被推动的东西、理解成一种变易物[9]；此外，这点在康德的学说中已经颇具气象，根据康德的学说，时间不仅是我们直观的必然形式，而且也展现了我们思想联系之最终的、有效的规定，因此，那些本质上不能作为时间性之物被思考的东西，就完全无法被思考。

因此，这种关于根本历史动态性的思想就把辩证思维引向如下一点，即实际上，个别的存在物(Wesenheiten)不是僵化的，而是要理解成
21 按照其客观构成、其客观规定性，在历史中自我改变着的东西。但是，这个观点(Auffassung)仍然有一个本质性的因素——这个因素对黑格尔来说是典型的，并且最初是从体系思想，即对实在性的一种统一的陈述的思想中流露出来的：事物本身的这种历史动态性，历史相对于存在的这种优先地位，几乎可以说，不仅仅是诸对象在时间中所遭遇的偶然变化，而且，我们遭受到的必然性、合规律性、全面性，真正说来恰恰是这种历史的变化。传统的思维、前辩证法的思维，已经把必然的东西和完全有效的东西，等同于永久持存的、不可改变的和一劳永逸的东西。肇始于孟德斯鸠(Montesquieu)[10]和维柯(Vico)[11]，经18世纪的孔多塞(Condorcet)[12]，直到费希特(Fichte)[13]和黑格尔才臻于完善的对历史维度的发现，在这里实际上意味着一种哥白尼式的转向，这种转向效果大概可以与康德哲学的所谓哥白尼式的转向相媲美。这种转向就意味着，必然性真正说来并不恰好存在于事物自身保持不变、彼此等同的地方，而是说，必然的东西恰好是发展的伟大法则，通过这些法则，与自身等同的东西就变成另外一种与自身不相同一的东西，最终是一种自相矛盾的东西。也就是说，我们会考虑一种与我们所有人都息息相关的经验，即我们个体的命运决定性地和权威性地依赖于我们作为单个的人的主体一再使自己裹挟于其中的伟大历史运动趋势；就是这种经验，即我们实际生活(Dasein)的法则与其说是所谓“存在的基本规定性”，

不如说是我们时代和一切时代的历史运动,——这真正说来是从事物
中产生出来的冲动,而这个冲动从一开始就属于某种类似于一般辩证 22
法构想的东西。如果诸位尝试——而且我想鼓励诸位做这样的尝试——真正将辩证法变成诸位自己的东西,即从诸位自己的经验出发,再生产出这些动机,重新生产出这些真的以辩证思维为前提的动机,那么我相信,正是在这一点上,诸位才会知道,真的法则是什么,真的客观性是什么,实际在本质上超越了我们单纯的个体性而规定我们行为和思维的真正是什么——历史性的东西如何远不仅仅是我们单纯的所是,不仅仅是我们对自身一劳永逸地知道的东西。

在这一点上——这不仅是[出现于]他的辩证法中的因素,而且也许更多的是[出现于]唯物辩证法中的因素——黑格尔掉转矛头,如果诸位愿意的话:那种在整个传统思维看来似乎是绝对确定的和稳固的东西,那些自身始终不变的、没有历史的、固定的真理,现在本身看来在某种程度上就像一幅失真的历史图像,也就是说,作为一种想要使自己永恒化的僵化关系的表达(在这种关系中,真理真正的本性就是去永恒化自己),而且现在根本上恰恰走出了与主体活生生的关系,这种真理——用这种哲学的关键术语来说——就是“物化”的。因此,在流行的、非辩证的思维看来完全是真理之担保的东西,在这种哲学看来只是稳固的、不变的东西——这适用于辩证法的两个解释版本,它似乎一开始就作为一种僵化的现象,作为恰恰是要被哲学消解的东西,亦即作为实体化(Hypostasis),作为有限的、自身完成了的、绝对化了的事物的虚假奠基,就好像它自在地就是真理一样。反对世界物化的斗争,反对世界常规化的斗争,在这个世界中,冻结的、凝固的、历史形成的东西,
仿佛成为一劳永逸、永远适用于我们的自在的存在物——这在某种程 23
度上构成了一般辩证思维争论的出发点。

现在,这种思维的另一个非常独特的特征是,它并不是以任何一种原则的名义,以一种其他的、抽象的、类似于某种生命原则的这样的物

性原则本身——如果诸位愿意的话——的名义，去怒斥这种物化，而是努力通过在其必然性中把握这种物化去克服物化本身；也就是说，它是僵化的现象，是制度的固化，是一切我们所面对的、对我们而言陌生的和奴役性的东西的异化，[它]反过来也是从历史的概念中派生出来的——这里“历史的”一词是在强调的必然性的意义上使用的，正如通过我努力向诸位解释的那些表述(即“概念的运动”的那些表述)得到说明的那样，它致力于将历史的必然性与对事物本身的洞见统一起来，因为[把握]一个事物本身应该真正意味着理解同一个事物在其所有阶段的历史必然性。所以，诸位自己应该这样来思考，如果对此他[黑格尔]这样说，“概念的运动”意味着哲学研究不再是一种连接着这些和那些对象、关系和思想的单纯偶然的东西。它之所以不是这样一种偶然的东西，是因为它并没有任由这些对象待在其偶然性中不管，而是因为它具有这样的意图，即让这些对象从其必然性中派生出来，几乎可以说，甚至是让偶然性本身也从它们的必然性中派生出来。

我相信，我已经在某种程度上向诸位指出，就辩证法是方法而言，它也不可能是一种维持对话公正的方法(众所周知，它的确有这种嫌
24 疑)，而是理解现实性中客观矛盾性的努力。如果诸位稍稍回想一下客观性的历史特征的那种动机，那么这种客观性的历史性正意味着，诸对象在本身中恰恰不是静止的，而是运动的；而这种运动性在现实的历史中就意味着如下事实：历史是分裂的，它在矛盾中展开自身，并且我们必须去探究这些矛盾。无论如何，由此辩证法——我想提请诸位注意这点，并非完全不重要——从一开始便同今天流行的、最初靠反对辩证法起家的诸存在哲学处于可以设想的最尖锐的对立之中；而我要提醒诸位，不要因为存在论思维现今的某些代表人物认为，他们可以用某种方式将黑格尔拉进自己的领域[14]，就去模糊这种尖锐而显著的对立。这里所涉及的一般只是一种存在论化的黑格尔，这就是说，他们在这里试图将真理本身的历史特征的那个相当激进的观念解释成好像它本身

只是对存在的一种注解似的;然而,辩证哲学的两个版本有着这样的共
同点,即它们和单纯的历史性没有关系,因此它们并没有停留在存在或
者真理是历史性的单纯断言上,而是从中得出结果,然后将这种历史特
征追溯至诸对象的所有具体规定之中。因此,我们说,辩证法并不意味
着也不可能意味着一种对存在历史性或者真理历史性的抽象的、一定
程度上世界观的保障。而如果辩证法想在其事物中真正认出哲学概
念,那么这就意味着,它必须具体地解开它所涉及的诸对象的历史意
义——顺带说一句,其中也暗示着,一方面是与普遍的、永恒的、保持不 25
变的东西有关的哲学,[另一方面是]实证的个别科学,两者之间通常的
区别是不能被辩证思维承认的;因为一方面,辩证法本身是在它所解释
的具体科学的规定上获得其实体,而另一方面,科学的规定,只要不是
在概念的意义上得到阐明,只要不是开始从历史上去谈论,在辩证法看
来就是完全无关紧要的。

诸位也许可以在这里看出这种辩证思维的一个本质的动机。在正
如今天存在的哲学与科学的分工中,尽管有种种反面的保证,但实际说
来好像所有赋予知识实体的东西、对知识而言重要的东西,都或多或少
地留给了个别科学,而在这些科学中,这种知识总是存在着滑向单纯实
证知识,因而滑向单纯对情况之所是的确证的危险,而根本没有提出所
确证的东西的意义问题,甚至根本没有提出存在的东西的权利问题。
那么,留给哲学的,实际上就只是最陈旧、最空洞的东西,这样的概念简
直就像存在的概念一样[15];并且尽管哲学上还要出现很多侏儒[16],还要
作出巨大的努力,以便从存在的抽象概念中演绎出(herauszuspinnen)
某种具体性来,实际上他们的努力并不成功,因为哲学为了得到更高和
更好的这种咒语般存在的概念而引入的所有规定,都仍然源于那存在
者的领域,因而也源于历史之物的领域,而这个领域却被存在论哲学以
那么多昂扬的热情和虚假的傲慢加以拒斥。辩证法既是谦虚的,同时
也是不谦虚的。它并不主张真理本身是始终不变的、永恒的,毋宁说它 26

拥有一个将历史的规定纳入自身的真理概念。但由于辩证法在这点上更加谦虚，就此而言它又更不谦虚，因为它用质料性规定来填充它自己，并且相信恰恰在具体对象上才能获得真实的哲学规定。存在哲学只是窃取了这些具体的规定，因而从历史和存在的整个领域将[这些规定]纳入自身，而存在哲学又同时必须否认这些规定并宣称它们是一种纯粹的存在，然而辩证哲学不能接受纯粹的存在与历史性此在之间的对立，它事实上恰恰是寻求在源于历史性存在者的规定上真正地作出其哲学判断，恰恰是努力在根本上遵循这些历史性的存在者。

我现在想提请诸位注意，在我已向诸位概述的纲要中，存在着一个异常深远的后果，这也许是我在本讲中力求向诸位解释的所有辩证法的苛求当中最困难的一个。也就是说，这是对真理概念的苛求。我们通常对真理的看法是，真理是无时间的(zeitlos)[17]存在物，它与自身绝对等同。虽然按照传统的观点，这种真理是处于时间中的，它有一个时间索引(Zeitindex)，它以某种方式从时间那里获得刺激，并且由于这种刺激，我们永远不能获得完整的、绝对的真理；但是，从柏拉图的时代直到康德，真理的理念一直与永恒的和完全有效的理念保持一致。请诸位想一想康德的“先天”概念，先天概念确实意味着那些必然的和普遍的东西应该是同一个东西，[就像]完全不可改变的东西和恒定的东西
27 是同一个东西一样，这就是说，先天的概念是每个根本上可能的判断的条件。现在辩证法真正关键的苛求，并不是要在时间中或者时间的对立面寻求真理，而是真理本身就有一个时间内核，即——我们可以说——时间是在真理中的。[18]我已经向诸位指明，这个概念不是从天上掉下来的，它首先存在于康德本人那里；但是诸位一般可以把它看作理解辩证法问题的一种规则，在一个突出的意义上，辩证法就是真正地已经达到其自我理解、达到其自我意识的康德哲学。我刚才跟诸位说过，在先天概念是永恒的、不可改变的意义上，康德依然持有传统的真理概念；但通过将时间当作一般认识的一个构成性条件，传统的进路已经在他的哲

学中真正失去了意义，时间本身在他那里变成了——几乎可以说——真理的工具。只不过康德没有从中引出后果。后来，这个后果才被他的后继者，特别是被黑格尔引了出来，然而无论如何传统[真理的]定义由此作为思维存在的适当性和充分性被提及，那么它接下来也必然要被这样一种哲学所改变和修正。

注释

① 录音转抄缺少称呼。编者仿照后期讲座的转抄，在这里和接下来的讲座中添加了称呼。

② Hegel, *Werke*, a. a. O. [s. Anm. 8], Bd. 3: *Phänomenologie des Geistes*, S. 38.中译参阅黑格尔:《精神现象学》，第 22—23 页。——阿多诺随后在其相互联系的语境中解读了整段话，见本书边码第 19 页。

③ Vgl. Hermann Wein, *Realdialektik. Von hegelscher Dialektik zu dialektischer Anthropologie*, München 1957.——赫尔曼·韦恩(1912—1960)，哥廷根大学哲学教授，曾送给阿多诺《实在辩证法:从黑格尔的辩证法到辩证的人类学》这本书的题词版。(Nachlaßbibliothek Adorno 619)——关于现实的辩证法这个概念，见第七讲注释①。

④ 阿多诺在这里明显援引了《资本论》第二版“跋”中的一段话，这段话引出了马克思关于辩证法含义和范围一连串相互矛盾的解释。(Vgl. Karl Marx, Friedrich Engels, *Werke*, hrsg. vom Institut für Marxismus-Leninismus beim ZK der SED, Bd. 23: *Das Kapital*, *Kritik der politischen Ökonomie*, Bd. 1, Buch 1: Der Produktionsprozeß des Kapitals, Berlin 1962, S. 27.)针对他的批评者，马克思在这段话中通过将“叙述方法”从“研究方法”中区分出来，来为他的“辩证方法”辩护。[马克思的原文为:“在形式上，叙述方法必须与研究方法不同。研究必须充分地占有材料，分析它的各种发展形式，探寻这些形式的内在联系。只有这项工作完成以后，现实的运动才能恰当地叙述出来。这一点一旦做到，材料的生命一旦在观念上反映出来，呈现在我们面前的就好像是一个先验的结构了。”参见马克思、恩格斯:《马克思恩格斯文集》(第五卷)，人民出版社 2009 年版，第 21—22 页。——中译者注]这就产生了这样的问题:在马克思看来，辩证法仅仅是对事物进行科学陈述的一种形式，还是说(同样也是)被陈述事物本身历史的或者起源的法则。

⑤ “根据我的明见，——这种明见必须仅仅由体系的陈述本身来予以证明——一切问题的关键在于:不仅把真实的东西统握和表述为实体，而且同样统握和表述为主体。”[Hegel, *Werke*, a. a. O. (s. Anm.8), Bd. 3: *Phänomenologie des Geistes*, S. 22 f.中译参见黑格尔:《精神现象学》，邓晓芒译，人民出版社 2017 年版，第 10 页。]

⑥ Hegel, *Werke*, a. a. O. (s. Anm. 8), Bd. 5: *Wissenschaft der Logik I*, S. 74.中译参阅黑格尔:《逻辑学 I》,先刚译,人民出版社 2019 年版,第 52 页。

⑦ Hegel, *Werke*, a. a. O. (s. Anm.8), Bd. 3: *Phänomenologie des Geistes*, S. 24.中译参阅黑格尔:《精神现象学》,第 11—12 页。——阿多诺在随后的讲座中详细探讨了这个命题。

⑧ 这段引文以阿多诺的《精神现象学》版本(Georg Wilhelm Friedrich Hegel, *Phänomenologie des Geistes*, hrsg. von Georg Lasson, Leipzig 1921, S. 24, Nachlaßbibliothek Adorno 649)的形态印刷出来,阿多诺朗读的大概也是这个版本。[Vgl. Hegel, *Werke*, a. a. O. (s. Anm. 8), Bd. 3: *Phänomenologie des Geistes*, S. 37 f.中译参见黑格尔:《精神现象学》,第 22 页。]

⑨ 阿多诺在这里暗指《逻辑学》导论中的一个表述("科学必须以什么作为开端?"),其中涉及《百科全书》的地方是:"此处我只想引用那里的一个论点,即无论在天上、自然界、精神里,还是在任何别的地方,都没有什么东西不是同时包含着直接性和间接性,也就是说,这两个规定总是表现为未分割和不可分割的,它们的对立是一个虚无缥缈的东西。"[Hegel, *Werke*, a. a. O. (s. Anm.8), Bd. 5: *Wissenschaft der Logik I*, S. 66.中译参见黑格尔:《逻辑学 I》,先刚译,人民出版社 2019 年版,第 46 页。]——在他的黑格尔版本中,阿多诺在这段话的边缘(从"都没有什么东西"到"也不是")画了线,并打上标记"F"(德语"强调"的意思——中译者注)。

⑩ Vgl. Charles de Secondat, Baron de La Bre'de et de Montesquieu, *De l'esprit des lois* (1748); dt.: *Vom Geiste der Gesetze*, übers. und hrsg. von Ernst Forsthoff, Tübingen 1951.

⑪ Vgl. Giovanni Battista Vico, *Principi di una scienza nuova d'intorno alla commune natura delle nazioni* (1725); dt.: *Prinzipien einer neuen Wissenschaft über die gemeinsame Natur der Völker*, 2 Bde., übers. von Vittorio Hösle, Hamburg 1990.

⑫ Vgl. Marie-Jean-Antoine-Nicolas Caritat, Marquis de Condorcet, *Esquisse d'un tableau historique des progre's de l'esprit humain* (1794); dt.: *Entwurf einer historischen Darstellung der Fortschritte des menschlichen Geistes*, hrsg. von W. Alff, Frankfurt a. M. 1963.

⑬ Vgl. Johann Gottlieb Fichte, *Die Grundzüge des gegenwärtigen Zeitalters* (1806).

⑭ 继马丁・海德格尔的论文《黑格尔的经验概念》(1942/43)(in: ders., *Holzwege*, Frankfurt a. M. 1950, S. 105—192)之后,海德格尔的一些学生也对黑格尔进行了较为深入的探讨。阿多诺在这里想到的可能是基尔的沃尔特・布罗克(Walter Bröcker, 1902—1992)教授。他的著作《辩证法、实证主义和神话》(*Dialektik*, *Positivismus*, *Mythologie*, Frankfurt a. M. 1958)一书恰好在阿多诺开展讲座的当年出版,阿多诺后来在 1964 年开

展的一场辩证法讲座(尚未公开出版)中明确提到布罗克的著作,认为布罗克的观点只会使辩证法为本体论服务。(Vgl. Theodor W. Adorno Archiv, Sign.: Vo 9098)不过,阿多诺在这里指的也许是他后来说到的新托马斯主义思潮。(s. S. 122 und Anm. 125.)

⑮ 阿多诺在这里指的是黑格尔在《逻辑学》第一部分中对“存在”的第一个范畴,即“纯粹的无规定性和虚空”的批判。[Hegel, *Werke*, a. a. O. (s. Anm.8), Bd. 5: *Wissenschaft der Logik I*, S. 82.中译参见黑格尔:《逻辑学Ⅰ》,第61页。]阿多诺使用“最陈旧的”这个表述,也许仿照了黑格尔对《精神现象学》第一个范畴(即“这时和这里”)的批判,正如黑格尔所说,直接性和真理“已经陈旧过时了”。[Vgl. Hegel, *Werke*, a. a. O. (s. Anm.8), Bd. 3: *Phänomenologie des Geistes*, S. 84.中译参见黑格尔:《精神现象学》,第63页。]此外,这个表述只在阿多诺随后的著作中再次出现。(vgl. *Zur Metakritik der Erkenntnistheorie*, GS 5, S. 23.中译参阅阿多诺:《认识论元批判》,侯振武、黄亚明译,谢永康校,上海人民出版社2020年版,第11—12页。)

⑯ 将“Männerchen”修改为“Männchen”。

⑰ 将“zeitlich”修改为“zeitlos”。根据阿多诺谈到的与“真理的时间内核”这一思想平行的众多段落,这里很可能是录音转抄的错误(或者阿多诺的口误?)。因此,在《哲学复何为?》一文中可以找到“(真理的)时间内核”和“无时间的”/“永恒的”对立,在讨论完每一伟大哲学对其先行哲学的批判之后,阿多诺说:“随着这种批判的进展,即便是那些学说内涵坚持永恒和无时间之物的哲学,也获得了它们的时间内核,获得了它们的历史位值。”(GS 10.2, S. 462.中译参见阿多诺:《批判模式》,林南译,上海人民出版社2023年版,第8页,译文有改动。)

⑱ 在《认识论元批判》中,阿多诺明确指出,他将真理的时间内核这个重要的思想归功于瓦尔特·本雅明(vgl. GS 5, S. 141.中译参阅阿多诺:《认识论元批判》,第119—120页。)。本雅明写道:“决然地抛弃‘永恒真理’这一概念,正当其时!不过,正如马克思主义主张的那样,真理不是认识的一时功能,而是与时间核心紧密相关,这种核心同时潜在于被认识之物和认识者当中。这话说得太对了,无论如何,永恒的东西与其说是一个理念,不如说是裙子上的镶边。”(Walter Benjamin, *Gesammelte Schriften*. Unter Mitwirkung von Theodor W. Adorno und Gershom Scholem hrsg. von Rolf Tiedemann und Hermann Schweppenhäuser, Bd. 5.1: *Das Passagen-Werk*, hrsg. von Rolf Tiedemann, Frankfurt a. M. 1982, S. 578.部分中译参见阿多诺:《认识论元批判》,第119页。)

第三讲

（1958年5月20日）

28 女士们，先生们：

在上一讲中，我首次尝试带诸位先领略一下关于辩证思维的真正困难，亦即辩证思维所拥有的真理概念本身，不是一个静态的真理概念；因此在这里，作为持久的、不可改变的和自身等同的东西的理念这个观念就被打破了，这个观念自柏拉图以来就在整个哲学传统中占据主导地位，就像理念——也就是最高的真理——在《会饮篇》蒂奥提玛的演讲中得到定义的那样。[1]我们也可以这样来表述这一思想——这也许是向诸位[介绍]根本上必须真正构成本系列课程主题的思想的某种可能性，我们必须从最为不同的方面反复讨论这个思想，而这恰好是为这种思想所苛求的，人们也可以这样来表述这个思想，即辩证哲学或辩证思维不同于传统哲学，因为它不去追逐一个绝对的第一者。因为，追寻这样一种第一者，的确从根本上就等同于真理不变性的思想。如果说流派迥异的哲学一再试图发掘出这样一种绝对第一者，那么这里的动机就的确不仅仅是，人们想以历史的方式尽可能远地追溯诸事物，而总是在追寻第一者的过程中带出一种——如果诸位愿意的话——本体论的动机。也就是说，人们设想，第一者——不管从哪种意义上理解,无论是作为逻辑上的第一还是作为时间上的第一,都完全一样——在任何情况下都是以某种方式持续不变的东西,从而实际上意味着之 29
后所有东西的关键。自亚里士多德以来,在西方占统治地位的全部哲学构想——这绝不仅仅适用于唯心主义哲学,也同样适用于经验主义哲学流派——都是一种πρώτη φιλοσοφία(prṓtē philosophía)的构想,一种“第一哲学”的构想,这就是说,第一哲学是这样一种哲学,它给出了某些原始根据(Urgründe),无论它们是存在的原始根据,还是思维的原始根据;据说从这些原始根据出发,其他的一切都必然地产生,因此,如果有人确信能获得这些原始根据,那么他实际上就已经获得决定性的答案了。[2] 当然,在座的诸位不是所有人都这样考虑。但我相信,如果诸位审视一下自己,特别是探究一下通常促使诸位从事哲学研究的需要,那么就会发现,哲学问题的提法和某些有待揭示的根本原则之间存在这样一种等同(Gleichsetzung),它们简直是同一的(identisch)。

现在,辩证法恰恰就对此作出了批判,我在这里也许可以插一句,如果在整个东部地区 * 这个动机刚好被误判了,并且物质或者社会生活(Dasein)的物质条件现在又被当成人们只需要去确信能够获得的一个绝对第一者,那么对辩证思维的第二个版本,也就是其唯物主义版本来说,这就是它崩溃的标志之一。借此,“辩证唯物主义”(Diamat)[3] 的整个说辞就暴露出它的本来面目,成为一个宣传上的骗局,因为在它自身中辩证法的原则就已经被否定了,也就是说,其单纯的起源原则对哲学来说实际上是不充分的。

今天,我想尝试首先借助来自《精神现象学》“序言”中的几段话(这个“序言”的确仍然是导入作为方法的辩证法最有说服力的文本)向诸位指出,这种对第一者或者原则的批判如何身临现场,也就是在辩证哲 30
学的第一大构想中是如何展示自身的;而我将这样做,即我先朗读黑格

* 从语境上看,这里的“整个东部地区”(dem ganzen Ostbereich),应该是泛指民主德国以及苏联和东欧那些将辩证唯物主义尊为官方意识形态的国家。——中译者注

尔的几段话，然后解释这些段落，但是更确切地说，以双重视角来解释这些段落，一方面是为了使这些段落对诸位来说通俗易懂，然后也是为了向诸位说明这种辩证法立场所包含的、反对第一哲学或者起源哲学的一些后果。虽然我以后还会回到这个问题，但同时我想在限制性的意义上说，在这个问题上黑格尔也是一个异常复杂的思想家，因为他虽然是那第一个对第一哲学的概念作出真正彻底批判的人，但同时他又在一定意义上保留了这种第一哲学的诉求，因为他恰好把完成了的概念运动的总体(Inbegriff)等同于第一哲学，并且在这个意义上多次明确地参引了柏拉图。[4]但我们以后再来回到这个问题。那么首先是《精神现象学》中的那段话，顺便说一句，这里给出的这段话是黑格尔著作中最著名的一段，它可以使诸位对辩证法的本质获得某种把握。

“真实的东西是全体。但全体只是通过其自身发展而达于完成的那种本质。关于绝对”——在这里，我们可以在强调的意义上把绝对等同于真理——“可以说，它本质上是个结果，它只有到终点才是它在真理中的自己；而它的本性恰恰就在这里，……尽管把绝对从本质上理解为结果可能会显得好像是矛盾的，但只要稍微考虑一下，就能把这矛盾的假象予以归位。开端、原则或绝对，最初直接说出来时只是个共相。当我说‘一切动物’时，这个词并不能被看作一部动物学，那么同样明显的是，神性的东西、绝对、永恒等字眼也并没有说出其中所包含的东
31 西”——我也许可以为这个系列添加上“存在”这个字眼——“实际上这样的字眼只是把直观当作直接性的东西表达出来。比这样的字眼更多些的东西，哪怕只是过渡到一句话，也就是一个向他者的生成，而这个生成是必须被收回的，这就是一个中介”[5]。因此，换句话说：当诸位想到诸如“神性的东西”“绝对”“永恒”这样的字眼的那一刻——在这样的字眼之下诸位简直可以想到任何东西，并且只有通过这样的字眼诸位能够想到任何东西，才恰好满足了它自己向诸位提出的绝对性的那种要求——当诸位用一句话来解释这样的字眼时，诸位可能会说，“绝对

是不变的常态”或者“绝对是思维和存在的同一”,当诸位恰好限制了那意味着一切的东西(这样字眼的激情、它绝对有效性的要求黏附在这种意味着一切的东西身上)的时候,也就借此改变了这个概念本身。诸位也可以这样来表达,即诸位只有通过限制或者改变诸如绝对、永恒、神性的东西这样一种最高的概念,才能借此规定它们,这种改变对辩证思维来说是决定性的东西。我们不是通过我们的考虑对这样一个字眼、这样一个概念做了什么外在的事情,而是如果我们想要彻底把握它,亦即赋予它特定的内容(通过这内容,它才成为一个概念),这样一个字眼或者概念迫使我们以黑格尔的考虑所勾画的这样一种方式去限制它。在这里诸位同时有一个对辩证法原则的解释和一个公案,一个在完全确定的概念上实现辩证法的例子。“比这样的字眼更多些的东西”——黑格尔说——“哪怕只是过渡到一句话,也就是一个向他者的生成,而这个生成是必须被收回的,这就是一个中介”。在黑格尔这里,“中介”这一表达的含义,总是和人们想要领悟一个概念本身时必须苛求这个概念的变化一样多。也可以说,中介是在每种存在中必然被设定的生 32
成的环节。并且如果说辩证法是一种普遍中介的哲学,那么这就意味着,实际上没有任何一种存在,在诸位尝试规定它的这种存在时,不会同时恰好成为一种生成。

这就是黑格尔的中介概念,我非常想恳请诸位掌握这个概念,因为当然我们将不得不多次回溯到这个中介概念。“但这个”——中介——“就是那遭到拒绝的东西,仿佛从这个中介里得出的东西一旦不只是它说它绝不是绝对的东西也绝不存在于绝对之中,而且还有很多的含义,那就放弃了绝对知识似的”。[6]现在,黑格尔所说的这种拒绝实际上就是反对辩证法的情绪,在试图理解辩证法的过程中,我们仍然而且本质上不得不关注这股情绪。也就是说,它是这样一种观念,借此人们不是去掌握没有变化的诸概念,而是必须改变这些概念才能理解它们——换句话说:它们的存在是一种变易,真理本身实际上是动态的——[这]

相当于对真理概念的一种消解,一种普遍的相对主义,它暗中夺走了任何一种确定的东西。对此我想告诉诸位两件事。首先,从我可以摆在诸位面前的黑格尔天才般的例子中,诸位已经注意到了:我们这里已经掌握了概念的运动——也就是努力去规定诸如"神性的东西""绝对""永恒"这样的概念,从而借此也已是努力针对它本来所声称的东西(即成为不受限制的、无条件的和绝对的东西)对[它]进行了限制——概念的这种运动并不是思想的附属品,而是诸位为了要从根本上确保能获
33 得这样一种概念本身所必不可少的东西;这就是说,如果诸位不执行我向诸位指出的那番操作,因而如果诸位不能对这样的字眼说出某种特定的话,那么诸位就根本无法保证自己搞懂了这样的字眼。那么,这样的字眼就成了没有意义的东西。既然这个字眼要求诸位去理解它,如果它在根本上应该拥有其真理的话,那么对这种变化发出的要求,对这种诸位在谓词中添加的其他东西(以使它成为自在地作为主词概念的东西)的要求,就不是一种从外部接近概念的单纯诡辩论推理,而是来自事物本身,如果这个事物想成为一个得到理解的事物的话。但是,这意味着——这种强制确实是辩证法与任何单纯推理或者诡辩思维本质上的区别所在,我们刚才说的概念的运动并不像人们愿意相信的那样,是一种对"诸概念—任意的—改变"(Die-Begriffe-willkürlich-Verändern),一种"概念—把戏"(Die-Begriff-Jonglieren),而实际上是产生于事物本身的那种必然性,在这方面它和诡辩的程序形成严格的对立,后者恰恰在于,人们恰好没有追求概念的内在生命,即概念为了被理解而要求自身的东西,反而任意地从外部将某种程度上不同的含义赋予这些概念。

这就是我在这里想向诸位补充的第一件事情。正是在这段话中,黑格尔本人——正如"拒绝"这个表述所表明的那样——完全正确地看出,什么才真正是辩证法所苛求的困难,因而应该以什么方式来回应这种拒绝,也就是——如果我应该非常坦率地说——不是我们在使概念运动。辩证法不是这样一种思维,在这种思维当中,为了能够以适合我

们的方式进行论证,我们会在不同的意义上使用概念。举例来说,盖伦
先生曾经在他的人类学著作[……][7]中说,人类为了能够生存,就需要 34
有“管教”,而[为了解释这一点,就首先]需要使用“培养”这个词,[即]人类必须得到培养,才能在他们的幼童时期没有得到充分发育的条件下生存下去,但紧接着又在管教者和教导主任(Prügelschulmeisters)的意义上将“接受—管教”的第二种含义[8]强加给“管教”——那么“管教”的第二种含义就不是一种自己发生的辩证运动,而实际上是一种诡辩论。[9]但是如果在此这样说,为了能够把握诸如永恒之物、神性之物和绝对之物这样的概念,为了能够思维它,我必须限制它并且必须为它添加上其他东西,借此它才成为其所是,因此它只有通过它的变化才成为其所是,那么这才是一种辩证的思维,这意味着一种概念的运动,这个运动是从事物中获得的,而不是我们事后带给事物的。

我想为诸位补充的第二件事是,让我们回到黑格尔这段话的开头,即回到“真实的东西是整体”这句话。当今世上有很多关于整体性的谈论,而教书先生们口中的“整体性”这个表达渐渐变成这样的废话,他们一谈到整体性并且怒斥机械化和特殊化(partikulare)思维的时候,就认为自己手里掌握着什么惊人的哲学发现,因此我会首先强烈地提请各位注意一下这个当下流行的“整体性”概念。因此,一般哲学教养的任务,特别是当下哲学教养的任务,在我看来,恰好在于让那些认真寻求哲学教养任务的人对无数虚假的哲学口号和现成的概念产生免疫,这些口号和概念在世界上满天乱飞,人们却自以为就此找到了一个“模
范”、一个规范或者一个意义给予者,而不必枉费精力和心思去思考这 35
些概念本身,并在可能的情况下对它们进行批判性的检查。这种整体性,因而这种有机的、自成一体的、可能语焉不详的东西,这种敌视概念和分析思维的东西,实际上并不是黑格尔这里所说的那种整体。黑格尔在那个著名的命题,亦即真实的东西是整体——此外,从一个核心的立场上看,我已经对这个命题作出批判,但是在我们现阶段的考虑中,

我还不想说出来[10]——当黑格尔主张这个命题时，在根本上说他的意思是一切中介的总概念，因而是为了使本质性概念接受它们的构想而必须得到实现的所有那些运动的总概念，这个总概念因而也是概念的相互关联，或者说是最终从诸概念中产生的东西，事实上恰好也是那个绝对者。而这首先是，如果诸位愿意的话，黑格尔本人给予相对主义异议的一次有力、直接和粗粝的回击。

但同时，请让我在这里说，我不认为如果想要彻底唤醒真理的概念，如果想要掌握真理的概念，就一定需要走出这一步，因而一定需要主张真实的东西是整体这个论题。诸位可以毫不费力地看出，接受这个命题与否，是重要还是不重要；因为只有诸位同时认为，主体和客体是彼此同一的，那么诸位才会主张这个命题。只有当主体和客体最终符合一致的时候，正如事实上在黑格尔那里所宣扬的那样，诸位才能说一切中介的总概念与真理或者绝对本身是相同的，正如绝对者的确在
36 最高的层次上被黑格尔规定为主体—客体一样。[11]但是，如果人们有充分的理由迫使他不去承认这一点，不去招认主体和客体最终是同一的——而且手头上有非常充分的理由不接受这个极端唯心主义的断言——那么诸位就不能信赖真实的东西是整体这个论断，因为对于一个有限主体而言，无限的整体无论如何都是不存在的；或者换句话说，因为一般不是所有是其所是的东西都可以化约为纯粹的思维规定。这就是为什么与黑格尔哲学最高原理——如果诸位愿意的话——相连的那个争论具有如此特殊的重要性的原因。但我认为——这可以说是我在这里为诸位提供的安慰，这个作为整体的绝对者的问题并不因此就对真理本身拥有绝对的裁判权，因为恰恰在那种中介的形式本身，因而在对个别概念的否定以及概念为了自我超越而施加给自身的强制当中存在着一种必然性、一个环节，纵使这种整体、这种总体性不能被设想成一个被完全给予我们的东西，那个环节也能为真理提供担保。在这里我或许可以说，在一种决定性的意义上促使我转向辩证法的那个动

机，就是那个微观逻辑的动机，也就是这样的动机，即如果人们完全使自己屈服于一个特定的对象、一个特定事物的强制，并且完全探究这一个特定的事物，那么他所抵达的运动本身实际上是由这个事物决定的，纵使一个作为包罗万象的总体性的绝对者不能被给出，它也具有真理的特征。那么，这将是一个开放的辩证法的概念——相对于唯心主义封闭的辩证法而言，对于这个理念，我或许可以在本系列课程中给诸位一个比较具体的表象。

因此，眼下让我补充一点，在黑格尔这里，应该是真实之物的整体概 37
念，指的并不是某种全天然的东西，黑格尔的这个整体概念缺乏泛神论的色彩，也缺乏完形般的(gestalthaften)、不断裂的(undurchbrochenen)统一的色彩，但这个整体实际上只是他所说的体系，因而也就是说，这个整体是主客体之间一切关系的完成了的总概念，是主客体之间一切对抗关系的完成了的总概念，这些关系在它们不同的阶段上得以展开；而当诸位将所有这些关系放在一起加以思考的时候，当诸位最后得出这样一个事实，即诸位由以开始的最简单的概念都作为彻底完成了的、批判性地澄清了的东西向自身复归的时候，那么根据黑格尔的说法，诸位就拥有了体系或者绝对者；这就是说，在黑格尔那里，哲学体系在最高的意义上恰好与存在是同一的。但是存在的概念在此并不是一个站在起点处并开启一切的咒语[12]，而这个存在几乎可以说是：一个要求或者一个程序，它只有通过完完全全地贯穿概念的运动才在根本上变成如其所是的东西。诸位也可以采取这样的措辞——事实上黑格尔也对这种思想采取了如下说法，就像这里所说的那样，尽管绝对者是结果，也就是说，绝对者是在那个运动的最后才出现的东西，但是诸位也不能将这种结果的概念以物性的(dinghaft)方式想象成这样的东西，就好像在黑格尔伟大的体系性著作的结尾，也就是在《精神现象学》《哲学全书》或者《大逻辑》结尾，在一些总结性的、结论性的句子中很容易就可以找到的那种结果一样。这当然还是对辩证思维过于机械的理解，诸

位的确也可以借此来描述这种思维的特征：它既反对机械的进路，因而
38 反对这样一种思想的贯彻，这种思想并不是在每时每刻都用事物的经验来充实自己；它也在同等程度上反对单纯有机的进路，因而反对一种对非理性的整体性（它之所以是非理性的整体性，正是由于其不能被思考，这个整体性就是某种盲目的东西，不能确保自身可及的东西）的单纯理解。毋宁说，辩证法恰恰是这样一种思维，这种思维试图在机械进路的斯库拉（Scylla）和有机的或有机论进路的卡律布狄斯（Charybdis）之间*穿行。

让我们回到结果的概念：也不能把黑格尔的结果想象成某种最后出现的一个完成了的东西，人们可以简单地把它背回家；当黑格尔说，“真理本质上是个结果”的时候，诸位必须非常非常认真地、内在地对待这个“本质上是个结果”。诸位也许刚好可以通过“真理本质上是个结果”的小例子让自己很好地、立竿见影地弄清楚传统思维和辩证思维的区别。亦即：“本质上是个结果”意味着结果并不是某种通过漫长的琐思碎想、通过冗长的方法，然后才最后得出这样一个结果；这是起源哲学（Ursprungsphilosophie）或者开端哲学（Anfangsphilosophie）在它们不同的版本中曾经也会说到的东西。现如今各位在诸如胡塞尔或者海德格尔那里确实也能了解到，需要某些漫长的“悬置”[ἐποχή（epoché）]、

---

* 斯库拉和卡律布狄斯都是古希腊神话中守护在莫西拿海峡的海怪。斯库拉盘踞在海峡一侧的悬崖峭壁之上（一说藏身于悬崖下的岩洞中），专门吞噬过往船只上的水手；传说斯库拉长有六颗狗一样的脑袋，一次可以吃掉六名水手。在莫西拿海峡的另一侧潜伏着一只名为卡律布狄斯的怪兽，它有一张巨大的嘴巴，每天三次吞吐海水，造成巨大的漩涡，来往的船只很容易被卷入其中。斯库卡和卡律布狄斯两只海怪几乎封锁住了整个海峡，想要同时避开两只海怪几乎是不可能的：如果你想避开斯库拉的六张大口，就会因为离卡律布狄斯太近而被卷入漩涡；如果你想避开卡律布狄斯造成的巨大漩涡，就会因为离斯库拉太近而被吃掉。因而西语中习惯用“zwischen Scylla und Charybdis/between Scylla and Charybdis”（“前有斯库拉巨岩，后有卡律布狄斯漩涡”）来表示“进退维谷”的意思。阿多诺在这里用斯库拉和卡律布狄斯的典故来形容正确认识辩证法面临的困难，即人们很容易陷入机械主义或者有机主义的错误认识。——中译者注

“还原”甚至“解构”的活动，从而最终获得这种绝对的东西或者稳固的
东西，亦即抵达存在或者绝对起源的存在领域。[13]这在本质上根本没有
什么区别。毋宁说，当黑格尔说真理本质上是个结果的时候，他想要表
达的意思是，真理属于成为结果的真理，这就是说，真理不是一个单纯
的命题，不是一个简单的一劳永逸地有效的东西，而是这样的东西，在
其现存的如此存在(Sosein)中，它本身的发生过程，它的起源、过程和
将它带向如此存在的道路都一并得到思考和扬弃。诸位也可以这样来
表达——我在这里非常严格地以黑格尔的文本为立足点，诸位会说，真 39
理既是这个过程，也是这个过程的结果；也就是说，只有在这个思维过
程结束的时候，真理，不管它是什么，才会出现，但是现在真理的这种出
现对这个过程来说并不是什么单纯外在的东西，而是这个过程在这结
果当中被扬弃了，整个过程本身在本质上属于这个真理，而不能像一种
单纯的入门那样，被仅仅从诸位现在已经赢得和发现的这个结果中分
离出来。

所以，“整体”在黑格尔那里的意思实际上非常简单(我再努力把这个困难的概念变得更清楚明了一些)，即真理并不在于，任何一个概念在其孤立性中得到定义，在其孤立性中作为一个单纯部分得到讨论，而是说人们在这个概念与其所处的总体性的关系中看到这个概念。诸位中间那些致力于研究社会科学的人，当你们不得不去理解某个社会部门时，在企业社会学(Betriebssoziologie)中我们是说不得不去理解某种在一个特定工厂或者工业部门之内占据主导地位的关系时，可能会非常强烈地意识到这一点，接下来诸位就会遇到此时此地所面对的所有可能的规定，但事实上这些规定的原因根本就不在诸位所研究的特殊地点、工厂和工业部门中，毋宁说这些规定又可以追溯到更加广泛的问题，比方说追溯到今天采矿业或者矿工条件[14]在整个生产过程中的地位，并最终追溯到今天原料工业所处其中的总体社会结构。只有当诸位对整体进行这种反思时，实际上才能正确地理解个别的东西。因此，

40 虽然非常准确地看到个别现象的分离性，但是又不停留在这种分离性上，而是同时去外推，因而就是从诸个别现象获得规定的总体性内部去理解它们——这首先是黑格尔这个命题（真实的东西是整体）所包含的最为本质性的说明；我相信，跟单纯实证主义的科学相比，在能够提出一种辩证认识概念的最有说服力的动机当中，这个动机是首要的。

但需要补充的是，这种对整体的援引的确也不会是直接的。我也将向诸位解释这一点。因为一方面，的确完全有一种可能性，即当诸位以一种完全任意的方式（比如说，从外部出发的方式）去解释某些社会现象时，马上会嘟囔道："那好吧，就算是来自资本主义社会的结构好了"或者"那是来自生产力的状况或者某种如此这般的东西"，而没有真正将这种向总体性过渡的必然包含在所研究的个别现象的性质当中。但是另一方面——社会尚且如此，就更别提形而上学了——要从中解释出整体的那种总体性，毕竟不是在某个单一的数据、某个有待科学研究的单一现象这样相同的意义上给予我们的。资本主义社会并不是以这同一种方式直接给我们作研究对象的，社会整体并不像某些具体而明确的工业企业那样作为单纯的事实供来我们使用。因此在社会现象如果想要得到理解就需要向整体性的过渡当中，总是同时存在着一种思辨的任意的因素，一种——用实证主义的术语来说——非科学性的因素。在这里，诸位可以很确切地研究辩证法的思维功能和实践功能。
41 辩证法不是为了理解社会现象而以某种图式化的，也是机械化的方式从外部带来整体的这种努力，因为社会现象无法从自己出发而得到理解，相反它是以这样的方式去澄明个别现象、以这样的方式去逗留在个别现象周围、以这样的方式去规定个别现象[的努力]，直到个别现象恰恰是通过这种规定在自身中超越自身，并借此恰好使那个整体、那个体系变得一目了然，而个别社会现象只有在这个整体或者体系当中才能找到它的位值（Stellenwert）。这意味着，首先具体地说，辩证思维首先真正向我们这些——如果我可以这样说的话——天真的科学家们提出要求：一方面，我们不要像顽固的专家那样停留在给定我们的个别现象当中，而是要在整体性内部认识它们，使它们首先在整体性内部起作用并获得其意义；另一方面，我们现在也不能将我们身处的这个总体性、这个整体实体化，不能独断地从外部将[它们]带过来，毋宁说我们始终努力从事物内部进行这种过渡。

但是，如果人们也还没有对这个整体形成一个概念，就相信自己真的能够从纯粹的个别现象中得出那个整体，不论这个整体是什么，那都无疑是一种天真。[15]这在《精神现象学》中以这样一种形式表达出来，即实际上总是存在着双重的运动，亦即一方面是客体、客观概念的运动，另一方面是认识主体的运动。如果我没有给现象带来这样一种整体的概念，这样一种事物的概念，甚至，最终没有为现象带来对真理的意向——几乎可以说是如何实现真理的一种实践的意向，那么现象就不会开口说话。我也不想用一种辩证的神秘主义来欺骗诸位，好像如果 42
我不在那里倾听，现象现在真的会说话似的。但是，诸位应该向黑格尔学习的真正的辩证法的技艺，现在在于如下这两方面，即一方面我们必须让事物逼迫我们超越单纯顽固的个别规定，但是另一方面我们也仍然有能力，通过我们所揭示的个别和特定的经验，去修改那个为了把握个别概念我们必须拥有其概念的整体，以使它失去僵化和教条的特征。换句话说，辩证的过程是与这两方面有关的东西；一方面是与部分有关的东西，与个别环节有关的东西，我们必须凭借整体的力量超越这些部分或者环节，另一方面是与整体有关的东西，因为这个整体，我们向来已经拥有并且最终应该是真理的这个概念，必须根据个别经验的尺度去不断地自我改变。如何真正做到这一点，还没有什么灵丹妙药，但这正是辩证法的本质，即辩证法不是灵丹妙药，而恰恰是让真理说明自己本身的努力。

注释

① 从感性可知觉的个别物到理念的上升运动(见第一讲注释③)以下面一段话告终:“就会突然发现一种无比奇妙的美者,即美本身。苏格拉底啊,他为了这个目的付出了他的全部辛劳;它首先是永恒的,无始无终,不生不灭,并不是在这一点上美,在那一点上丑,也不是现在美,后来不美,也不是与这相比美,与那相比丑,也不是只有这方面美,在别的方面丑,也不是在这里美,在那里丑,或者只对这些人美,对别人丑。还不止于此,这美者并不表现于一张脸、一双手,或者身体的其他一部分,也不是言辞或知识,更不是在某某处所的东西,不在动物身上,不在地上,不在天上,也不在别的什么上,而是那个在自身上、在自身里永远是唯一类型的东西,其他一切美的东西都是以某种方式分沾着它,当别的东西产生消灭的时候,它却无得亦无失,始终如一。”(*Symposion*, 210 e4 bis b5.中译参见柏拉图:《柏拉图对话集》,王太庆译,商务印书馆 2004 年版,第 337—338 页。)

② 众所周知,亚里士多德并没有把他的主要著作称为“形而上学”,也没有把他的哲学称为“形而上学”。我们称之为“形而上学”的东西在亚里士多德那里就是“第一哲学”(πρώτη φιλοσοφία/prṓtē philosophía)。亚里士多德在他后来被称为“形而上学”的那本书中寻求将第一哲学划分为三条截然不同的路径:作为每一个存在物第一原因或者原则的科学,作为存在的存在的科学以及作为最高的存在和原因=神的科学。亚里士多德三条路径的划分是否可以被调和为一门科学或哲学的统一概念,或者它们是否可以归入第一哲学的两个不可调和的概念——最终是物理学和神学——我们必须认为这个问题还没有得到最后的澄清。

③ “Diamat”这个词是“辩证唯物主义”(dialektischer Materialismus)的缩写,它和“历史唯物主义”一起构成马克思—列宁主义世界观的两个侧面,正如它在苏联等社会主义国家被宣传和教授的那样。

④ 黑格尔对柏拉图的推崇在很多地方是有据可查的。但是,一直找不到黑格尔以阿多诺描述的方式参引柏拉图第一者概念的段落。

⑤ Hegel, *Phänomenologie des Geistes*, a. a. O. (s. Anm.16), S. 14. [Vgl. Hegel, *Werke*, a. a. O. (s. Anm. 8), Bd. 3: *Phänomenologie des Geistes*, S. 24 f.中译参见黑格尔:《精神现象学》,第 12 页。其中“werden”一词皆有生成、变易和转变等含义,中译者是视语境采取不同的译法。]

⑥ Ebd. [Vgl. Hegel, *Werke*, a. a. O. (s. Anm.8), Bd. 3: *Phänomenologie des Geistes*, S. 25.中译参见黑格尔:《精神现象学》,第 12 页。]

⑦ 录音转抄有所缺漏。

⑧ 将“unterschied”修改为“unterschiebt”。

⑨ 在前一年,阿多诺让他的助手尤尔根·哈贝马斯从阿诺尔德·盖伦的著作《人类》(»Der Mensch«)中整理出一系列引文,他于 1957 年 2 月 13 日在巴特瑙海姆举行的讲座《论当今个体和社会的关系》中,用这些引文对盖伦进

行了直接的批评,而盖伦应该已经先阿多诺一周在巴特瑙海姆举办了讲座;在哈贝马斯找到的这些盖伦的引文中,有一条是绝好的(Brief an Horkheimer vom 14. Februar 1957; in: Theodor W. Adorno, *Briefe und Briefwechsel*. Hrsg. vom Theodor W. Adorno Archiv, Band 4: Theodor W. Adorno, Max Horkheimer, *Briefwechsel 1927—1969*, Band IV: 1950—1969, hrsg. von Christoph Gödde und Henri Lonitz, Frankfurt a. M. 2006, S. 396.),关于人类本质的引文是这样说的:"……'未完成的存在'属于它的生理条件,属于它的本性,在这方面它是一个培育(Zucht)的存在:作为进入—形式和保持—形式的自我培育、教养和惩罚从属于不固定的存在的生存条件。"(Arnold Gehlen, *Der Mensch*. 4. Auflage, Bonn 1950, S. 50.)

⑩ 参见阿多诺《最低限度的道德》的著名格言:整体是不真实的东西。(GS 4, S. 55.中译参阅阿多诺:《最低限度的道德》,丛子珏译,上海人民出版社2020年版,第45页。)

⑪ 因此,黑格尔在与《逻辑学》结尾对应的《哲学全书》第214节中写道:"理念可以被理解为理性(这是理性的真正哲学意义),也可以进一步被理解为:主体与客体的统一,观念东西和实在东西、有限事物和无限事物、灵魂和肉体的统一,那种在自身具有自己的现实性的可能性,那种把自己的本性只能作为现实存在让人领会的东西,如此等等;因为在理念中就包含了知性的一切关系,不过是在它们无限复归和自身同一中包含了它们的。"[Hegel, *Werke*, a. a. O. (s. Anm.8), Bd. 8: *Enzyklopädie der philosophischen Wissenschaften I*, S. 370.中译参见黑格尔:《哲学全书·第一部分·逻辑学》,梁志学译,人民出版社2002年版,第355—356页。]——然而,"主体—客体"这一表达绝不像阿多诺的暗示所表明的那样,在黑格尔那里扮演如此核心的角色。在《逻辑学》中,"主体—客体"的表述根本就只出现了一次,并且也只是以引文的方式(关涉谢林时)才被提及。[Vgl. Hegel, *Werke*, a. a. O. (s. Anm. 8), Bd. 6: *Wissenschaft der Logik II*, S. 466.中译参阅黑格尔:《逻辑学Ⅱ》,先刚译,人民出版社2021年版,第375页。]

⑫ 将"ausschließt"修改为"aufschließt"。

⑬ 悬置/悬搁ἐποχή[epoché](来源于希腊语"epéchein":"抑制""停止")在斯多葛派那里一般指怀疑论的放弃判断。埃德蒙德·胡塞尔在他的现象学当中,将epoché改造成一个方法上的基本概念,这个概念意味着对"自然态度的一般论题"——在一个在此存在着的世界中对经验性自我在场的假设——"加括号"(Einklammerung)、"排除"(Ausschaltung)或者"使失去作用"(Außer-Aktion-Setzen)。悬置以这种方式启动了先验还原,后者的目的是揭示隐藏的原初意识结构。"悬置和还原是现象学一个基本方法论操作的两个相互关联的方面。"(Edmund Husserl, *Die Idee der Phänomenologie*, hrsg. und eingeleitet von Paul Janssen, Hamburg 1986, S. XXX.)关于"悬置"的概念,参见vgl. Edmund Husserl, *Ideen zu einer reinen Phänomenologie und phänomenologischen Philosophie*, Tübingen 1980 (4. Aufl., unveränd. Nachdr. d. 2. Aufl. 1922), §§ 27—32, insbesondere § 32, S. 56 f.中译参阅胡塞尔:《纯粹现象学通论:纯粹现象学和现象学哲学的观念》第1卷,李幻蒸译,中国人民大学出版社2014年版,第56页以下。——在《存在与时间》第6节,马丁·海德格尔这样来说明"解构存在论历史的任务":存在的意义问题在它最初被提出来的地方——古希腊——就已经通过对当下时间模式的取向而遭到一种遮蔽,据说这种遮蔽在西方传统的过程中得到了保留和强化。为了达成一种——不仅在历史上而且在结构上——原始的存在经验并且能够充分揭示作为时间性存在的意义,对此在的分析在这里必须透过传统来追溯和分解遮蔽关联(Verdeckungszusammenhang),将其揭示为一种必然的假相。(Vgl. Martin Heidegger, *Sein und Zeit*, 15. Aufl., Tübingen 1979, S. 19 ff.中译参阅海德格尔:《存在与时间》,陈嘉映、王庆节合译,熊伟校,陈嘉映修订,三联书店1999年版,第23页以下。)

⑭ 阿多诺在这里可能暗指法兰克福社会研究所进行的所谓"离职研究",这项社会学研究题为"从西德煤炭行业七家煤矿离职的主观和客观原因来看其对井下作业人员保障的影响"。这项研究由路德维希·冯·弗里德堡担任指导,埃贡·贝克尔、曼弗雷德·特施纳以及克劳斯·里佩尔特协助完成。

⑮ 用"Naivetät"来代替"Naivität"是阿多诺的一个语言特点,这个特点在阿多诺的"文集"和"遗著"中得到保留。

第四讲[1]

(1958 年 5 月 22 日)

女士们,先生们: 43

在上一讲结束的时候,我向诸位解释了真实的东西是整体这个命题,同时也试图告诉诸位关于体系概念在辩证哲学中,[也就是]在唯心主义的、黑格尔版本的辩证法中的地位的一些内容。现在诸位可能会认为,对这一点要给予高度重视,即体系概念本身真切地说并不适用于辩证法,对此我已试图向诸位说明,也就是说它是一种起源哲学。从而,它就是在某种意义上说从一个绝对第一者出发展开总体性的哲学。因为,当我们谈到体系的时候,一般指的是一个完全封闭的、无间隙的思维构造物,也就是我们用逻辑语言所说的封闭的演绎关联。而一般来说,这样的演绎关联在于,借助推论的手段,从一个最高的原理中出发推导出其他的一切。诸位,若不如此,而是以归纳的方式思考,也就是不从这样一个最高原理进行推导,而是试图从特殊向一般推进,那么按照传统逻辑的学说,诸位决不能完全确定你们所思考的事情,也就是说,如果过去的所有人都死了,诸位由此就外推出人终有一死,那么从纯粹逻辑上看,这个结论首先还是得不到辩护的,因为即使目前没有人真的会永生[不]死,但将来有人一直活着的情况也是有可能出现的。

反之，如果在人自身的原则中有某种东西保证了他的有死性，那么我们
44 就可以对此感到放心，并可以宣布这样一个命题为纯粹的先天命题。传统的体系观念恰好是从一个特定命题出发进行封闭推导的观念，因而与我一开始告诉诸位的黑格尔哲学相反。

现在，我想首先试着借助《精神现象学》中的一段话向诸位表明，黑格尔的体系概念，或者用不太迂腐的、哲学史上的术语来说，辩证的总体性概念实际上与那条进路刚好相反，同时，我在此也想从一个稍微不同的角度再次向诸位阐明一般辩证法的核心动机，即我们所说的，真理只能被理解为结果，在那里结果不仅仅是从某个地方突然跳出来的东西，而且还是在自身中包括了作为其本身有效性和意义的必然条件的过程。我想在这种语境下给诸位朗读的这段话同样出自《精神现象学》的"序言"，它在这里是特别重要的，因为它以极其尖锐的方式进行了反对传统体系概念的转向，因而也一般地进行了反对静态真理观念的转向。"从上面讲的所得出的一些结论中，可以挑出这样一条结论来，就是认识只有作为科学或者作为体系才是现实的，才能被现实地陈述出来；此外，一个所谓哲学原理或原则，如果它是真的，只要它仅仅作为原理或原则存在，它就也已经是假的了。"② 这句话——顺便说一下，这句话在哲学史上明确针对费希特③的《全部知识学的基础》，针对 1794 年的第一份"知识学"④，这份"知识学"的确以某种方式构成了黑格尔体系的前提，在其中费希特实际上试图从这样一条原理推导出整个哲学来。⑤ 因此，这句话与我所说的东西是极端矛盾的，因为演绎关联的标
45 准，也就是从一条最高原理出发所进行的封闭推导，恰恰是无矛盾性。如果添加上一个矛盾的环节，那么根据传统逻辑的规则，似乎就伤害了演绎的关联。诸位可能已经从中看出，出于特定的动机，黑格尔哲学不仅与永恒和不变之物的传统哲学及传统形而上学相对立，而且与传统逻辑相对立。这就是说，黑格尔哲学不承认矛盾律，因为它认为，思维本身因为没有经历矛盾便不具有其真理性，而恰恰是通过思维本身的

必然性而被迫走向持续的矛盾，而且它的逻辑统一性，也就是无矛盾性只有作为一个完成了的总体性而被占有，而非在思维所进行的个别步骤中就拥有这种统一性。“此外，一个所谓哲学原理或原则，如果它是真的，只要它仅仅作为原理或原则存在，它也已经是假的了”[6]，如果诸位正确地理解了这句话，在这里就已经可以看出，这是辩证思维向我们提出的一个进一步的苛求。为了真正解释这一点，我们可以说，对于唯心主义哲学来说，如果思想一开始就在于思维的绝对性，那么就没有什么不是思想的东西了，并且——正如我们在费希特那里发现的那样——思维的原则，自我，也就是一个绝对者，设定它自身，因此我们可以——顺便说一下，费希特已经迈出了这一步——说，完全在黑格尔的意义上，这条第一原理也必然已经是错误的了，因为在这个设定自身的思维概念中，必然包含着这种思维关涉的环节。不存在一种思维，不存在一种思想不具有一个被它所涉及的所思之物，之所以如此，是因为思想之思维，多于单纯的思想。但是现在，由于我们这样来把握这一点——并 46
且费希特已经迈出了这一步(我在这里向诸位暗示了这一步)，并极力强调了这一点——由于对这一点的说明，我们实际上可以说，哲学借以开始的那个原则——黑格尔和费希特的原则在这个关键点上是同一的——既是真的，因为事实上并不存在什么不经过中介的东西，因为我们并不知道任何我们不是通过思想来意识到的东西；同时那个原则又是假的，因为在这种虚假的绝对起源中必然已经一道设定了其本身的对立面，因为在关于一个绝对的和创生性的自我的思想中，必然已经一道设定了纯粹的理念，也就是思维关涉物的思想，也就是关于非我的思想。

“要反驳”——这个原理——“因此也就很容易。这反驳就在于指出它的缺陷，但它有缺陷是因为它仅仅是共相或原则，仅仅是开端。如果反驳得彻底，则这个反驳就是从原则自身里取来的和发展出来的——而不是根据对立方的担保和冒出来的念头从外面弄来的”[7]。

诸位可以从这几句话中提炼出整个辩证方法的两个关键规定。也就是说，在黑格尔那里，首先“反驳”并没有通常意义上一个命题干脆是假的那一说。确切地讲，对这个命题正如黑格尔所说的那样，“指出它的缺陷”，这就是说，每一有限的知识都被表明，由于它恰恰是一个单纯有限的知识——并且我们一般地只能将一个被规定之物说成有限之物——它正是在这个意义上必然还不是整体；但是，由于只有整体才应该是真理，所以就此而言每种思想甚至都是虚假的，但不是在偶然的、有待纠正的错误判断虚的意义上是虚假的，不是在某种程度上的思维缺陷的意义上是虚假的，而是基于有限判断的本性来说它是假的。因为，每个
47 有限判断都恰好有这样的属性，这种属性显然不是（按照黑格尔的说法）只有真理的概念才可以从中派生出来的那个整体。但是这也进一步意味着，这种虚假性本身并不是一种偶然之物，因此它不是一种外在于哲学、外在于概念运动的东西，毋宁说我们必然会陷入这种虚假性当中。

这种思想实际上已经是一种康德式的思想了，尽管它在康德那里也许并没有展现出后来在黑格尔那里获得的那种完全的必然性和明确性。也就是这样一种思想——正如康德最初还以非常有限的方式所说的那样，即存在特定类型的命题，它们超越实证经验，我们在这些命题中继续使用我们的概念装置，当我们可能用经验材料来填充这个装置时，[所以]我们就必然使自己卷入矛盾，并且在《纯粹理性批判》先验逻辑的第二部分，康德也试图同时给出一个我们如何才能解决和摆脱所有这些必然矛盾的指引。这是康德的一个令人惊奇的思想，它就伫立在康德那里，但并没有得到康德本人的进一步追问。一方面，康德在《纯粹理性批判》中总是说，我们必然会被卷入这些矛盾中，即使是认识论的考虑也不能就此“治愈”我们。但是另一方面，康德相信能够为这个问题提供一个解决方案，按照他的说法，这恰好在于本体（noumena）和现相（phainomena）的使用差异当中，即它们应该适用于不同的法则。⑧

所以诸位看,在康德这里也存在一种矛盾。但对黑格尔来说事情却是这样的,康德——我们可以说非他本愿地(*malgré lui-même*)——遗留下的矛盾,现在本身就被提升到意识层面,几乎可以说,被提升到了一般哲学思维工具论的地位。那么这就意味着,一方面,理性必然会把自己卷入矛盾,但同时它也有能力超越这些矛盾并自我纠正——现 48
在根据黑格尔的说法,这就是一般概念运动的本质,真的就是哲学的本质。如果诸位想要正确理解辩证法,就必须同时抓住两个方面:一方面是矛盾的必然性,另一方面是矛盾的继续推进,后者使矛盾在一个更高的真理形式上得到扬弃,正如在黑格尔那里总是相关联地得到思考那样,在一种更高的实在性形式中得到扬弃,因为真理和实在性在黑格尔那里的确不被理解为两种根本不同的东西,而是被理解为两个相互关联的动态的环节,这两个环节相互依存,而且真正来说是通过彼此才构成的。

我想用这几句话向大家指出的第二件事,现在通过我迄今为止所进行的思考,已经使人联想起:对一个命题的真理性的反驳,或者对一个命题的否定,或者——最终是这个诸位大概期待已久的关键词——正题的反题不是某种从外面添加上去的东西,它真正地是从思想本身的必然性中产生出来的东西。我认为,如果诸位想要获得辩证法的哲学概念,想要使自己摆脱前哲学的辩证法概念,摆脱衰败平庸的辩证法概念(这个有待摆脱的辩证法概念就在于,有人说:“那好吧,无论你表达什么,都可以以某种方式说出相反的话。”)——[那么诸位就在这些句子中找到了这样做的机会;因为要反对]这种相对主义的通行格言,实际上有悖于由黑格尔在这里提出来的东西:反题不是某种作为反论而从外部反对命题的东西——黑格尔真的会把这一点当作单纯诡辩派的意见之争而加以拒斥,而是命题本身的对立面总是要从命题本身、从 49
命题本身的必然性中提取出来,正如我通过自我和非我的关系试图简短地向诸位指出的那样,自我和非我的关系的确恰好为黑格尔的《精神现象学》指明了关键的主题。因此,辩证思维不是用另一种意见从外部去反对任意一类命题,而是把思想推动到这样的地步,它在那里意识到本身的有限性,意识到本身的虚假性,从而推动自己以超越自身。

我也可以把这段话的其余部分朗读给诸位听,但我想事先提请诸位注意,黑格尔明确将那种从外部与一种思想相对立的,而不是从这种思想中本身创造出来的外在对立面称为“担保”或“冒出来的念头”*,并对此不屑一顾。如果通观黑格尔哲学的整体,诸位可以从这两个词语中得到的东西,比这两个词语这里单独说出来的要多得多。因为在黑格尔那里就是这样,在他极大地强调思想的同时,他实际上还突出了从思想自身出发去发展出绝对者的一般要求,[这个要求]总是[应该]同时这样[理解],即这个思想在客观性中建构自身。如果我们可以在最高的意义上说,黑格尔的辩证法是一种主体的辩证法,如果曾经被称为绝对的东西实际上就是主体[9],那么这就意味着,恰恰是在思想的所有个别阶段,它都有其客观性的尺度。而整个辩证哲学的激情实际上总是这样的,即主体的判断,就其仅仅是一种反思性的或者推理性的判断而言,只要它出于自身而接近客体,而不使自己屈从于不得不参与其中的客体的约束、暴力和艰难,那么主体实际上总是以其本身的任意
50 性、本身的偶然性,或者——就像黑格尔接下来非常频繁地说的那样——本身的虚浮而备受责难。[10]不是从事物中获得的矛盾,就不是事物出于自身而陷入的矛盾,而是简单地从外部添加给事物的对立面,在某种程度上说,这个对立面被单纯地归于偶然主体的有限性,并变成这主体的单纯的意见,刚好变成那种诸位在柏拉图那里已经发现的、受到最严厉批评的意见[δόξα(dóxa)],而诸位到达真理现在成为主体,成为绝对主体的那条道路,始终是把单纯的个人对客体性的意见修正为思维主体性在其个别阶段上遭遇到客体性的道路。[11]

---

* 中译参阅黑格尔:《精神现象学》,第15页。——中译者注

“它”,这种反驳,“真正说来就会是对”——原则、开端——“的发展以及对其缺陷的补足,如果这种反驳不因为它只看到它自己的否定方面,而未也从其肯定方面意识到它的发展和结果,从而错认了它自己的话”[12]。这段话非常深入地引出了辩证思维的面相学(Physiognomik),我想首先给诸位讲一讲它。在这个思想中首先就有一个非常引人注目的让步,就是只要我们在辩证法中谈到反驳,这种反驳就与传统逻辑通常意义上所谓的反驳不一样,也就是与人们简单地去证明一个思想是错误的那种反驳不一样。因为这种反驳的确不是针对思想进行的,而是借助于思想,出于思想自身的力量进行的,正如黑格尔一般的辩证思维,此外也包括马克思的辩证法,只要是一种批判性的思维,就始终是内在的批判。当我们批判一个构造物(Gebilde)的时候,那么这种批判——这是一种流行的说法——可以是超越的批判,这就是说,它可以用一些虽然在判断者看来稳固,但并不存在于事物中的任何预设来衡 51
量构造物或者实在,或者随便什么永远是其所是的东西;也可以是内在的批判,这就是说,它可以用这个构造物本身的预设和本身的形式法则来衡量被批判的东西。辩证法的道路现在始终是内在批判的道路,这就是说,完全在我刚才向诸位阐明的意义上,辩证的道路不是把某个外在的标准带给事物,不是一个“担保”或者“单纯冒出来的念头”,而是事物为了到达自身,必须从自己、从其本身的概念上得到衡量。给诸位举一个唯物主义辩证法的例子,当马克思批判资本主义社会的时候,绝对不会出现这样的情况,即他将所谓理想的,比如说社会主义的社会看成资本主义社会的对立面。这是马克思在任何场合都小心翼翼避免的,就像黑格尔在任何场合都不曾致力于将乌托邦或者实现了的理念描绘成这样的对立面一样。在辩证法的这两个版本中,对此都充满着严格的禁忌。当马克思批判社会时,他是这样做的,他用社会出于自身而主张的状态来衡量其自身,因此马克思说,“这个社会要求成为一个自由和公平交换的社会,现在让我们来看看它是否满足了自己的要求”,或者“它宣称自己是一个自由的、交换主体的社会，这些主体互为订约人；让我们来看一看这个说法是否站得住脚”*。所有这些因素后来都真的是马克思方法的标志性特征，另外它们也使正确理解马克思的方法，而不是在一种关于理想社会学说的意义上误解马克思（马克思离这种理想社会的学说异常遥远），变得异常艰难，而所有这些因素正好都呈现在黑格尔那段话中。

但是现在我想超出这一点。首先诸位已经看到了，辩证的否定不是对错误思想的订正，不是错误思想的对立面，而是，如果诸位愿意的
52 话，思想的扩展，或者正如黑格尔一贯所说的那样，是思想的发展，从而是对其缺陷的补足；所以辩证的否定实际上是一种矫正，而不是某种撤销思想的东西。因此当——我再举一个马克思的例子——自由公正的社会的思想受到他批判的时候，辩证方法并不因此就消解掉自由和正义的理念，而只是表明，在这个理念所面对的实在中，这个理念还没有得到实现，并且迄今为止仍有效的自由和正义的概念本身自然也就此得到了修正，也就是说，这些概念不再像它们最初呈现给思想的那样抽象，而是被具体化了。这听上去无伤大雅，诸位在这里可以舒一口气，说：“那么辩证法根本没有那么糟糕，也根本没有觉得关于矛盾的谈论是那么严肃，整体并没有溢出常识—规则多少，我们就不必那么狭隘，我们可以扩展并超越受限制的思想，通过这种方式达到的恰好是那个整体。”事实上，在辩证法中也存在着某种这样的常识。但事情终究没有那么美好，也没有那么平顺。这又让我想起辩证法概念中的一个关键点，我提请诸位要非常准确地抓住这一点。这个关键点就是，黑格尔说，这一切都很美好，思想真正说来只是得到发展了，它没有遭到反驳。只不过事情是这样的，批判性的思想，也就是用其自身来衡量事物、用其自身来面对事物并推动事物发展的思想，“只看到它自己的否定方

* 阿多诺所引的这段话在马克思、恩格斯的文献中没有找到原话，并且德语编辑也并未在此给出说明，怀疑是阿多诺改写。——中译者注

面,而未也从其肯定方面意识到它的发展和结果”[13]。现在,这首先意
味着,黑格尔特别严肃地对待这个反驳,也就是说,这意味着我们不拥
有那个整体,我们不能以使万物各安其位的上帝的面目扩展我们的概 53
念,使其超越思想的局限性,并将思想带到恰当的位置上,而是思想必
须不惧荣辱,冷酷无情地使自己真正进入辩证法本身。这就是出自我
上一讲试图告诉诸位的那个结论:整体的确恰恰不是被给定的,真理不
是僵化的东西,不是给我们提供担保的东西,毋宁说真理本身是一种正
在出现的东西,一种涌现出来的东西,它是结果。但现在这也意味着,
我们不能像从外部将它带进来那样去使用真理,并且在某种程度上,我
们不能说通过辩证的思考,就已经能够凭借这种抽象真理的力量而超
越辩证法了。毋宁说,我们必须在某种程度上沉浸到这个辩证的过程
当中。几乎可以说,为了一般地达到整体,除了局部的狭隘性,我们根
本没有另外的余地,因为我们不拥有整体。只有当我们将自己交付给
[局部的狭隘性]的时候,因而当我们通过这种限制把批判性运动本身
认作真理的时候,我们才有可能获得真理。但另一方面——诸位可以
看到,辩证法的概念在黑格尔那里实际上是多么严肃——[这就意味
着]必须十分严肃地对待下一步(der nächste Schritt),不能通过又把下
一步仅仅看成整体的一个组成因素而将它相对化了,这其中也已经再
次暗含着,下一步——恰好是使有限之物显示出其可错性的那种反思
的否定性——自身也还不是真理,毋宁说它本身又在这种对它来说必
然的自我误解中变成了非真理,并由此将自己进一步向前推进。下一
步所陷入的这种必然的非真理,现在实际上就是那种阻挡它仅仅作为
错误的扩展或者矫正而出现的东西,却必然地和不可避免地赋予它绝
对矛盾的幻相。从这种关系中诸位可以看出,尽管受到那种限制,但这 54
里涉及的矛盾概念的确是件异常严肃的事情。再次来反思历史:如果
那些在法国大革命期间为资产阶级社会带来解放的人们没有十分严肃
地将这个资产阶级社会看成公平和绝对的社会的实现,如果这种思想

的局限性没有作为爆炸性的力量同时在这思想身上有效地发挥作用，那么整个法国大革命都不会发生；但同时，使法国大革命本身成为单纯的历史相对事物的那种限制，也恰恰通过这种可错性而再次到来了。

也许我还可以给这个思想一个其他的说法，这个说法可以把这个思想与我一开始试图向诸位阐明的那个主题联系起来：与真理本身的时间内核这个主题联系起来。[14] 因为诸位很可能抵达了黑格尔思想的最深处，诸位一般从这里才能把握住这个主题。在这其中暗示着，没有一种思想能够真正被思考为从时间中、从其时间内核中解放出来的思想。因此一种思想，一种政治思想——在非凡的意义上《精神现象学》恰恰就是一部以政治的方式构思的著作——这种思想不是直接涉及绝对者、涉及超时间的正义，而是从自己时代的具体条件生长出来并用这些条件来衡量自己，这种思想不是某种优越于自己时代的具体条件的东西，毋宁说它是更加抽象的东西，并通过这种巨大的抽象性恰恰陷入软弱无能的境地，因而丧失了那种成为现实性的力量，而这种现实性在辩证原则的意义上，实际上是一般思想真理性的证明。可以说这就是
55 真理的时间内核思想的实践的或政治的转向，即不存在一个普遍的、在自身中静止不动的真理，也不存在这样的关于社会的真理，毋宁说真理本身实际上总是伴随着具体的情境产生的，当它脱离具体情境或者认为要超越具体情境的时候，它就因此恰恰会被谴责为无力，谴责为软弱，并导致与它实际上认为会导致的刚好相反的效果。

我插入这个考虑，是为了在这里同时借助一个模式向大家说明一些别的东西，这个模式对辩证思维的氛围(Klima)也是非常重要的：在极端理论化的思想和实践转向之间存在着持续不断的相互影响。在这一点上，辩证思维也与传统思维有着根本不同，因为在辩证思维中，我们并不是先有一个精心构造的理论体系，在把整个理论从容不迫地编排在一起之后，才从这个体系中引出“实践的结论”，而毋宁说它实际上是在这种思维的所有阶段上——可以说——都闪耀着星星之火，它从

理论思考的极点燃过实践行为的极点。如果在这里我已向诸位指出了关于矛盾的局限性之不可避免性的思想的逻辑结构——具体政治实践相对于某种抽象的政治乌托邦的核心作用,那么它就是某种对一般辩证思维来说极为核心的事情。我们确实必须真正习惯于理论和实践的统一,正如其在所有辩证法思维中,已经在费希特那里,当然也在黑格尔和马克思那里得到思考的那样,实际上已然是这样一种统一,它不是在最后才出现,而是存在于这种持续不断的相互作用当中,正如我试图向诸位表明的那样,并且这本身恰好是黑格尔所说的从真理的时间内 56
核而来的结果,那么这也就意味着真理本身绝不是以沉思的方式被安置在时间对立面上的东西,而是在真理拥有其时间性形态的同时,也总是与可能的实践有着显著的关系。

[在《精神现象学》当中]这段话是以[如下方式]结束的:“把开端真正地肯定地实行出来,这同时反过来同样也是对它的否定态度,即否定它那个只是直接的或只是目的的片面形式。因此,这种实行也同样可以被视为对构成体系根据的东西的反驳,但更准确地说它必须被看作一种揭示,指出体系的根据或原则实际上仅只是体系的开端。”⑮这再次总结了我们在上一讲已经听到的内容:从关于“动物”的学说中得到的对动物学的规定,并不是某种与实行出来的动物学相同一的东西,诸位从这个命题中不能得到动物学,而是只有当诸位具体地从这种规定或者它的概念走进个别动物合乎发展的派生过程(Ableitung)的时候,才能得到对动物学的规定。但这段话真正要说的还不止这些。因为,如果诸位听到,第一命题或者原理仅仅是一个开端,那么这乍听起来确实也完全无害,并且我们可以这样去理解它:“那好吧,如果像费希特的原理那样,我们有这样一个第一命题,那么为了获得更丰富的内容,我们必须进一步地把它实行出来。”但在这里我必须再次提醒诸位,诸如“仅仅是一个开端”这样的概念在黑格尔那里承载了很多东西,必须得到比在诸位看来严肃得多的对待,不是因为这样一个命题在某种程度

上应当获得色彩和轮廓，或者不管非辩证的、传统的思维的废话在这里想要什么，而是因为实际上只要命题是单纯的开端，就像黑格尔所说
57 的，只要它仅仅是抽象的，那么它事实上就是虚假的。这种抽象物在黑格尔那里与通常思维“抽象性”概念的含义也不完全相同。亦即，在黑格尔那里，抽象物不是简单的普遍物，而是孤立的东西、个别的规定，只要它在字面含义上是从其所属的整体中“抽象”出来的。而思维运动本身作为一种走向整体的运动，在黑格尔的意义上就是走向“具体的东西”的运动，也即走向“生长在一起的东西”的运动，正如在黑格尔那里，事实上真理的规定是，真理是具体的东西。[16]因此，抽象的东西实际上才是仍旧孤立的个别物，所以，开端是虚假的，因为它是抽象的，因为它是孤立的，因为它还没有过渡到整体，或者因为它还没有走向它自身，从而开端和实行的关系并不是某种事先用尺子在画板上所勾勒的简图的填涂绘制关系，而是它本身实质上意味着真理借以走向自身的一般过程。以上就是我今天想对大家说的有关辩证入门的东西。[17]

注释

① 在第四讲的录音转抄的第一页(Sign：Vo 3050)可以看到手写的评语：“录音带难以理解!”

② Hegel，*Phänomenologie des Geistes*，a. a. O. (s. Anm. 16)，S. 16. [Vgl. Hegel，*Werke*，a. a. O. (s. Anm. 8)，Bd. 3：*Phänomenologie des Geistes*，S. 27.中译参见黑格尔：《精神现象学》，第 14—15 页。]

③ 约翰·戈特利布·费希特(1762—1814)，从 1794 年开始就在耶拿、柏林、埃尔朗根、柯尼斯堡，最后重返柏林担任哲学教授。

④ Vgl. Johann Gottlieb Fichte，*Grundlage der gesamten Wissenschaftslehre als Handschrift für seine Zuhörer* (1794)，Einleitung und Register von Wilhelm G. Jacobs，Hamburg 1988.——虽然费希特认为他 1794 年的知识学是自成一体的，但他后来多次对知识学进行了修订。

⑤ 根据费希特的观点，哲学的任务是将所有科学的全部知识建立在一个唯一的原理或者原则之上，从而将其作为一个统一的体系陈述出来。基于这个理由，哲学对于费希特来说只能是知识学或者一般科学的科学。费希特认为只有“我是我”这个命题满足了绝对第一原则的条件，首先，因为它是直

接确定的;其次,因为它作为原初的事实行动并不依赖于事先给定的东西,而是具有一种生产性的自身奠基的结构:"自我的存在(本质)完全在于自己把自己设定为存在者的那种自我,就是作为绝对主体的自我。"[Fichte, *Grundlage der gesamten Wissenschaftslehre*, a. a. O. (s. Anm. 45), S. 17.中译参见费希特:《全部知识学的基础》,王玖兴译,商务印书馆 1986 年版,第 12 页。]"自我自己就直接了当地设定它自己的存在。"(Ebd., S. 18.中译参见费希特《全部知识学的基础》,第 14 页。)"我是,因为我是。"(Johann Gottlieb Fichte, *Über den Begriff der Wissenschaftslehre*, hrsg. von Edmund Braun, Stuttgart 1981, S. 61.)再次,第一原理是一切可能存在者的绝对原则,因为通过这个原理作为存在着的自我设定了一个主体—客体的结构,在这个结构当中自我一方面是绝对的主体—客体,但另一方面自我也是在自身中的客体,因而在客体的立场上仿佛预先给定了一个位置,与自我不同的经验客体(非我)也在其上找到自己的位置或者能够得到设定。

⑥ 见本讲注释②。

⑦ Hegel, *Phänomenologie des Geistes*, a. a. O. (s. Anm. 16), S. 16. [Vgl. Hegel, *Werke*, a. a. O. (s. Anm. 8), Bd. 3: *Phänomenologie des Geistes*, S. 27.中译参见黑格尔:《精神现象学》,第 15 页。]

⑧ 在康德那里,"诸现象就其按照范畴的同一性而被思考为对象而言"就是"现相"(Phaenomena)(Immanuel Kant, *Kritik der reinen Vernunft*. Nach der ersten und zweiten Original-Ausgabe neu hrsg. von Raymund Schmidt, Hamburg 1956, S. 298.中译参见康德:《纯粹理性批判》A248,邓晓芒译,人民出版社 2004 年版,第 227 页。)换言之,就其是被直观形式(空间和时间)与人类知性及其范畴建构起来而言,它就是事物;而"本体"(Noumena)则是物自身,也就是被如此观察或者思考的事物,就好像它们在非—感性直观中得到显示那样,但这些事物对人类认知来说仍然是被禁止的,因为人类认知依赖于感性直观和推论性的知性。就此而言,"本体"对康德来说也"只不过是一个限度概念,为的是限制感性的僭越,因而只有消极的运用"(Ebd., S. 305.中译参见康德:《纯粹理性批判》A255/B311,第 231 页)。

⑨ 在黑格尔那里,只有在《精神现象学》的目录中,才能以这种形式找到"绝对是主体"这个表述,这里实质上是这个思想得以展开的一个段落的标题。[Vgl. Hegel, *Werke*, a. a. O. (s. Anm. 8), Bd. 3: *Phänomenologie des Geistes*, S. 7 und S. 20 ff.中译参阅黑格尔:《精神现象学》,第 1、8 页。]——当然,这个命题实质上适用于黑格尔全部的绝对学说。

⑩ 黑格尔在《精神现象学》的"导论"中讲到,最初的自然意识必须在经验其对象的过程经历发展,发展的目标就是概念和对象的符合。在这种发展中,认知不再是一种与真实的对象相分离的、通过外在手段或者媒介得到思考的东西,而是变成与事物的真理相同一的东西。这种发展最初引起自然意识的恐惧。它没有把作为工具或者媒介的认知观念当作"偶然的和任意的

表象”[Hegel, *Werke*, a. a. O. (s. Anm.8), Bd. 3: *Phänomenologie des Geistes*, S. 70 f.中译参见黑格尔:《精神现象学》,第 50 页。]而加以摒弃,也没有将自己安置在对客体的经验中,而是躲避进一种明智的怀疑主义当中,在这种怀疑主义中“对真理的恐惧……把自己在自己和别人面前隐藏起来,好像正是对真理的热情高涨才使它自己很难甚至不可能为自己找到别的真理,而唯一只能找到这种虚浮的真理……;这种虚浮懂得把每一种真理都给自己破坏掉,从中退回到自身,陶醉在它自己的这种知性之中,这种知性知道永远要瓦解一切思想,它不知道去发现任何内容,只知道去寻找干瘪的自我,这种虚浮乃是一种满足,人们不能不听其自便;因为它逃避共相,而只追求自为的存在”(Ebd., S. 75.中译参见黑格尔《精神现象学》,第 53 页。)。

⑪ 将“auftritt”修改为“auftrifft”。

⑫ Hegel, *Phänomenologie des Geistes*, a. a. O. (s. Anm. 16), S. 16 f. [Vgl. Hegel, *Werke*, a. a. O. (s. Anm. 8), Bd. 3: *Phänomenologie des Geistes*, S. 27 f.中译参见黑格尔:《精神现象学》,第 15 页。]

⑬ 见本讲注释⑫。

⑭ S. S. 26 f.

⑮ Hegel, *Phänomenologie des Geistes*, a. a. O. (s. Anm. 16), S. 17. [Vgl. Hegel, *Werke* a. a. O. (s. Anm. 8), Bd. 3: *Phänomenologie des Geistes*, S. 28.中译参见黑格尔:《精神现象学》,第 15 页。]

⑯ “无论怎样,命题的形式,或更确切地说,判断的形式,总是不适合于表示具体的东西——真理是具体的——和思辨东西;判断由于其形式使然,总是片面的,就此而言也是假的。”[Hegel, *Werke* a. a. O. (s. Anm. 8), Bd. 8: *Enzyklopädie der philosophischen Wissenschaften I*, S. 98.中译参见黑格尔:《哲学全书·第一部分·逻辑学》,梁志学译,人民出版社 2002 年版,第 86 页。]关于具体的概念,黑格尔在《哲学全书》第 164 节写道:“我们听得最频繁的说法,莫过于说概念是某种抽象的东西。这种说法从两方面来看是正确的,一方面构成概念的要素是一般思维,而不是经验中的具体感性东西,另一方面概念还不是理念。在这种情况下,主观概念还是形式的,但这决不是说,概念总是应该具有或获得一种不同于它自身的内容。——作为绝对的形式本身,概念是一切规定性,但这是在规定性具有真理性的时候。因此,虽然概念是抽象的,但它却是具体的东西,而且是完全具体的东西,是主体本身。绝对具体的东西就是精神……,是概念,因为概念作为概念在把自身与其客观性区别开来时是现实存在着的,而这种客观性却不顾这样的区别,依然是概念的客观性。一切其他具体的东西,无论多么丰富,都不是这样密切地自相同一的,因此在其自身都不是这样具体的;人们通常理解的具体事物最不具体,是一种外在地拼凑在一起的杂多性。”(Ebd., S. 314.中译参见黑格尔:《哲学全书·第一部分·逻辑学》,第 300—301 页。)

⑰ 阿多诺在第十一讲中详细地返回讨论了黑格尔的“抽象”概念;s. S. 159 ff.

第五讲

（1958 年 6 月 3 日）

女士们，先生们： 58

上一讲，我们致力于第一种努力，就是更进一步去把握辩证法的否定概念，即阐明辩证法的矛盾。我相信，从我们所说的内容得出的首要结果，就是击退了关于辩证法最常见的庸俗观点：辩证法和彻底的理智化是同一个东西，与之相关的是世界的和谐化。其论证看起来是这样的，如果像辩证法所企图的那样，人们试图从其矛盾特征的运动中去理解一切存在着的事物，那么人们就会使一切存在着的东西屈从于一种理智的图型，好像世界自在地完全是一个合理性的世界一样，因为只有在这样的前提下，世界才能说是完全被建构起来的。这里忽略了非理性的因素。我到最近才有机会在我关于艾兴多夫的研究中提到他的一段话，在这段话中，艾兴多夫（他本身直接来自伟大的德国唯心主义传统）已经有点总结性地指责了整个后—康德哲学，指出它忽视了黑暗的、不和谐的东西，忽视了没有被理性之光熔解的东西。[1] 因而在这种类型的思维中，辩证法招致了一种责难，这种责难通常是他责难法兰西精神，特别是笛卡尔主义时所关联着提出的对一种德意志传统的责难（我恰恰不认为这个传统是最高贵的）。我们到目前为止所作的思考，

应该能够使诸位看出，这个观点是多么不合情理。因为，恰恰是黑格尔
59 哲学通过辩证法，也就是通过对否定性因素的接纳，反对这种存在之物借助理性的连续可建构性的观念。人们可以这样中肯地表达，说它事实上虽然是一种建构实在性的努力，但不是连续的，而是断裂的建构，即借助于这种寓居于实在性自身之中的断裂的建构。如果我可以向诸位吐露一些辩证法向来对我本人和我思维的努力所产生的魅力，而且辩证法或许也会对在座诸位产生这样的魅力，那么我完全可以说，这种魅力恰好在于辩证法允诺一种圆的方——而不仅允诺，也就是那些恰好没有融入合理性(Rationalität)中的东西，非同一物，那些本身不能被直接建构起来、仍然需要借助于意识自身而被建构起来的东西，因而就是去把握非理性之物，或者——如果我可以把黑格尔的说法套用到更时兴的反义词身上的话——凭借理性(*ratio*)本身而超越于理性与非理性之物的对立之上。

正如我上次告诉诸位的，否定之物不是一种思维立场的补充，不是单纯从外部面对思维立场出现的东西，正如辩证法的反题，它不应该是某种由思维从外部为正题设定的对立命题；毋宁说，辩证法程序的本质乃是，反题是从正题本身中产生的，因而存在着的东西本身就被理解为既与其本身同一又不同一的东西。但是因此，这个否定的环节是包含在个别正题之中的，而不是从外部与正题本身对立的，因而为了从根本上牢牢抓住这些环节，人们决不能掉以轻心，借此辩证法恰恰获得了我在上一讲向诸位陈述的那种严肃性，我们或许也可以用如下方式来表
60 达，即辩证思维是这样一种思维，它不是通过把个别之物还原为它更高的概念，将个别之物纳入单纯的普遍概念来规定个别之物。因此，辩证思维是这样一种努力，它不是通过分类来把握个别之物，而是通过人们在某种程度上在其自身之内来开启它，通过努力实现某种核裂变(Atomzertrümmerung)，通过这种核裂变人们谋求捕捉特殊物和普遍物在各个思维客体中的对立。但是现在，面对存在着的东西的暴力主

观推理(subjektive Räsonnement),即所谓万能的理性对立面,也总是同时进入它们自身中;这个对立面也就是在个别之物中恰恰无法溶解的东西的因素,非同一物的因素,不同之物的因素,以及我只能通过旁观(Zusehen)而不是通过某种推理(ratiocinatio),因而不是通过单纯的推论(Schlußfolgerung)才能意识到的东西的因素。那么在这个意义上,辩证思维事实上并不是理性主义的(rationalistisch)思维,因为它的批判涉及无法消融和含混不清的东西,也同样涉及任何个别理性设定的局限性。

为了使这种考虑不像我起初不得已而为之的那样流于形式,或许在这个地方该告诉诸位一些理性主义的争执,这些争执——真正说来,肇始于同雅各比[2]哲学联系在一起那些争论,随后肇始于黑格尔针对谢林的论战[3]——从未停止对思维产生巨大的作用。[4]一方是通常意义上的理性思维,这种思维被黑格尔有点贬义地描述为“反思哲学”,因而是一种仅仅使用通常的逻辑形式——定义、分类、结论、概念的秩序和区分,以及所有这些因素——的思维,并且只想让知识以这种形式进行时才有效。[5]另一方是我们一般笼统地冠以非理性称号的所有哲学 61
(其最近的伟大而重要的代表大概是亨利·柏格森[6]),这些哲学在根本上都站在首先由谢林表述的立场上,即用德国唯心主义的语言来说,单纯有限的知性认识仅仅停留于它的诸对象之外,它真正说来并没有表露多少事物本身的生命,因而真正的认识是这样一种认识,它仿佛能从内部看到事物,而不仅仅从外部对它们进行规整和把握,但为此也就牺牲了西方科学从笛卡尔开始就将其作为科学最高标准的那些可控性、必然性和普遍性的标准。我认为黑格尔的话语,或者关于诸多对立的超越(Sich-Erheben)的辩证话语,正是一般辩证思维最本质的动机之一,恰好可以在这场所谓理性主义的争执中得到很好的例证。此外,这场争执已然在黑格尔本人的哲学中找到其位置,并由黑格尔来加以解决。因为一方面,黑格尔对一切单纯机械的、分类的思维进行了最有力的批判——我相信我已经就此提请诸位注意过，如今取得某种科学的万能图表式思维(Tabelle)，已经在《精神现象学》的某个段落中被抨击过了⑦——，但另一方面，黑格尔猛烈地攻击了“放冷枪”⑧的思想，即认为能够突然地、直接地捕捉到绝对者的思想，正如在黑格尔的时代首先由他的朋友和后来的对手谢林所表现出来的那样；我们恰恰可以把黑格尔的第一部天才代表作《精神现象学》看作一次非常精心的尝试，它让这些矛盾的环节如此相互作用，最终使它们相互批判，然后在更高的层次上被统一起来。

62 如果人们允许自己从更远的距离来看待这个二选一，对此应该说些什么呢？一方面是这样的，思维事实上并不具备概念形式以外的其他形式，[而且]由于我们终究拥有形式逻辑所发展出来的分类和定义的技能，所以我们也不可能从这些形式中跳出来；同时理性本身的诉求，即“理性”究竟意味着什么，换句话说，也就是世界的合理安排的问题，不能和这个作为一种概念上透明的认识秩序本身的理性分离开来。因此，在黑格尔哲学中，传统逻辑——众所周知，黑格尔在其最核心的地方，亦即在矛盾律上批判了它——这种传统逻辑也不是简单地被辩证逻辑宣布无效。我认为非常重要的是，如果诸位想从这个方面正确地理解辩证法，就必须清楚如下事实，辩证地思维不是不合逻辑地去思维，不是忽视逻辑法则，毋宁说辩证地思维正是这样去思维，即个别规定通过与自身陷入矛盾而超越自身，因此就是通过将逻辑范畴应用于其上，这些规定在某种程度上让自身流动起来。从这个角度看来，诸位可以把整部《逻辑学》看成一种逻辑理性的自我批判，或者看成一种逻辑对自身的批判。传统的逻辑形式都被保存在黑格尔的《逻辑学》当中，诸位会发现这些形式在黑格尔“大逻辑”的第三部分，即“概念论”当中统统得到了讨论，但同时黑格尔以惊人的洞察力指出，在通常的形式下，传统逻辑这种构造物虽然是不可或缺的，但是孤立地看，它们作为个别的规定，真正说来并不构成认识的整体。

另一方面,人们通常习惯于称之为“非理性主义”的东西也有其真 63
理的因素。它是那种在思维中一再使被思维阻断的东西发挥作用的努力,使自然统治和自我统治的理性从现实的经验中遗失的东西发挥作用的努力,所以在某种程度上是一种在哲学中考虑启蒙过程的牺牲品的[努力]。可以说非理性主义整体上有一种倾向,就是为那些在欧洲启蒙运动的进步过程中被忽视的、被理性统治战胜的东西,为那些虚弱的、无力的、单纯存在着的东西,为那些被判决为易逝的东西,不能以永恒的形式保存下来的东西,甚至是在曾经针对它们的思想本身当中,为它们争取应得之位;这大概不是偶然的事件,也不是单纯知识社会学的指派(Zuordnung),毋宁说它也许和非理性哲学自身的本质有着很深的联系,如果这些哲学一般说来是复辟的或者反动的——我眼下使用这些字眼并没有任何贬低的意味,也就是说,这些哲学在某种程度上想替那些历史的牺牲品发声,但是它们并不理解这种牺牲和失败本身的必然性。[因此,非理性主义提醒我们]⑨,一方面人们只有凭借合理性,凭借统治自然的思维,才能摆脱一般自然环境的盲目性,如果放弃合理性,就会重新陷入野蛮;而与此同时[另一方面],世界进步的合理化进程已然也是一个逐步物化的进程——总的来说正如世界的物化,因此
也就是世界僵化成一个与人类相异化的对象性世界[这是一方面],而 64
另一方面主体性的增长不是简单的对立,不是简单的矛盾,而是这般的相互关联,即世界上的主体性越多,世界上相应的物化就越多,而非理性主义要反对的正是这点。

思维一旦识破了这种在根本上无非是启蒙过程本身辩证法的厄运,那么它既不会将自己托付给一方,也不会将自己托付给另一方,肯定也不会选取那种糟糕的中间路线,也就是说,除了理性(*ratio*)以外,我们必须给无意识或者非理性指派位置,因为这样一种被紧紧围绕的、像在自然保护区那般被理性容忍的非理性恰恰已然阙如,其自身根本不再具有力量,完全是某种软弱无力的东西。现在辩证法的追求

(Bestreben)确切说是在思想上不再变得软弱无力，而是这样去思维，即思想在自身中也同时把握到它本身现实化的可能性。黑格尔从这一替代方案中得出的结果，无非是不要把所谓非理性的力量和理性的力量对置起来，就像人们在当今糟糕的行政思维习惯中所做的那样，把一切(包括所谓的非理性)都置于官僚的秩序概念之下，并把一个种类的合理性和另一种类的非理性整齐地分开。黑格尔正是不屑于这个糟糕的解决办法，而做了事实上在我看来唯一连贯的事情，就是凭借意识本身，凭借逻辑性的展开，凭借启蒙的力量(如果诸位愿意直呼其名的话)，在启蒙本身中通过合理性的中介去规定那些物化、异化和外化的
65 环节，否则这些环节就只能被从外部因而是被无力地规定了。换句话说：黑格尔所做的事情就是将非理性的环节带入思维，带入理性本身，当作它内在的矛盾环节，而不是仅仅从外部以世界观的方式与之对弈，或者诸位也可以说：一方面从其自身去把握避开理性本身的非理性，另一方面也借助理性把对理性的批判扩展到康德式批判以外的地方去，并表明由于其必然陷入矛盾，理性面对与它不同一的东西，面对本身不是理性的东西，一再将自己置入对它们的不公(Unrecht)之中，然后一再地失败。这真正说来才是一般辩证思维相对于理性主义[10]争执所处的境地；而在我看来，这事实上是辩证法糟糕的扁平化的一个标志，而像卢卡奇[11]这样一个本应该更了解辩证法的人，在他的《理性的毁灭》[12]一书中(他最好是没有写过这本书)，实际上只是简单地给一切存在于一般非理性哲学当中的东西(其中包括尼采，也包括完全被误读的弗洛伊德)贴上“法西斯主义”的标签，而没有看到，正是认为与认知理性相对立的环节不具有实质性的那种辩证法，从根本上废除了它本身的概念，而恰恰变成了辩证哲学的伟大开创者极力反对过的那种机械思维。

我想至少借黑格尔的一段话向诸位指出，辩证思维的理智主义通常的观点是多么不切实际，但在这样做之前我想再次提醒诸位注意一

种误解,这种误解是如此流行,以至于尽管它是次要的,但我不得不让诸位注意这一点。这种误解的根据在于,人们指责黑格尔哲学以上帝 66
的名义,除了理性的手段之外没有给出其他的手段,如果它现在使用这种手段,就会将整个世界理智化;然而一般的思维,当它开始的时候,当然就必须是思维,而不可能存在于对非思维的东西的单纯断言(Beteuerungen)和单纯热情之中,另一方面,思维在自身中却拥有这种引人注意的、可能是根深蒂固的能力,恰恰也能够去命名和规定那些本身不是思维的东西。下面这段话又出自《精神现象学》的"序言":"上帝的生命和上帝的认识因而很可以被说成是"——就像神学家们所做的那样——"一种自己爱自己的游戏;但这个理念如果内中缺乏否定者的严肃、痛苦、忍耐和劳作,它就沦为一种神驰,甚至于沦为干瘪乏味"⑬。在这句话中,诸位又可以很清楚地尝到那种氛围,那种辩证法的味道。即在这样的表述中,由"否定者"或者"否定性"的概念所指示的逻辑性领域和由"严肃""痛苦""忍耐""劳作"这样的表达所暗示的人类真正的经验领域之间通常的分离[被扬弃了,因为]在黑格尔那里,这些范畴不像分类思维所作的那样,被井井有条地区分开来,毋宁说在黑格尔那里,每当他一般性地谈及矛盾的时候,就正好同时暗示着"人类"的因素,暗示着经验的因素,暗示着痛苦的因素,暗示着我们在否定状态下所遭受的那种意义上的否定性。这一点可以解释为,我们应该承受的"概念的劳动"对黑格尔来说,总也同时意味着主体的劳动,换句话说:是进行认知的人类的一项功绩(Leistung)。而这种进行认知的人类的功绩,不仅涉及与具体内容分离的理智性,而且涉及几乎可以说整个人 67
类历史的整个经验,因此任何思维过程都总是同时意味着一种痛苦或者幸福,并且思维与幸福的或者思维与痛苦的——痛苦和幸福的维度的确是同一个——整个分离,是应该通过一种意识到自己在总体性中拥有的历史条件的思维加以扬弃。当我在关于黑格尔的论文中提出,黑格尔哲学实际上是生命的再现,人们在这种哲学色彩绚丽的返照中实际上再次拥有了生命时[14]，那么我想说的正是，在整个黑格尔的哲学中，思维的过程固然是一个逻辑的过程，但同时也是一个根据其自身的逻辑性而指向抽象思维之外，并使自己饱食人类真正置身其中的经验。因此如果我们说，康德哲学代表着一种再次将本体论从唯名论的立场中拯救出来的卓越努力，那么所有的痛苦、所有对形而上学无意义状态的不满都将进入康德所作出的逻辑努力当中，完全变成这种逻辑努力本身的条件。如果可以这样来澄清我自己的辩证法的努力：对此我的理解是，重要的不是像实证主义者希望的那样，把语言逻辑化，而是反过来将逻辑带入语言——这恰恰就是黑格尔真正的意图，即痛苦和幸福在某种程度上可以作为内在的条件、作为思维本身内在的内涵被揭示出来，让思维和生命也再次得到规定，这是应该以完全的严肃性和连
68 贯性加以承担的，当然正是这个因素被传统反对辩证法的力量完全误解为通常意义上的单纯理智性。但是，在传统的和当今习以为常的思维当中，辩证法自然悬于斯库拉巨岩和卡律布狄斯漩涡之间，也就是说，一方面辩证法被指责为过度理智化，被指责为将所谓非理性因素逻辑化，另一方面任何平凡的逻辑学家（Wald-und Wiesenlogiker）面对这样的句子都会说：“的确，这是情绪化的表达，思维和一般的严肃、痛苦、忍耐、劳作有什么关系，它们确实是完全不同的范畴。”辩证法的本质确切说乃是在于，它恰恰试图通过思想本身去取消诸领域的分离，而这种分离首先表现在诸如思维、感觉和意愿等平凡的陈词滥调中。而理论和实践相统一的著名思想本身，如果诸位愿意的话，仅仅是这种撤销的努力的最高层次的表达，这种努力当然不可能意味着对不可分离的东西进行恢复性的重建，而是穿越分离，从分离东西本身的力量出发建立它们的统一。

我继续给诸位朗读这段话：“那种神性的生命”——上帝的生命——“自在地就是纯净的同一性和与自己本身的统一性，对于这种同一性和统一性而言，它并不是严肃地对待他在和异化，以及这种异化的

克服。但是这种自在乃是抽象的普遍性,在其中,自在的那种自为而存在的本性就被忽视了,因而形式的自我运动也就根本被忽视了”[15]。我想借此机会解释一下对理解黑格尔来说必不可少的两个表达,并且在此我不能不提请大家注意,根据其确切的逻辑含义,这些概念在黑格尔那里绝不容易掌握,尽管它们已经渗透到日常语言当中去了,就像一种哲学的效果或者威望与它普遍的可理解性之间一般而言显然根本没有 69
直接的联系。这几个表达分别是自在存在的概念、自为存在的概念和自在自为存在的概念。纵然我们还从来没有听说过辩证法和黑格尔,也习惯于说,这“自在地”就是如此,或者这“自在自为地”就是如此,而没有对此作出说明,通过这样的表述,我们真正说来就已经进入一个过程,尽管我们知道它是如何开始的,但很难看出来我们如何从中走出来。自在的存在是对一个事物的规定,就这个事物并没有在自身中进行反思而言,它就像事物之所是那样。如果完全从字面上理解,诸位也能够比较简单地理解自为存在的概念,即“自为”在这里不仅仅是指从整体中分裂出来的东西、分离出来的东西,尽管这种分离性的环节在这里起着非常本质的作用,毋宁说“自为”实际上指的是,如果我们说这个人自在地是一个恶棍,但自为地是一个正派的人,就是说,他丝毫没有自己是一个恶棍的思想,甚至连自己的无赖和差劲也没能意识到,但是他认为自己——心理学家[16]会说,出于自恋——是个了不起的人。因此他自为地是一个了不起的人,但自在地是一个恶棍,即根据其客观的规定他是一个恶棍,就像这个规定表达在他的社会功能中那样。黑格尔哲学与一切辩证法一样,本质上处理的是主体和客体、主观的东西和客观的东西相互分离这一事实,它的任务正是要证明这种自在的存在和自为的存在之间的差异,并在此过程中走上不同的道路:我们可以说,在《逻辑学》中,这条道路就是沿着从自在的存在到自为的存在,最后到自在自为的存在前进的,而在《精神现象学》中,可以说这条道路却恰好相反,也就是说它是从主体性开始,然后到达对其自身的意识,达 70

到自为的存在，并且只有穿越这种意识以及由此而来的所有反思，才到达自在的存在，达到自在自为的存在。在这里以严肃的态度设定起来的自在存在和自为存在之间的对立，现在实际上已经隐藏着具有高度决定性的动机，即客观的规定，人类——黑格尔哲学按其本源来说乃是一种人本主义哲学——通过其社会中客观具有的功能而［与自身］不相同一，因而如果让我用现代的方式来表述的话，作为人之自在存在的社会角色，与人对自己的意识即自为的存在产生了分歧。而正是这种分歧，也就是人及其自己的世界（这个世界的确还没有完全成为他自己的世界）的这种非同一性，才正是造成那种分裂状态、痛苦和否定性的原因，正如我刚才告诉诸位的，这种分歧只有通过劳作、忍耐、严肃和概念的努力才能得到克服。

因此诸位在这里可以看到，黑格尔逻辑—形而上学的构想实际上是如何直接地与那些似乎充满感情色彩、无论如何都饱含着人类经验的表达（例如那些关于严肃性的表达，以及其他任何可能的表达）相交配合的。我相信，如果我现在从诸位对黑格尔可以说是先入为主的印象中拿走一大块，如果我告诉诸位（虽然这可能会让部分人感到震惊），著名的“三段式”（Triplizität）即正题、反题和合题之间的区分，在黑格尔哲学中远没有发挥流行的意识指派给它的那种作用，诸位将不会感到惊讶。如果我在本系列课程中成功地从最不同的方面向诸位唤醒了辩证法的概念，使诸位从对考题的下意识反应中解放出来的话，我就很
71 满意了。当然了，这也有一定道理，但是只要诸位设想，我们必须首先有一个论题、一个断言、一个命题，然后在某种程度上从外部将这个命题同与它相反的命题对立起来，才能以或多或少外在的方式把这两个命题重新结合起来——只要诸位这样思维，事实上对此就拥有一个完全外在的观念了。辩证法的严肃性恰恰在于，它并不是这样一种从外部借助矛盾在其自身之中来练习的思维游戏，毋宁说矛盾自身就来自命题本身，就是说矛盾是通过辩证命题本身同时总是既为真又为假来

表现自己。此外,黑格尔本人也非常强烈地反对这种在三段式意义上使用辩证法概念的通常做法。真正关键的问题是,诸位在这里应该学习在精神上辩证地对待实在性究竟意味着什么,而不是在任何事情上都去机械地追问它的正题、反题和合题,在此我必须向诸位承认,对我来说“合题”这个词是极其致命的,如果我对诸位有一个正确的了解,那么你们当中的大多数人也会对合题这个概念感到一丝恐惧。

我想给诸位朗读的黑格尔涉及这个问题的那段话内容如下:“同样,——在康德学派只是凭借本能才重新发现出来的、还是僵死的、非概念的三段式被提升到它的绝对含义上来,并借此在其真实的内容里同时确立起了真实的形式、而科学的概念得以产生之后,——对这种形式的那种运用也很难被看作某种科学的东西,通过这种运用,我们看到这种形式被贬低为无生命的图型、某种真正的幻影,并把科学的组织贬低为图表了。”⑰顺便说一句,诸位在这里就已经预见到了对那种图表式思维的批判,在如今这个被宰制的世界*的时代,这种图表式思维的确已经完全变成一般科学的普遍形式,面对这种形式,语言自身显然处 72
于一种无望的防御状态。换句话说,辩证思维无论如何都不允许被诱导去将对象置于这个图式之下。毋宁说,辩证思维实际上正意味着,它不限于把诸个别对象看作它们自为的那样,也同样不限于把这些对象带到其种类概念之下,而是试图公正地对待存在于个别事物本身之中,存在于个别概念本身之中的生命,这生命实际上已经被黑格尔视为矛盾的东西、一个对抗性的东西。黑格尔本人已经非常敏锐地看出他最

* 译文对 die verwalteten Welt 采取了比较灵活的翻译。verwalten 本意是“统治”或者“支配”,考虑到它的词根“walten”“gewalt”均有“管理”“统治”“控制”和“支配”的含义,所以翻译成“被宰制的世界”,用以表达现代世界中人的某种主观感受。但是这个翻译却不适合对这个世界的客观描述,也不能表达这个词的中性含义,所以在表达中性含义的时候,我们将其翻译为“被管理的世界”。也有译者建议翻译成“被行政管理的世界”,以与阿多诺关于社会官僚化体系的论述对照,但为区别于“administrativ”和“regieren”等词,我们还是保留了原来的翻译。——中译者注

频繁地受到责难的那一点，即辩证法可能有堕落为机械论的危险，谁若肯花心思研究黑格尔伟大的著作，特别是《精神现象学》，就会发现在这里几乎找不到这种机械论的要素。

最后想给诸位读的是下面这段漂亮的表述："这样一种智慧的花哨"——亦即作为方法的辩证法——"由于它容易实行，马上就被学会了；当它已是众所周知了的时候还去重复它，那就像是重复已被看穿了的把戏一样让人受不了"[18]。如果让我来给这种思想一个更普遍些的说法的话，那么它就是，一般对于哲学来说，所有这样的知识在思想开始的那一刻就已经可以预见了，因此所有这种人们对之有"我已经知道了的反应"（Weiß-ich-schon-Reaktion）的知识，所有这种在根本上已经包含在其种类概念中的知识，都是毫无价值的；而思维能否在思想发生的那一刻就遭遇某种并非已然自明地包含这种在思想之中并一下子蹦出来的东西，简直就是真理的一块试金石，或者说真理和谬误的试金石
73 （ein Index veri et falsi）。单纯通过思想之被表述就可以预见真理，在这个意义上我们几乎可以说根本就不存在任何真理；并且如今在辩证法以"辩证唯物主义"（Diamat）之名所经受的糟糕的退化现象之下，在这里准备好的口号事实上就像一场把戏那样粉墨登场，人们会根据这些口号自上而下地进行判断和纳入，而根本不需要再费劲地为辩证法所要求的概念而作出劳作和努力，这些或许就是辩证法已经转变为纯粹的非真理的最可靠征兆。我们也可以用这种形式来表达，辩证法在这里已经忘记它真正说来和本质上是什么，就是说它在这里已经不再是一种批判性的理论，而堕落为单纯机械的归属（Subsumption）。与此相反，任何思维都不能幸免；即便是与机械思维相对立的辩证法原理本身，如果不以辩证的方式处理，即不与对象密切联系，不以灵活的方式对待对象，也会随时退回到机械的思维当中去，或者换句话说：辩证法自身并没有任何其本身不会变为意识形态的那种特许证明。

注释

① 按照精神历史的分期和他本人的习惯,艾兴多夫已经属于德国浪漫主义的衰落阶段。尽管他可能还认识很多第一代浪漫主义者,包括克莱门斯·布伦塔诺(Clemens Brentano),但是这种联系似乎已经断裂了;他混淆了德国唯心主义(用施莱格尔的话来说,德国唯心主义是时代的伟大潮流之一)和理性主义,这并不是偶然的。他指责康德的后继者们为(虽然他对康德本人说过一些富有洞见和令人敬畏的话),"一种没有任何阴影的中国画,然而阴影才是使图像栩栩如生的东西",这完全是误解,并且他还批评他们将"贯穿整个人类此在过程的神秘难解的东西轻易地否定为干扰的和多余的东西"(Adorno, *Zum Gedächtnis Eichendorffs*, in: GS 11, S. 86 f.)。

② 弗里德里希·海因里希·雅各比(1743—1819),作家、哲学家。1805 年起为巴伐利亚州科学院成员,1807 年开始担任院长。——雅各比反对康德对人类认识作出的批判性的自我限制,认为所有推论性的知性认识必须以对既是经验性又是超感性的实在性的一种直接的、直觉性的理性认识为前提。在这种实在性中,自在之物、人类自由和上帝据说都是可以被认识的。(Vgl. hierzu etwa die Schrift »Von den göttlichen Dingen und ihrer Offenbarung«, Leipzig 1811.)雅各比关于信仰和感觉的哲学,以及由雅各比所引发的斯宾诺莎的复兴,构成了后康德唯心主义的重要起点。——阿多诺在第十一讲中还要再次详细地讨论雅各比。

③ 黑格尔在严格论战性的意义上用于针对谢林的地方,仅限于那些黑格尔将谢林的绝对说成是"黑夜观牛,一切皆黑"的段落。[Vgl. Hegel, *Werke*, a. a. O. (s. Anm. 8), Bd. 3: *Phänomenologie des Geistes*, S. 22. 参见黑格尔:《精神现象学》,第 10 页。]与之相反,晚期谢林针对黑格尔的论调更具论战性。Vgl. Hierzu etwa Friedrich Wilhelm Schelling, *Zur Geschichte der neueren Philosophie*. Münchner Vorlesungen (1827); in: *Schellings Werke*, hrsg. von Manfred Schröter, Bd. 5: *Schriften zur geschichtlichen Philosophie* 1821—1854, München 1928, S. 196—234.中译参阅谢林:《近代哲学史》,先刚译,北京大学出版社 2016 年版,第 151—197 页。

④ 在阿多诺的时代或者德国唯心主义的时代,"理性主义争执"这个表达绝不是对应阿多诺用它来描述的那场争论的一个常用术语——不像这里看上去的那样。不过,马克斯·霍克海默曾在一篇较长的论文中以"理性主义的争执"为题详细地讨论过这个问题;因此,这可能是法兰克福学派常用的表达并反过来被阿多诺投射到这里。[Vgl. Max Horkheimer, *Zum Rationalismusstreit in der gegenwärtigen Philosophie*; in: *Zeitschrift für Sozialforschung* (3), 1934; jetzt in: Max Horkheimer, *Gesammelte Schriften*, hrsg. von Alfred Schmidt und Gunzelin Schmid Noerr, Bd. 3: Schriften 1931—36, hrsg. von Alfred Schmidt, Frankfurt a. M. 1988, S. 163—220.]

⑤ 黑格尔也将康德哲学算作“反思哲学”的例子。因为黑格尔从康德哲学中看到一种思维方式在起作用，他把这种思维方式描述为“外在的”，或者也描述为“外在的反思”，他把这种反思理解为一种“超越一个给定的直接表象，为其寻找一些普遍的规定，或用它们来进行比较”的思维的运动。[Hegel, *Werke*, a. a. O. (s. Anm. 8), Bd. 6: *Wissenschaft der Logik II*, S. 30.中译参见黑格尔:《逻辑学Ⅱ》,第 20 页。]将反思哲学批判为只批判特定类型的反思，正是这种对外在反思的批判使黑格尔摆脱了他那个时代一般的反思的批判(在黑格尔早期的著作中甚至比在《逻辑学》中更接近于此):“曾经有一段时间，近代哲学对反映口诛笔伐，把反映及其规定看作是绝对的考察方式的阻碍和死敌。这些指责虽然针对的是一般意义上的反映，但也针对着外在的反映。”(Ebd., S. 31.中译参见黑格尔:《逻辑学Ⅱ》,第 21 页。)黑格尔没有一般性地拒斥反思，并用一种完全不同性质的思维类型——诸如一种直接的智性直观——来反对反思，而是以某种方式修正了反思的概念，使其成为绝对者的真正结构。因此，他把外在的反思和一种不仅寓居在思维当中，而且也寓居在其诸对象之内的反思结构进行了对比，后者不是从作为直接被给予物的预先给定的规定出发，而是从自身出发去设定这些规定;这种形式的反思并不是将这些规定与一种预先给定的普遍之物进行外在的比较，而是把反映到自身之内的普遍之物看作每一个别规定以及总的客观现实性自身的内在规定结构。

⑥ 亨利·柏格森(1859—1941)，自 1900 年起担任法兰西学院哲学教授。生命哲学的重要代表人物。阿多诺曾于 1949—1958 年期间在法兰克福大学多次举办过关于柏格森的讲座。

⑦ 阿多诺稍后才引用了《精神现象学》“序言”中的一段话，在这段话中图表作为形式受到批判(s. S. 71 und S. 75)。与这段话相关联，黑格尔关于图表进一步写道:“这种方法，给所有天上的和地下的东西，给所有自然的和精神的形态都粘贴上普遍图型的几个规定，以这种方式对所有的东西加以排列，那么这种方法所产生出来的，就至多不过是一篇关于宇宙组织的明白报道，即是说，不过是一张图表而已，而这图表类似于一具贴着一些小标签的骨架，或类似于一家摆着一大批钉有标牌的密封罐子的香料店，这图表就像那些罐子里藏着的恰好也是无生命的事情那样，抛弃或掩藏了事情的活生生的本质。”[Hegel, *Werke*, a. a. O. (s. Anm. 8), Bd. 3: *Phänomenologie des Geistes*, S. 50 f.中译参见黑格尔:《精神现象学》,第 32—33 页。]

⑧ “放冷枪”:这个短语在这里涉及一段黑格尔反复使用的隐晦的引文。例如黑格尔在《逻辑学》的“科学必须以什么作为开端”一节这样写道:“但就开端而言，近代人们的束手无策是起源于一个更深层次的需要。有些人还没有认识到这个需要，所以他们要么以独断论的方式去证明本原，要么以怀疑主义的方式找到一个主观的标准，用来反对独断论的哲学思考;还有一些人完全否认这个需要，而是像放冷枪一样，企图以他们的内心启示或信仰、理智直观等等为开端，抛弃方法和逻辑。”[Hegel, *Werke*, a. a. O. (s. Anm. 8),

Bd. 5: *Wissenschaft der Logik I*, S. 65f.; vgl. ebenso Hegel, *Werke*, a. a. O. (s. Anm. 8), Bd. 3: *Phänomenologie des Geistes*, S. 31.中译参见黑格尔:《逻辑学Ⅰ》,先刚译,人民出版社2019年版,第45页。]

⑨ 录音转抄在这里标记有所缺漏。

⑩ 将"Irrationalismusstreit"修改为"Rationalismusstreit"。

⑪ 格奥尔格·卢卡奇(1885—1971),匈牙利哲学家、文学批评家和政治家。

⑫ Georg Lukács, *Die Zerstörung der Vernunft. Der Weg des Irrationalismus von Schelling zu Hitler*, Berlin 1953.中译参阅卢卡奇:《理性的毁灭》,程志民译,江苏教育出版社2005年版。

⑬ Hegel, *Phänomenologie des Geistes*, a. a. O. (s. Anm. 16), S. 13. [Vgl. Hegel, *Werke*, a. a. O. (s. Anm. 8), Bd. 3: *Phänomenologie des Geistes*, S. 24.中译参见黑格尔:《精神现象学》,第11—12页。]

⑭ "在黑格尔那里,其思想赖以维持的经验完满性是无可比拟的:它是被包含在思想本身之中的,根本不是单纯的材料,不是作为'质料'或者作为思想之外的例证和凭证。抽象的思想通过被经验到的东西,单纯的材料通过思维过程而反向演变为鲜活的思想和材料:《精神现象学》中的每一句话都应该展示这一点。人们错误地用来夸奖艺术家的东西,事实上正适合于黑格尔:升华(Sublimierung);他的生命其实在于色彩绚丽的返照,在于精神中的重复。……黑格尔这个人,正如其学说的主体那样,在这两者的精神中,将主体和客体吸入自身之内:精神的生活就是其在自身之中再次进行的完全的生命。"(GS 5, S. 293 f.)阿多诺在这里提到的《黑格尔哲学诸方面》一文,在讲座前一年就已经出版了,随后与其他两篇关于黑格尔的文章一起再版于1963年。(Vgl. Theodor W. Adorno, *Drei Studien zu Hegel*, Frankfurt a.M. 1963.中译参见阿多诺:《黑格尔三论》,谢永康译,上海人民出版社2020年版,第37—38页。)

⑮ Hegel, *Phänomenologie des Geistes*, a. a. O. (s. Anm. 16), S. 13 f. [Vgl. Hegel, *Werke*, a. a. O. (s. Anm. 8), Bd. 3: *Phänomenologie des Geistes*, S. 24.中译参见黑格尔:《精神现象学》,第12页。]

⑯ 将"wir"修改为"die Psychologen"。

⑰ Hegel, *Phänomenologie des Geistes*, a. a. O. (s. Anm. 16), S. 33. [Vgl. Hegel, *Werke*, a. a. O. (s. Anm. 8), Bd. 3: *Phänomenologie des Geistes*, S. 48.中译参见黑格尔:《精神现象学》,第30页。]

⑱ Hegel, *Phänomenologie des Geistes*, a. a. O. (s. Anm. 16), S. 34. [Vgl. Hegel, *Werke*, a. a. O. (s. Anm. 8), Bd. 3: *Phänomenologie des Geistes*, S. 50.中译参见黑格尔:《精神现象学》,第32页。]引文中"erlernt"在新版《黑格尔全集》中为"erlahmt"。

第六讲

（1958 年 6 月 10 日）

74 女士们，先生们：

我们在上一讲中处理完所谓智性主义的问题（或者像人们过去曾说过的那样，处理了所谓辩证法的泛逻辑主义[①]的问题）之后，我相信，今天我们可以从中得出一些结果，它们或许会帮助诸位形成一个比较确切的辩证法观念，以及对诸位当中大多数人借以跨进一般辩证哲学的那个辩证法理念作出一种特定的修正。我不想冒犯诸位当中的任何人，但我还是认为，诸位当中的大多数人，只要不是被人赞赏为专业的哲学家，一提到辩证法，首先就会自动产生如下反应：辩证法就是正题、反题和合题。我不想说这些概念根本没有任何意义，不会说它们对辩证法来说简直是非典型的，但这些概念确实适用于辩证法理论本身所阐明的东西，也就是说诸如“真理在于正题、反题和合题”这样的抽象命题，倘若不加详细的阐明，事实上就是不真实的东西。除此之外我还想说，如果人们说这些概念在它们某种程度上固化的那一刻就变成一种如何辩证地指引思维，那么它真正说来就变成了黑格尔本人所指之物的反面，那么我们大概就没有过多地犯下违背辩证法精神的罪过。事实上对此我可以引证黑格尔的观点：对我们称之为三段式图型的意义的这个限制,因而正是对那个正题、反题和合题的三小节的意义限制,是在黑格尔的《精神现象学》自身中发生的,虽然仅寥寥数语,却可以使我们走得更远:“同样,——在康德学派只是凭借本能才重新发现出来 75
的,还是僵死的、非概念的三段式被提升到它的绝对含义上来,并借此在其真实的内容里同时确立起了真实的形式,而科学的概念得以产生之后,——对这种形式的那种运用也很难被看作某种科学的东西,通过这种运用,我们看到这种形式被贬低为无生命的图型、某种真正的幻影,并把科学的组织贬低为图表了。”[2]我已经提请诸位注意过这一点;我想补充第二个表述,从而使一种对辩证法非常可疑的使用得到警示,就是说如果我们用三段式的图型这样进行切分,那就会陷入非真理当中去。“这样一种智慧的花哨,由于它容易实行,马上就被学会了;当它已是众所周知了的时候还去重复它,那就像是重复已被看穿了的把戏一样让人受不了。”[3]因此这个思想首先也是一种方法,这种方法抽象地看是最先进的思维方法,但如果被机械地运用,即是说如果将事实简单地归于这种方法之下,而没有经验或者对事实本身的洞见来打断这种归入程序,那么就会出现某些错误。人们可以自相矛盾地说,辩证法像一门手艺、像一剂处方(在这种处方当中,辩证法就像一种方法那样得到使用),在此它本身已经必然地转变成了非真理,也就是说,在相当严格的辩证意义上,辩证法就此跟它本身的概念发生了矛盾。因为,辩证的思维恰恰是间断的思维,也就是说如此这般的思维,即在强调的意义上概念总是将其批判运用于包含于其下的东西之上,而反过来说,单纯的事实性乃是通过其本身的概念得到衡量的。当人们与此保持距离的时候,因而当人们不再进行在其他某个地方被称为“概念的劳作和努 76
力”[4]的时候,他们就会认为已经将方法牢牢地掌握在自己手里,但真正说来方法已经被篡改和错失了。此外,一个更普遍的事实情况(Tatbestand)是,就像人们在艺术中总会碰到的表述[康定斯基在他《论艺术中的精神物》(*Über das Geistige in der Kunst*)一书中曾经非常好地表达了这点]那样，当一个艺术家认为已经发现自己并拥有自己风格的时候，通常而言其实已经失去了风格。[5]诸位在这里可能会从辩证法的氛围中重新发觉某种非常重要的东西，具体说也正是我已经告知过诸位的那种与安全性需要的对立。[6]辩证思维的这个苛求（也许不是最低限度的苛求）正是，如果人们去辩证地思维，就不能像康德式的学究那样去思维："现在我有了方法，而一旦我有了方法，就根本不会再碰到什么问题了。"黑格尔最强烈反对的，恰好是这种方法的观念，现在人们可以在某种程度上借此自动地、盲目地继续蒙混下去，而不是每时每刻都进行思想本身的努力。但这些还都是比较谦虚和朴素的洞见，虽然事实上在具体的思维中依据这样的洞见行事，总体上要比拥有这样的洞见要困难得多。即使我们辩证地思维，对此也丝毫不存在任何保证，不会恰好把辩证的思维变成去重复黑格尔极力警告的令人尴尬的把戏，并且作为一个思维着的人，从一开始就要去训练自己，坚决反对其本身范畴的每个机械的应用，这肯定是一件非常重要的事情，换句话说：要
77 不断地反思其本身的范畴，检查它们事实上是否还适合于在其下得到思考的事物。

在这种关联中黑格尔非常伟大的地方，也是我今天想提请大家注意的地方，就在于黑格尔并不满足于这种断定，也不满足于这种反对机械使用、反对辩证思维固化的论战，毋宁说，正如他反复对所有否定性要素所做的那样，黑格尔本人现在也在努力地去把握这样一种现象本身，也就是说，他试图从思维本身活生生的过程中——导出这种现象自身——甚至是导出这种思维的差错和思维本身的硬化（Verhärtung）和物化。而这正是一般辩证法的最高的特征，辩证法的要害归根到底恰恰在于消解那些物化、硬化和固化的东西，不是简单地用号称活生生的和直接的东西来反对它们，而是仍旧运用那硬化的东西，仿佛从中知觉到流动的生命、流动的劳作和沉淀下来的东西一样；只有通过如下方式才能克服那硬化和固化的东西，即辩证法似乎是出于固化物本身的力

量来推动它,也就是出于那沉淀在与我们相异化的事物和概念中的生命来推动它。“然而这卓越的东西不仅仅是逃脱不了它的命运,注定了要被这样地夺去生命、夺去精神,并眼看着自己的皮被这样剥下,被看出是披着一张毫无生命的空有其表的认识的皮。”⑦ 顺便说,诸位在这里可以同时感受到黑格尔某些出色的语言,与所谓优秀的文体家叔本华相比,黑格尔一般被抹黑为糟糕的文体家,这显然是因为那些或多或少错误地将自己置于语言能力裁判者位置上的人们认为,他们可以依据哲学家在何种程度上直接地以常识和口语进行沟通来评判哲学家的语言——但在黑格尔这里,情况却恰恰并非如此。这里语言的出彩之 78
处在于一种引人瞩目的第二感性、第二直接性,在这个出色的思维建筑术中,诸概念自身从内到外都充满了生命,它们运动得是如此激烈,以至于它们虽然看上去是完全抽象的概念,却再次接纳了生命整个色彩和丰饶,并开始以一种引人瞩目的方式闪耀起来。直到今天,对黑格尔进行真正的语言分析仍然阙如。我认为,对黑格尔进行语言哲学的研究,不仅是非常合时宜的,而且也可以进入黑格尔哲学内涵中非常深刻的层面。在这样一句话中,诸位已经真正把捉到了整个的黑格尔:就是说在这里,生命逃逸所出的仅仅是一张皮的表象,就被完全直接地应用于诸如知识、意识这样看起来抽象的东西身上。我在上一讲中就已经告诉过诸位,黑格尔哲学引人瞩目的张力场(Spannungsfeld),即它的运动不存在于连续的过渡当中,而是存在于思想从具体极跳跃到抽象极的巨大的动力中,这种张力场恰恰在于,它从最可感、最接近我们的东西开始,跨越到最远离我们的东西,并以如下方式结束:与其说在两者之间建立了联系,不如说是普遍的东西和特殊的东西这两个极端相互触动,这又与黑格尔哲学的内涵有着深刻的关联,因为这事实上是辩证学说本身的总概念,即普遍的东西同时总是特殊的东西,而特殊的东西同时总是普遍的东西。因此诸位可以看到,这种哲学的内涵这里已经在多大程度上深入这样一种语言结构的冒险性(Kühnheit)之中。在这

种语境下，我想对你们中间致力于德国诗歌研究的同学说，这种语言的
79 复杂性或许也可以为荷尔德林的诗歌投去全新的光亮，时至今日，这种光亮或许根本没有被正确地看到。“就在这种命运本身之内”——也就是这样的命运，即人类认为某种程度上可以用一张僵死的皮囊占有事物本身——“这卓越的东西也在对这些心情，如果不说是对精神，施加着强制，并看出其中有形式的普遍性和规定性的养成过程，那卓越的东西的完成就在于此，且唯有这一过程，才使这种普遍性有可能被运用到表面上来”[8]。黑格尔在这句话中说出某种异常深刻的东西，也就是倘若思维本身要想摆脱突然冒出来的想法的单纯偶然性，要想摆脱主观性的随意性质，就必须获得那种客观化的形式，即对象化的形式；但正因为它假定了这种普遍性，假定了概念上的规定性，它在自身中就必然会产生被物化、被变成灵丹妙药(Rezept)和被滥用的危险。换句话说：黑格尔所警告的滥用，包括对三段式图型的肤浅使用，这种滥用本身并不是外在于思想的东西，毋宁说它本身是从如下事实中产生出来的，即思想要想从此时此地(hic et nunc)单纯的随意性当中提升出来，其自身要想成为客观的真理，就必须遵循它必须去做的事情。换句话说，非真理性、变得—不真的东西在固化的意义上好像和真理自身的客观化特征密不可分。人们不会只拥有一个而不拥有另一个——总的来说这是辩证法最伟大的原理之一。也就是说，一方面，人们不能不赋予思想它的客观性、它的强制力和它的约束力，而不会恰恰就此让思想不断地处于这样的危险当中，即自身独立化，以及作为一种外在于事物的东西面对事物，并被歪曲地、生硬地和机械地加以使用。在这个对辩证法进行
80 机械使用的警告面前，诸位在这里拥有一个辩证思维本身的典范性案例(Schulfall)，即诸位在这里可以很清楚地看到什么东西构成了一般辩证法的命脉：就是说真理和非真理并不是互相外在的，真理和非真理并不是简单地站在抽象反题上相互对立，而毋宁说真理向非真理的转变，仿佛作为它的命运，作为它的诅咒，作为它所处的罪恶关联的标志

那样,寓居于真理本身之中;反过来说,一般真理所走的道路——真理的确是一个过程——只能是穿过非真理的道路。因而,诸位可以看到,甚至对于警告其自身的滥用这样的事实,辩证思维是如何强占利用(bemächtigen)的。

在这个反对滥用三段式图型的警告中有一个洞见,作为辩证法的另一个基本洞见,它或许不应该被诸位完全遗忘。这个洞见——这不过是给如下思想提供一个稍微不同的说法,即如果我们将思想孤立(在黑格尔那里,抽象总是意味着孤立,意味着脱离整体语境)起来,就没有任何思想不会同时也变成错误的思想。黑格尔已经在我为诸位解读的这段话(这段话关涉黑格尔关于上帝与自身的游戏是世界进程这个说法)中表明了这一点,对这个过程黑格尔说过它自在地是真实的,但如果人们不追求这个过程本身,就会沉入非真理当中,也就是沉入枯燥和冷漠之中。[9]我认为,人们在此可以进一步说,根本没有真理这回事,根本没有最真实的理论,也没有辩证法理论本身,因为当这些理论从它们的关联中割裂出来,特别是当它们为某些利益机构(Interessenlagen)服务时,也不会刚好就直接地变成了非真理。世上没有什么构造物(无论是哲学最高的构造物,还是艺术最高的构造物)不会被滥用——通过将 81
它们孤立起来,让人们远离其他的事物,让人们欺骗他人,使他们获得虚假的和不真实的满足、伪装的满足。如果诸位在这里期待我对辩证法实践应用,那么这种应用恰恰在于,辩证法思想其实对以任何方式被这样孤立起来,从而服务于滥用都保持非常怀疑的态度。这就是说,任何个别的认识,任何有限的个别认识——甚至任何有关整体的认识,作为认识都仍然是个别的认识——如果以整体自居并绝对地被设定,那它们就会立即跨进为非真理服务的境地,就会变成一种意识形态。当然,今天诸位可以在整个东部地区最为突出地悉知这一点,在那里人们已经将辩证法提升为一种国家宗教(Staatsreligion),并且或许人们也会试图偶尔以一种非常规矩和幼稚的方式来使辩证法理论的某些部分——我不打算说念经般地诵读,尽管这对我来说是显而易见的——以某种方式为人们所理解,但在那里辩证法长久以来只是为了证明辩证法作为一种国家宗教的实践是正确的,这种实践的结果无异于将压迫永久化,而辩证法的冲动真正说来是彻底反对这种压迫的。不过我只想说,我们不要由此得出一个截然相反的结论,即因为人们把辩证法搞成了“变戏法”(Unsinn),因此辩证法就是不真实的,毋宁说这正是辩证法与历史上曾经存在过的所有真理的共同点,当然也是辩证法与曾经体现在基督教中的真理的共同点,即它们被滥用于每一种卑鄙的行
82 径,每一种暴力的行为和每一种酷刑。

我现在想回到关于三段式图型相对的非意义攸关性(Irrelevanz)的问题上。我相信,诸位能够基于我目前为止讲过的内容就非常容易地意识到这种相对的非意义攸关性,即只要回忆起——这不是黑格尔在字面上“直接”(hic et nunc)说出的,但我相信应该从黑格尔哲学的精神出发来为之辩护,辩证法恰恰不是一种传统意义上的方法,这意味着它并不是精神强占其诸对象的一种单纯的操作程序,而是说辩证法的运动始终应该既是事物本身的运动,同时也是思维的运动。但如果情况是这样的,也就是说,如果辩证的运动是一种事物的运动,并且可以从事物出发得到实现,那么真正说来它从自身出发就可以得出,任何一种仅仅在方法上的辩证思考,即单纯从外部强加给事物的辩证思考,都已经违背辩证法了。由此,通过弄明白辩证法作为一种正题、反题与合题的游戏这个传统观点的荒唐和肤浅之处,诸位或许就能够最好地回忆起这一点。如果诸位采取前哲学的意识(vorphilosophische Bewußtsein),一听到辩证法,一听到正题、反题和合题的时候,就会设想:“好吧,先提出一个命题,然后为这个命题提出另一个命题,这个命题是第一个命题的反命题,在这两个命题中都有某种真理的成分,然后就到了合题,人们在某种程度上从这两对相互对立命题中汲取精华,由此就得到了合题。”我不想轻易地把对合题概念的厌恶强加

给诸位,这种厌恶感自我幼时起就支配着我。但无论如何,辩证法肯定 83
不像我们设想的那样,毋宁说辩证的运动在于,它恰恰不是一个命题被外在地添附在一个与之相反的命题上,而是矛盾的环节内在于被诸位说出的和发现的命题本身,这就意味着以稳固的和凝固的方式呈现在诸位面前的命题自身就是一个张力场,在自身中就拥有某种生命,而某种程度上哲学的任务就是要重建这命题中的生命。同理,合题就不是从两个命题中提取出共同的东西。黑格尔直截了当地把合题描述为共同东西的对立面,即否定进一步的形式,否定之否定,就是说反题,亦即已经被从命题本身中演绎出来的命题的对立面,作为一个有限的命题,其自身同样又是不真的;通过这种在命题中被得到规定的非真理性,原本被否定了的命题当中的真理性因素再次展现出优势。但是,我现在从这个角度向诸位描述的思维,恰恰与一种单纯抽象的或者外延逻辑上的(umfangslogischen)思维相对立,后者诚然从外部设定了诸对立面,然后把它们当中的抽象的特征统一性(Merkmalseinheit)视为结果,辩证思维的一般本质正在于这个对立之中。三段式的图型并没有那么至关重要,这种看法恰恰来自,说这种图型实际上的确是单纯主观的抽离(Abzug),因而在某种程度上是一种人们借以处理事物的主观态度的描述,而这种主观态度就它本身而言,仅仅是一个环节,对此黑格尔接下来通过另一个被称为"单纯地袖手旁观"⑩的环节,也就是通过那种完全—不受限制地—沉浸于—事物(Völlig-uneingeschränkt-der-Sache-sich-Überlassen)的环节来加以矫正。

我明白,我们眼下进行的这种有点形式化的思考,诸位在这种形态 84
下还不能得到满足,但我期待诸位的一种反对意见,[对]此我还能清楚地记得,当我第一次接触辩证哲学时,也曾有过这种反对意见:为什么一切都必须是矛盾的?难道真的只存在矛盾,而不也有简单的差异(Differenzen)吗?如果我想把一切现有的东西都带入矛盾(对我来说是内在矛盾,但的确仍然是矛盾)之中,这难道不是一种武断的行为——在一种非常沉重的意义上，我们就会想到概念的紧身衣（Zwangsjacke）问题——难道不是一种从方法上对实在性进行暴力压制（Von-der-Methode-aus-die-Realität-Vergewaltigen）吗？而存在的仅仅是毗邻而列的质的丰富性，它们就像绿色、红色和蓝色那样迥然有别；如果现在我把一切东西都全部带入矛盾的形式之中，那么色度标尺的美岂不是在根本上与平均化的因素，恰恰是与抽象和平整化（Einebnens）的因素相对立了吗？[11] 当然，这个反对意见在哲学史上被非常频繁地提出来，我相信如果人们想要简单地用一种优雅的姿态来消除这一反对意见而不去正视它，那是一点好处都没有的。这个反对意见是由亚里士多德学派的特伦德伦堡[12] 首次以最尖锐的方式从传统的，也就是亚里士多德逻辑的立场表述出来的，这在 19 世纪上半叶构成其黑格尔批判的基础[13]，最后在所谓的黑格尔复兴之初被贝奈戴托·克罗齐以一种完全不同的方式在其关于黑格尔的著作中[14] 再度拾起。这本著作掀起了所谓黑格尔的复兴运动，但在对待黑格尔上从一开始就带有一丝良心谴责（schlechtem Gewissen）*，他和特仑德伦堡类似，的确想使黑格尔与
85 实证主义思维、与所谓的“反思哲学”协调一致，因此这正是由克罗齐发起的这场复兴遗留下来的一个成问题的点。

我认为，为了将这整个复杂的问题置于其正确的视角当中，我必须首先就一般思维的行为方式和诸位说几句，因为在我看来它才是真正适合思维的方式。也就是说我主张，以某种方式使所有存在的事物都协调一致，这绝不是思维的任务。恰恰是这种一致的需要本身受到了辩证法的批判，在这点上，辩证法已经——几乎可以说——认识到了哲学的天真，即它认为自己现在事实上可以像用捕蝶网那样捕捉到经验的整个丰富内容；辩证法在某种程度上已经到了这个位置，在这里人们

---

* “良心谴责”（schlechte Gewissen）本是尼采道德哲学的一个重要概念。尼采用它来解释基督教道德的起源，认为原罪导致了人们的负罪心理，而这是基督教道德得以建立的基础。——中译者注

甚至可以针对辩证法本身说出些非常有分量的话。也就是说,如果辩证法事实上是一种单纯的还原性思维,因而想把一切存在于差异中的东西都纳入矛盾的公式之下,那么它实际上就有点像某种程度上从一个原理出发来解释一切事物的努力,而真正说来这个原理却是辩证法已经反对过的。我认为,一般辩证思维所扮演的角色,辩证思维或者一般哲学思想真正的意义,其实是对活生生的经验进行规训的(disziplinierender)反作用力。因此,人们是在一种特定的自我限制的意义上去真正辩证地思维的,因为如果人们只看到差异、只察觉到差别,而没有在差别中发现统一性,没有在差异中发现统一性,甚至没有察觉到存在于单纯差别中的矛盾特征——因为这样一来,思维在某种程度上就涸散了,因为这样一来,思维就不具备理论的形态了,而且从另一方面说,人们不能将理论绝对化,但没有理论我们同样不能拥有任何类似于 86
知识的东西。这里存在一个悖论性的关系。如果理论认为自己掌握了整体,认为自己是人们借以说明一切的钥匙,那么它事实上就陷入糟糕的自负(Hybris)之中。但是,如果理论的这个因素,也就是我们今天从一开始就听到的那个统一化的因素,或者正好是那认识的客体化因素在思维中完全缺席了,那么基本上我们就根本不能再谈论知识,而其实只是对或多或少地毗邻而列、杂乱无序和互不相关的事实的单纯确证。真正来说,正是在不对事物过分施加暴力的情况下反对上述情形的需要,构成了典型的辩证构想的基础。但这还不是很令人满意,因为诸位可能会说:“所以你引入辩证法其实只是把它当作一种灵魂或者概念的节食者(Diätetiker),因为它是健康的,因为拥有这样的方法,掌握某种稳固的东西在一定程度上对思维有益,而你自己其实并不相信它是真的,也不认为存在绝对者这样的东西。”我感到,事实上我在这里有义务告诉诸位一些关于辩证方法和矛盾概念相当关键的东西。矛盾的概念和其他任何概念一样不能被实体化,也就是说,矛盾的概念和其他任何个别概念一样,都不是辩证法的关键概念,毋宁说辩证法事实上仅在于诸概念之间的相互关系，而不在于强行给予任何个别概念以绝对尊严。

但现在诸位有权知道，为什么矛盾的概念事实上在辩证法中发挥这样核心作用，确切说不是出于思维—营养学的(denk-diätetischen)原
87 因，而是出于那真正实际情况的事实性动机。我想首先这样来表达，每个有限的判断，通过它作为判断的形式，也就是通过它说“A 是 B”，就已经声称自己是一个绝对的真理，自己绝对地就是真理，这就跟它本身的有限性产生冲突，也就是说，任何有限的判断，恰恰作为一个有限的判断，就根本不可能是全部的真理。⑮如果矛盾的概念在辩证法中发挥如此突出的作用，如果矛盾的概念是最苛求单纯的袖手旁观、以事物为准绳的概念，而如果另一方面又将矛盾的概念说成是辩证法真正的原则，那么在这里其实是有其根据的。矛盾的范畴，或者辩证法的近代学说的起源来自《纯粹理性批判》，我认为如果诸位要想正确地理解我们今天开始着手，但未能充分展开的那部分课程，那么不管是在原著中，还是通过可靠的二手阐述，要熟悉一下“先验辩证论”在康德那里最初意味着什么，那样诸位将会做得很好。康德的基本思想是这样的，如果我们超出经验的可能性，超出感性满足的可能性来应用我们理性的基本概念，也就是我们所谓的范畴的时候，换句话说，如果我们作出无限的判断，我们将会陷入不得不提出相互矛盾的判断的危险，而这些判断的双方就其自身而言都具有同等程度的明证性。例如：所有发生过的事情在时间上都有一个开端，或者，所有发生过的事情在时间上都表示一个无限的序列。⑯我们对空间也可以作出类似的判断。或者，所有存在的事物都受制于因果性，或者，存在一种源于自由的因果性，也就是说，存在一个因果序列的断裂点。⑰所有这些相互矛盾的命题都是通过
88 我们的范畴作出的，根据康德的说法，这些范畴真正说来只是为了将我们的经验组织起来，现在从某种程度上却变得放肆，因而对自身来说是在空转，现在却断言从自身出发拥有绝对，而它们却只有在与它们相对

的事物关系中才真正有效。借此,康德重新把矛盾性的概念纳入认识,并且极力强调说,我们的理性必然会陷入这些矛盾之中,也就是说,既然我们除了始终把我们的思维推进下去别无他法,既然对有限性的超越已然被包含于我们思维的组织当中,那么正是出于这个原因,我们一再被引诱去表述这类命题,并且——在《纯粹理性批判》的某个地方说过——甚至我们能够洞穿这些矛盾的起源,我们能够解决这些矛盾的这个事实,真正说来对我们也没什么帮助。[18]诸位可以首先设定一个简单的操作,正如黑格尔所说:“如果你在这里告诉我们,这些矛盾是我们的认识不可或缺的必然的矛盾,我们因此才总是被卷入其中,如果你对这些矛盾所谓的解决对我们来说根本没有任何帮助,那你为什么不真正地一路走下去,并参与这些不可避免的矛盾中去?为什么不正视那些你所说的不可避免的矛盾?为什么不努力通过这些矛盾的运动去获得真理?”*而现在黑格尔哲学的这个要求事实上是基于一种对康德哲学的本质性认识论的修正,也就是基于下述事实:被相对天真和激进地竖立起的感性与知性、思维与经验的康德式的旧有对立,已经不再被黑格尔认同了,因为黑格尔说,我根本不知道从哪里可以得出诸如感性这 89
样的东西,完全不存在不经知性中介的感性,反之亦然,因此康德二律背反学说所依据的,以及在某种程度上可以保护我们不陷入矛盾的感性和知性的整个僵化的划分(Scheidung)就根本无法维持,毋宁说,正因为没有感性就没有知性,而没有知性一般也没有感性,因此被康德仅仅当作意识之失误的这一运动本身,就是被精神本身的本质必然地预先规定出来一种功绩,正因如此,思维本质上乃是在矛盾中运动的。

* 虽然录音转抄显示,阿多诺在这里直接引用了黑格尔的原文,但查阅黑格尔的核心文本,并没有直接的证据表明这是黑格尔的原话,德语编者虽未对此专门说明,但在编者后记中也强调,阿多诺喜欢杜撰虚假的引文,这可能是阿多诺基于丰富的阅读经验,凭记忆对黑格尔核心观点的一种口头改述。——中译者注

注释

① 1853年，黑格尔主义者约翰·爱德华·埃德曼(Johann Eduard Erdmann)使用了“泛逻辑主义”这个概念，以一种普遍的、完全积极的方式来描述黑格尔的哲学特征：“对他[黑格尔]的学说来说，最合适的名称将会是泛逻辑主义。这种学说除了理性以外没有确立任何现实的东西；它表明不合乎理性的东西仅仅是转瞬即逝的、自身扬弃的实存。”(Johann Eduard Erdmann, *Geschichte der neueren Philosophie*, Band III, 2, Leipzig 1953, S. 853.)后来“泛逻辑主义”的概念在爱德华·冯·哈特曼(Eduard von Hartmann)那里获得了黑格尔批判的内涵(vgl. ders., *Schellings positive Philosophie als Einheit von Hegel und Schopenhauer*, Berlin 1969, insbes. das Kapitel »Die Unzulänglichkeit des Panlogismus«, S. 7—12.)最后，对贝奈戴托·克罗齐来说，黑格尔辩证法的泛逻辑主义是一种“病态的赘瘤”(krankhafter Auswuchs)，这已经导致它在黑格尔本人那里被误用，但是人们可以将其消除，以便保留黑格尔哲学中真实的部分。(Vgl. Benedetto Croce, *Lebendiges und Totes in Hegels Philosophie*. Deutsche, vom Verfasser vermehrte Übersetzung von K. Büchler, Heidelberg 1909, S.155.中译参阅克罗奇：《黑格尔哲学中的活东西和死东西》，商务印书馆1959年版，第114页。)关于克罗齐对黑格尔的批判，见本讲注释⑭。

② S. Anm. 75.中译参见黑格尔：《精神现象学》，第30页。

③ S. Anm. 76.中译参见黑格尔：《精神现象学》，第32页。

④ 见本书第55页。

⑤ 阿多诺曾多次援引康定斯基的这个意见，在他关于阿诺尔德·勋伯格的论文中(vgl. GS 10 · 1, S. 172)，以及在他《最低限度的道德》中一篇终身未发表的箴言中(GS 4, S. 293)，阿多诺逐字逐句地引用了这段话：“艺术家认为，当他‘终于找到自己的形式’之后，现在可以静下心来继续进行艺术创作了。遗憾的是，他本人通常不会注意到，从‘静下心来’这一刻起，他很快就开始失去这种终于找到的形式。”这段引文虽然出自康定斯基，但在《论艺术的精神》中并没有找到，而是出现在阿尔班·贝尔格(Alban Berg)1912年出版的关于阿诺尔德·勋伯格的纪念文集的一篇小短文当中：Wassily Kandinsky, *Die Bilder*; in: Alban Berg (Hrsg.), Arnold Schönberg, München 1912, S. 59—64, S. 61.再版于：Arnold Schönberg, *Wassily Kandinsky. Briefe, Bilder und Dokumente einer außergewöhnlichen Begegnung*, hrsg. von Jelena Hahl-Koch, mit einem Essay von Hartmut Zelinsky, Salzburg und Wien 1980, S. 153—156, S. 154 f.。

⑥ 此前，阿多诺只是间接地说到安全性的需要(vgl. etwa S. 28 f.)。但在后面的讲座过程中，他反复回到这个话题上；vgl. S. 155, 214, 254, 260, 274 ff., 281, 294。

⑦ Hegel, *Phänomenologie des Geistes*, a. a. O. (s. Anm. 16), S. 35.

[Vgl. Hegel, *Werke*, a. a. O. (s. Anm. 8), Bd. 3: *Phänomenologie des Geistes*, S. 51.中译参见黑格尔:《精神现象学》,第33页。]

⑧ Ebd.中译参见黑格尔:《精神现象学》,第33页。

⑨ 见本书第55页。

⑩ 黑格尔在《精神现象学》"导言"的一个关键段落中谈到了"单纯地袖手旁观"。这个段落——考虑到认识方法——首先涉及检验知识正确性的标准问题,然后涉及观察的意识在其中扮演的角色:"但是,并不仅仅是就这一方面,即就概念和对象、尺度和要作审查者都已现成存在于意识自身之内这一方面来看,我们的任何额外做法都是多余的,而且,我们甚至也摆脱了比较双方并作彻底审查的辛苦,以至于由于意识是自己审查自己,就这一方面看,留给我们的也只有单纯地袖手旁观了。"[Hegel, *Werke*, a. a. O. (s. Anm.8), Bd. 3: *Phänomenologie des Geistes*, S. 77.中译参见黑格尔:《精神现象学》,第55页。]以非常粗略地简化的方式说,黑格尔的意思是,用一个标准来审查知识——意识与其对象的关系——涉及一个客观的过程,因为认识论上的区分——一方面是对象和概念的区分,另一方面是对象自在的存在和它为认识而存在的区分——是观察的意识本身作出的区分,因而被归入观察的意识中。因此,意识在每种情况下都在自身中拥有真理的尺度;而审查对象和概念是否相符则属于它的任务,在反思性的把握不相符合的情况下,意识必须对其认识和对象的变化的经验开放自己:"意识对它自身——既对它的认知又对它的对象而言——所实行的这种辩证的运动,就其从中替意识产生了新的真实对象而言,真正说来就是人们称之为经验的那种东西。"(Ebd., S. 78.中译参见黑格尔:《精神现象学》,第55页。)

⑪ "现在应该指出的主要事实是,不仅在这四个特殊的、从宇宙论得到的对象中有二律背反,而且在一切种类的一切对象中,在一切表象、概念和理念中都有二律背反。"[Hegel, *Werke*, a. a. O. (s. Anm.8), Bd. 8: *Enzyklopädie der philosophischen Wissenschaften I*, S. 127 f.中译参见黑格尔:《哲学全书·第一部分·逻辑学》,梁志学译,人民出版社2002年版,第115页。]"一切事物自在地就是自相矛盾的。"[Hegel, *Werke*, a. a. O. (s. Anm.8), Bd. 6: *Wissenschaft der Logik II*, S. 74.中译参见黑格尔:《逻辑学Ⅱ》,第56页。]

⑫ 弗里德里希·阿道夫·特伦德伦堡(1802—1872),1837年起在柏林担任实践哲学和教育学教授。

⑬ 特伦德伦堡主要在两本著作中分别对黑格尔的逻辑学和辩证法进行了批判性的研究:在他的主要著作《逻辑研究》中有一章专门讨论黑格尔的辩证法(Berlin 1840; *zweites Kapitel*: *Die dialektische Methode*, Bd. 1, S. 23—99),并且在以"黑格尔体系中的逻辑问题"(Leipzig 1843)为题出版的两篇论战性短文中,特伦德伦堡在一个地方简要地总结了他的批判要点(ebd., S. 12—19)——他批评说,黑格尔辩证矛盾的理论是建立在逻辑上的否定和实在的对立相混淆的基础上的。对于特伦德伦堡来说,否定是一种纯粹的逻辑现象,而没有实在的力量。它只存在于思维当中(因为它本身没有任

何积极的内容，因而完全是没有得到规定的)，而且只能是绝对普遍的，与此相反，实在的对立(die reale Opposition)却是一种可直观的现实性的现象。它的对立面是带有积极内容的实在原则，这内容并不是通过对置(Entgegensetzung)才被赋予这些原则的，甚至也是外在于这个对置的。基于这种逻辑上的否定和实在的对立的区分，特伦德伦堡论证如下：根据黑格尔的要求，《逻辑学》要从自身产生出思维和存在的同一性。但是黑格尔所使用的逻辑手段根本无法做到这一点：规定性、过渡或者概念的自身运动绝不可能从这种逻辑上的否定中得到澄清。事实上，每当黑格尔想在《逻辑学》中通过否定和辩证矛盾的手段来取得进步的时候，他都会求助于直观和现实性的实在的对立，只有通过这种不被承认的对被直观到的和逻辑外的现实性及其运动的追索(Rückgriff)，才能从思维和存在中获得臆想的以逻辑—辩证的方式产生的同一性。

⑭ 贝奈戴托·克罗齐(1866—1953)，意大利哲学家、历史学家、文学家和政治家。他的著作《黑格尔哲学中的活东西和死东西》于 1907 年出版于巴里(Bari)。[Vgl. »Lebendiges und Totes in Hegels Philosophie«, a. a. O. (s. Anm. 77)]克罗齐在第四章“差异的联系和辩证法形式的误用”中表达了他批判的出发点。(Ebd., S. 64—81.中译参阅克罗奇：《黑格尔哲学中的活东西和死东西》，第 45—56 页。)根据克罗齐的说法，黑格尔辩证法的根本错误在于“差异理论和对立理论的混淆”，而所有其他同样的“错误”都会随之产生。(Ebd., S. 80 f.中译参阅克罗奇：《黑格尔哲学中的活东西和死东西》，第 56 页。)差异对他来说是一个多元秩序的结构原则，该秩序以层级的形态分化并有机地展开，而其各组成部分却不跨进相互对抗的关系，并且其原初的统一性作为统一原则，也是展开了的整体基础。与之相反，二元对立则意味着对立面对抗的关系，而只有通过对立面合题的原则，这种对抗的关系才能在一个更高的统一中被扬弃。显然，对克罗齐来说，差异和对立构成我们在每种现象中都要加以区分的现实中同时存在的两个侧面：“有机主义是生命和死亡的斗争；但有机体的肢节却并不因此一个与另一个斗争，手与脚斗，或眼跟手斗！精神是发展、是历史，因此同时既是存在也是非存在，是一种变易；但哲学所指的精神在永恒的相下(sub specie aeterni)是永恒的理想历史，处在时间性之外：它是每种产生和消逝的东西的永恒形式的序列，正如黑格尔所说，它本身既从未产生，也从未消逝。”(Ebd., S. 76)因此，对黑格尔辩证法的批判，更确切地说，就是他将由差异构成的“层级的联系”辩证地理解为一种“对立的辩证法”，因此将辩证法的有效性非法地扩大到了现实的非辩证的存在领域，从而总地来说把现实压缩进了一个对立物及其合题的辩证法图型。

⑮ 见第四讲，注释⑯和第二十讲，注释⑨。

⑯ 在《纯粹理性批判》中，四组二律背反是这样编排的，一个正题被摆在反题对面，随后为两者——正题和反题——提供证明。第一个二律背反是：
“正题：世界在时间中有一个开端，在空间上也包含于边界之中。”

"反题:世界没有开端,在空间中也没有边界,而是不论在时间还是空间方面都是无限的。"[Kant, *Kritik der reinen Vernunft*, a. a. O. (s. Anm. 49), S. 454 f.中译参见康德:《纯粹理性批判》A427/B455,第275页。]

⑰ 第三个二律背反是:

"正题:按照自然律的因果性并不是世界的全部现象都可以由之导出的唯一因果性。为了解释这些现象,还有必要假定一种由自由而来的因果性。"

"反题:没有什么自由,相反,世界上的一切东西都只是按照自然律而发生的。" [Kant, *Kritik der reinen Vernunft*, a. a. O. (s. Anm.49), S. 454 f.中译参见康德:《纯粹理性批判》A444/B472,第285页。]

⑱ 在"纯粹理性的二律背反"的"导言"中,康德写道:"如果我们不把我们的理性仅仅为了知性原理的运用而用在经验的对象上,而是冒险把它扩张到超出经验对象的边界之处,那么就产生出一些玄想的定理,它们可以既不指望经验中的证实,也不害怕经验中的反驳,它们中每一个就自己本身而言不仅是没有矛盾的,而且甚至在理性的本性中找得到它的必然性的各种条件,只不过反面命题不幸同样在自己方面也有其主张的有效的和必然的根据。……因此,纯粹理性的一条辩证的定理本身必须有这样一点与一切诡辩的命题区别开来,即它所涉及的不是人们仅仅出于某种随心所欲的意图而提出的任意的问题,而是这样一种问题,每个人类理性在其进程中都必然会碰见它;其次,它与它的反命题所带有的不仅仅是一种人为的幻相,一旦我们看透了它,它就马上会消失,而是一种自然的和不可避免的幻相,这种幻相甚至当我们不再受到它的蒙骗时都还一直迷惑我们,尽管不是欺骗我们,因而它虽然可以被变得无害,但却永远不会被清除。"[Kant, *Kritik der reinen Vernunft*, a. a. O. (s. Anm. 49), S. 449 f.中译参见康德:《纯粹理性批判》A421—422/B448—450,第273页。]

第七讲

（1958 年 6 月 12 日）

90 女士们，先生们：

在上一讲中，我们开始着手讨论相对早一些提出来的对黑格尔哲学的反对意见，这种反对意见具有相当激进的特征，即：为什么这种哲学只知道矛盾，而不知道简单的差异。在这个反对意见中，我们不难看出，矛盾在根本上被带入稍微精确一些的表达方式之中，对这个矛盾我之前用比较笼统的概念向诸位阐释过，即存在者被黑格尔哲学塞进去的那个概念的紧身衣。诸位至少可以说——而且也不是第一次这样说了——这有点像为琐碎小事而争论。辩证法，在黑格尔赋予它的严格意义上讲，在某种程度上是一个脚手架，借此这种哲学（黑格尔哲学）在历史上发现了一种辅助器，据说人们可以放弃它而损失不大；接下来主要是在实证主义的影响下，[那些]在无数场合曾经相信能够从黑格尔那里拯救或保有某些东西的人事实上所做的正是这个事情。众所周知的表述是，绝对唯心主义者黑格尔同样也是一个伟大的实在论者，实际上正如尼古拉·哈特曼[1]所说，黑格尔以知识的形式提供的所有东西都源于经验，而经验的概念在他那里事实上具有非常突出的特点，而且这在他那里与其说是一种思辨的或者构造性的辩证法，不如说是——

正如人们用某种同样可疑的方式所说的那样——一种实在的辩证法。如果是这样的话,那人们就可以省去我们在这里制造的麻烦,人们真正 91
说来就大可不必费力更切近地深入其伟大的体系性代表作,也就是《精神现象学》和《逻辑学》之中去了。人们可以简单地聚焦于体系的所谓应用的部分,其中最著名、可能也是最有影响力的就是历史哲学[2]和法哲学[3],而其中最富有成果的部分或许是美学[4]。但这是不行的,原因很简单,如果人们事实上将黑格尔哲学与其体系结构的严格性剥离开来,那么它真正说来就不再是某种类似哲学的东西了,随后它实际上就逐渐变为一系列或多或少重要的质料性洞见的单纯狂想式的堆积,在这些洞见之间,著名的精神性的纽带就会像在传统科学运作内部那样缺席,而这种哲学恰恰与传统科学运作是对立的。换句话说:如果没有一个正确阐明的和严格的辩证法概念,我们就会使黑格尔成为一个类似于冯特[5]式的或者最多狄尔泰[6]式的通才,或许更为重要的是,我们真正说来丧失掉一种力量,而黑格尔唯有通过这股力量才获得了他的洞见;因为我认为,关于黑格尔哲学,人们或许可以说,尽管它也是一门意识经验的科学,但无论如何,黑格尔都把像他那样理解实在性的一般可能性,也就是将实在性理解为本质上发展着的实在性的一般可能性,只归功于辩证法的原则,而如果没有这种辩证法原则的尖锐性,那么真正说来遗留在黑格尔普遍意识中的东西,亦即发展的思想,作为超越于所有其他概念的动力(Dynamik)范畴,也将不可避免地丧失,沦为偶然
的论断(Feststellung)。当然,这种哲学为了有约束力而必须假定一种 92
精神的纽带,但我们不能从这个必要性中推断出,这种具有约束力的建构事实上存在着并具有尊严。事实上,19世纪的批判浪潮所围攻的,恰恰是黑格尔哲学的这个环节。我们的任务恰恰是首先考虑这个关乎这种哲学建构之核心的疑难问题(Problematik),而不是让上帝或者矛盾在这里充当老好人,转向所谓具体洞见的丰饶,这些洞见事实上恰恰不过是由这疑难问题引起的。黑格尔哲学的这个核心——这也是为什

么我现在必须敦促诸位和我一起进行一系列不完全是简单的考虑——现在实际上就是否定的原则或者矛盾的原则。人们已经开始着手对黑格尔哲学进行解释——首先要特别强调克罗纳[⑦]在他的《从康德到黑格尔》[⑧][……][⑨]。

我们在上一讲已经试图大胆地着手一件困难的事，即首先从康德的辩证论中推导出黑格尔的矛盾概念，或者——让我们直接来说——推导出黑格尔的辩证法概念。因而，对此我提醒诸位，康德的逻辑学分为两大部分，即“先验分析论”和“先验辩证论”，辩证法在那里陈述了逻辑学所谓消极的方面。简单来说，这关系下述事实：《纯粹理性批判》试图通过分析意识并指出，借助于我们意识的诸构成性的形式，普遍有效和必然的知识这样的东西才成为可能，以此来阐明普遍有效和必然的知识或者——就像康德所说的——“先天综合判断”的可能性。但由于《纯粹理性批判》是一种批判，所以它所说的就有双重含义：一方面，它
93 想证明现在我们在哪个领域才能够获得这种知识，但是另一方面，它又想指出我们在哪里不再能够获得这种具有约束力的知识；因此，为了防止理性横冲直撞、陷入疯狂，为了防止将那些实际上不过正是我们精神单纯虚构出来的陈述假定为绝对的、必然的和普遍的，理性就要对理性展开批判。换句话说，《纯粹理性批判》不仅想要就其必然性来说为形而上学奠基，而且同时还想拒斥形而上学。

如果我像刚才那样把康德《纯粹理性批判》的这个方法上或者体系上的基本思想认真地讲给诸位听，诸位中的一部分人或许不禁会提出一个问题，而如果人们过度专注于某事并因而失去了与它的距离，那么他就不会提出这个问题了——很多合乎理性的问题往往是这样的。这是非常简单的事情，这也是一个思考，这思考也许已经将诸位带到黑格尔对辩证法构想所进行的考虑的必然性之中了。亦即，诸位可能会说：“这是很奇怪的事——理性应该批判理性，理性应该为理性划定一条界限，在这条界限的范围内，理性可以稳妥而安全地对普遍的约束性提出

要求。同时应该说:等等,如果[你]超越了这个界限,它就变成无稽之
谈了,那么你就是在进行虚构,或者你最多是在作一些陈述,实际上这
些陈述根本不能以理论的方式作为知识的陈述被作出来,而只能在规
范性的意义上作为我们行动的调节。"是的,人们可能会[进一步]说,
"但是在这里,如果你作为一个明理的法官将这条界限指派给理性,那
么你难道不是已经越过这条界限了吗?理性去区分你能走多远和你不
能走多远的要求,难道不是已经暗含着理性站在自己设定的界限之外
的要求?"人们可能还会说——事实上黑格尔就是这样表述的——理性 94
到底应该从哪里拿到批判知识的权利,因为这样一种批判,这样一种理
性对认识能力的批判毕竟不是一种内容上的认识,不是我们所拥有的
对任何事物的质料性的洞见,而这无非是——正如康德所说——一种
先验的洞见,也就是这样一种洞见,它所关涉的是单纯的可能性,尽管
康德声称它应该对我们一般知识的建构具有绝对的有效性。但如果情
况如此,那么我们的认识真正说来在自身中就必须有一种借以超越所
谓经验的可能性的力量,就是说,它必须能够提供一种不依赖于感性满
足、不依赖于质料的知识,换言之,这种知识最终不依赖于单纯的感觉。
如果这个最初相当简单的论点是恰当的,那人们也可以用这样的形式
来表述——格奥尔格·齐美尔也是这样表述的[10],设定界限真正说来
同时总是意味着超越界限,随后《纯粹理性批判》已经在一个肯定的部
分(即"先验逻辑"部分,它阐明了我们经验的主干概念)与否定的部分
(即我们陷入矛盾的地方)作出了区分,那么这种划分真正说来就根本
不再合法了,而那第二部分,即我们必然陷入矛盾的地方,作为积极的
部分也同样属于知识,就像第一部分那样;因为我们的理性,就其对认
知理性的反思而言,如果在自身中恰恰不具有[对]某种无条件者和绝
对义务的东西作出判断的力量,那么它甚至不能作出在先验辩证论中
作出来的那些否认性的判断。换句话说:理性必须致力于把在先验辩 95
证论中得到处理的那些矛盾、那些二律背反,当作一种肯定的要素纳入

自身,并把理性冲撞并超越它自身界限的地方在某种程度上转化为认识本身的一个器官。换句话说:理性的批判性工作和理性所谓肯定性的工作必须相互融合,也就是说,对现存事物的肯定性认识必须将那否定的、批判的东西纳入自身,反过来说,那单纯否定的东西绝不停留于单纯否定的东西,而必须这样得到发展,即它在自身中变成一个肯定性的环节。

事实上,这就是黑格尔根本考虑的最本质性的方面之一,这些考虑导致了对辩证法的激进表述。也许在这里我可以为诸位朗读克罗纳的一段颇为漂亮的文字,它再次总结了这些思想:"康德的理性批判,通过具体的东西,内容性的东西,经验性的东西,后天的东西在自身之内进行自我反思,自我分析,自我划界,自我批判,揭示了抽象和具体、形式和内容、理性和经验、先天和后天的思维之间相互—依赖的存在(Aufeinander-Angewiesensein)。"[11] 在这里,我还可以补充说,与黑格尔超越康德的这些考虑相关联的关键概念就是反思的概念。对此,我还想给诸位提供一些解释,这些解释或许可以让诸位搞清楚黑格尔哲学与其前辈的决定性的区别。这涉及反思的概念。"反思"首先无非意味着"反射"(Spiegelung),换句话说:反思在康德那里首先意味着,我们理性考察理性本身,使理性作为批判性的东西处于与自身相对的位置
96 上。此外,黑格尔以及康德之后的其他唯心主义者总体上所做的事情,那真正说来决定性地标志着他们与康德之间区别的东西,现在就在于这种反思在他们那里不像在英国经验论者那里一样,是被无意识地完成的,因此可以说,理性在这里并不是简单地照镜子,毋宁说这种反思的行为,或者这种反思的能力,现在本身成了哲学的主题,也就是说,这里所说的全部内容,真正说来使理性能借以认识自己的那股力量,同时也必然是它在其有限性中超越自身的力量,理性借助这股力量终于作为无限的东西回到了自身。可以说,正如施莱格尔曾经说过的那样[12],这涉及反思的反思,或者涉及在自身中变得无限的意识、在自身中无限

反思的意识，它真正说来构成了这整个哲学的前提条件。如果诸位希望得到一个简单的定义——如果我可以用这个说法的话，一个黑格尔哲学核心概念的简单规定(这个规定使黑格尔哲学区别于康德哲学)，即思辨概念的简单规定，那么跟简单的或者干脆说反思的意识相比，思辨的意识是这样的：在其中，这个意识对自身的反思环节上升为主题，达到了它本身的自我意识，并借此已然在知识分析本身的开端处，遇到了最终给出这个一般辩证法主要对象的那个东西，也就是主体和客体之间的区别，这种区别已经在反思中具备这一固有的双重性；因为一方面，正如康德所说，诸位在这里有作为客体的思维、作为被考察和被分析的东西的思维，另一方面，诸位有作为主体的思维，即自我考察的思维，或者如果诸位愿意的话，真正说来是先验的原则，统觉的综合原则，真正综合的原则。这两个原则是以这种方式相互结合的。 97

反思概念的这一全新并且核心的地位真正说来构成了这种哲学的器官，我们将会看到，反思的这个环节真正说来是一个——对我们在这里向自己提出的问题来说，这将会是我给诸位提供的答案——这个自我认识的反思的原则真正来说与否定原则是同一个原则。思维的思维——在黑格尔这里，就像在众多其他事物中那样，这涉及对一个古代的、亚里士多德式的主题，即对思想的思想(νόησις νοήσεως)⑬的重新接纳——，真正来说，对思想的思想本身在黑格尔那里无非是否定性的解释原则。但让我来继续关注一下克罗纳的话："它"，康德的理性批判，"将经验的有效性建立在两个要素的综合之上"——也就是建立在先天和后天、形式和内容的综合上，可以说——"在认识的思维或者认识的主体中，它(原则)的同一性，使两个要素的补充性结合变得可以理解并为之提供担保"⑭。因此，换句话说：通过意识的统一性，这种意识事实正是那些通过综合所总括的意识事实，通过这种人格意识的同一性，诸如世界的统一性、经验的统一性、同一性，最后还有康德那种一般逻辑的同一性就都会发生。而现在，克罗纳非常漂亮、简洁地指出了我曾对诸位说的那种跟康德的区别。“但是它”——理性的批判——“就其反思‘单纯’是批判性的(因此,取决于人们如何看待它,或者‘单纯’是经验性的,或者‘单纯’是逻辑的、分析的)而言,它的运作本身是‘天真的’;就其作为仅仅为了经验性的认识而演绎出来的诸环节之总和、综
98 合而言,却把本身的认识与经验性认识对立起来,它将前者视为‘单纯’反思、作为‘单纯’形式上的认识,因而不是作为一种认识,而是作为一种‘单纯’的思维,作为非认知的,即作为非—形而上学的逻辑。这就是为什么它对形而上学的态度是‘单纯’消极的,它在其中只看到一种矛盾的思维,也正因此,它是没有内容的、自我摧毁的、无效的——正如经验性的思维所看到的在它(经验思维)之中产生的矛盾那样”[15]。其所指的大意如下:在康德那里,一方面有类似于认识的形式,另一方面有着内容;内容以偶然的方式从外部来到认识这里;它本身真正说来——几乎可以说——从反思中撤回了。现在,克罗纳在他对黑格尔的描述中说道:“这整个划分的过程真正说来有着某种僵化的东西。一方面我预设形式,另一方面预设内容,并且有点任意地宣布这些形式应该只适用于内容,但不适用于形式自身;但是,通过反思这些形式,我已经将这些形式本身,如果诸位愿意这样说的话,变成了内容,从而表明,我由之开始的这种形式和内容之间的区分,根本不可能是一种绝对的区分,正如反过来说,所谓的内容,亦即感觉资料(Empfindungsdaten),根本不可能独立于我的意识、独立于思维的同一性而被给予我。”因此,换言之,他说:虽然康德已经提出了综合的原则,即先验的综合或者统觉的原则,但是他只是抽象地提出了这个原则,实际上仍然停留在形式与内容、具体与抽象、先天与后天的这些无中介的对立上。而哲学的任务恰恰是不让这些对立以教条的方式简单地彼此相对,而是将它们从彼此之中(auseinander)发展出来。但是现在,黑格尔在如下意义上是追随
99 康德的,即他不是简单地否认存在于这些环节之间的张力——因而不是简单地否认如下事实,即形式并不融于内容,如果诸形式没有内容,

事实上它们就会陷入困难,简言之:不是简单地否认康德在先验辩证论中提出的所有困难——而是正好相反,黑格尔看到了这股张力。只不过他说,如果我已将如下事实纳入我的反思当中,即如果我用这些形式去超越内容的话,就会陷入这些困难,那么我就不能在这里设置这样一种界限;那么我就不能突然喊"停",毋宁说,我必须努力在事实上不把这些困难本身在某种程度上看成我的知识的外在失误,而是把我遇到的困难本身理解成一般认识内生的原则,因为我们根本无法逃避这些困难,就是说,因为我真正说来根本无法下判断,因为我作为一个哲学家、作为一个认识论者,在没有跨越界限的情况下,真正说来根本不能说出任何命题,因为如果我不跨越界限,如果我自己作为理性的反思者不是已经拥有了绝对知识,那么我就根本无法谈论这个界限。因此,界限必须同时被设定和被超越。而在这个环节中——这个界限被非常严肃地认作一条虽然不可或缺但必须被超越的界限——诸位就有了这种思维遇到的逻辑矛盾的简单形式,只要这种思维不天真地在形式逻辑或者单纯经验知识的领域里活动,只要它实际上是反思哲学,亦即只要它在经验性环节或者形式性环节被识别为在彼此中介的领域里活动。

这点非常重要,是因为在这里诸位可以看到,黑格尔并不像他后来
总是被蹩脚地批评的那样,已经抛弃了形式逻辑,仿佛不存在矛盾律一 100
样进行哲学研究;那就真的是把黑格尔彻底头足倒置了。首先,黑格尔为普通知性知识领域,因而不仅为我们普通的经验性知识,而且为形式逻辑假定了矛盾律,就像他也为所有其他思维所假设的那样。但是,如果我像一个反思者那样去行事,也就是说,如果我不以直截了当的态度[16]把注意力集中在形式的命题或者内容上,而是反复琢磨这些环节本身的关系,那么我事实上就会得出如下结论:诸环节能够在其下被把握到的形式正是矛盾本身的形式,而不是赤裸裸的(blanken)同一性的形式。因此,诸如形式与内容的矛盾,或者任何这样的矛盾并没有被否

认掉，而是暂时对有限的、受限的知识继续保持效力；但是，当这种知识通过自我反思而达到自我意识时，就会发现，这个必须被它用作正确性标准的矛盾，同时也是真理的工具。就是说，每个人的个别知识一般而言只有通过矛盾才能成为一种知识。因此，正如在黑格尔那里所呈现的那样，真正说来，这就是这一否定的原则，这一矛盾原则从康德二律背反学说中衍生出来的方式。

在这里，诸位有权要求我用一个模式再解释一下这些事情。我不想回避这种需求(Desiderat)，但同时想对诸位说，在提出这个需求的时候，在最严格的意义上，我真正说来违背了黑格尔。黑格尔对例子的概念一直持非常怀疑的态度。在《哲学全书》的几个段落中，他以非常傲慢的姿态断然拒绝了想让他给出一些例子的要求。[17]黑格尔为什么要
101 这样做，他为什么要拒绝例子——对前—辩证法的意识来说，在这里要正确地理解这一点，是有一定难度的——，诸位完全可以轻易地看出，因为例子总是以存在一个普遍概念的范围为前提的，这个普遍概念的范围是某种可靠的东西、肯定地被给出的东西、结果性的东西、物性的东西，然后这些东西应该在被囊括于其下的特殊东西中得到例证。然而，在黑格尔那里却是这样的，特殊东西被囊括在其中的那种普遍逻辑范围的关系恰恰是完全悬置的，至少在这里，在我们处于思辨概念的层次上，情况就是如此；就是说，这里不存在一个许多如此这般的东西被囊括于其中的普遍概念的范围，毋宁说，普遍概念的范围真正来讲一般存在于被囊括其中的特殊东西的生命当中，普遍概念的范围通过特殊的东西实现自身，并且它不仅囊括特殊的东西，而且从特殊的东西中涌现出来，并在特殊的东西中拥有其生命，因此真正说来没有一种特殊的东西可以被看作一种单纯僵死的，由此被从中截取下来的例证。事实上，这就是每当人们被要求辩证地思维，但又要为辩证法举个例子之时的异常困难之处。

但是，即便意识到所有这些困难，我在这里还是想尝试给诸位举一

个例子,一个尽可能简单和基本的例子,如果诸位愿意的话,一个尽可能令人印象深刻的例子。请以“X是一个人”这个命题为例。对此首先申明,只要这个命题将X先生归入人的属下,当然就是一个正确的命题,前提是,它一般来说涉及的正是与其他某些生物的属有所区别的一个人。但请诸位想一下,“X是一个人”意味着什么。**一个人**,我们已经说过。就像形式逻辑中“A是B”的情况那样,如果诸位笼统地说,“X是一个人”,那么这里面首先就存在某个问题,因为应该是B的那个A并不完全是B,毋宁说B是一个普遍的东西,而A仅仅是其中一个特定 102
的代表。就现象或者个别的A被归入概念B而言,虽然这里存在着一种同一性,但尽管如此这个等同仍然不是完备无缺的。现在黑格尔会说,这里面形式上存在的东西——尽管X是一个人,但如果诸位将其代入形式逻辑“A是B”的话,那么这里的A恰恰不完全是B,而仅仅是B的一个代表——有着非常严肃的意义。因为他会说——我相信,这同时可以向诸位指出,辩证思维中所包含的严格性、引人瞩目的自由,以及几乎是游戏般的优越性——如果我将X归入人的概念之下,那么在人的概念中一切可能的东西都伴随那个别的X事实上所不是的东西一道得到思考。因此,黑格尔不会满足于人原始的生物学定义,而是会说,如果我们以活生生地完成了的知识来谈论一般的人,那么我们是以诸如自由、个性化、自律、理性规定性等范畴以及一大堆其他作为其客观的规定性而已经统统被隐含在人这个概念中的东西来进行思考的,并且如果我们在操作上将人定义为某种具有生物种类的种属特征的人,那么我们只能任意地忽略这些东西了。我认为,人们只需仔细倾听一下诸如“人”这样的词,就会发现这里所包含的东西不仅仅是它和近支生物种类即类人猿的种差(differentia specifica)。的确,黑格尔现在会说,但如果这个被强调的东西在人的概念中总是已经被同时设定下来了,那么正在我们指出一个人是真正的人的那个时刻,我想说,“X是一个人”这个命题真正说来同时也是不真实的,因为这个被强调的东

西已经在其中被设定下来了，而不需要被隐含地凸显出来，这个被强调
103 的东西此时此刻还完全没有在任何特殊的存在物中实现出来；几乎可以说，还不存在像人这样的东西，因为人的概念客观上是从自身出发才真正得到理解的。换句话说："X是一个人"这个命题既是正确的，正如我曾对诸位说的那样，同时又是错误的。并且我认为，只要我们把这个命题现实地、严肃地应用到任何一个人身上，那么这相关的东西就是一个人，并且人们立刻就能觉察到这种差异，即真正说来，着重意义上的人的概念，亦即绝对真理意义上的人的概念还根本没有得到公正的对待，这当然仅仅预设了人们携带着这样一个着重的人的概念，携带着这样一个真正的人的概念，携带着这样一个世界正确组织的一般概念。当我们说"人"的时候，这个词对我们来说比单纯的种类更有意义，即使我们主观上并不这样认为。⑱

我相信，我或许借此已经向诸位展示了一点辩证思维的氛围，展示了用辩证矛盾的概念真正意谓的东西。可以说，辩证法，就其是矛盾的学说而言，它批判了世界的简单逻辑性，因为矛盾或者不矛盾性，两者的确是相互关联的概念，这才是真正的逻辑标准。人们可以把整个逻辑还原为不矛盾性，并且他们也已经这样做了。如果我们现在给矛盾的概念指派一个就像在黑格尔哲学中那样的核心角色，那么这真正说来意味着我已经在完全不同的语境中为诸位发展出来的某种东西，亦即人们不去简单地承认世界的逻辑性，不去轻易承认世界和我们的思维是相互等同的，不去承认世界和思维彼此交融，而毋宁说这两者恰恰
104 是相互分离的。在这里，人们遇到一个悖论，即世界与思维的这种分离反过来恰恰是被思维所中介的。因此，思维本身在某种程度上必须去努力理解那不是它本身的东西。还有这样的悖论：思维本身必须去做一些真正说来根本做不到的事情，这些事情显示在思维作出的每一个判断中，现在我们把这些判断指向整体，指向思维正好在其矛盾性中必须加以展开的总体性的关联。就此而言，人们最后或许可以说，黑格尔

的矛盾理念源于着重的真理概念本身。

注释

① 尼古拉·哈特曼,《黑格尔与实在辩证法问题》(»Hegel und das Problem der Realdialektik«);in: ders., *Kleinere Schriften II*, Berlin 1957, S.323—346, insbes. 329—332.尼古拉·哈特曼(1882—1950),马堡、科隆、柏林和哥廷根的哲学教授。关于实在辩证法的概念,见第二讲注释③。

② Vgl. Hegel, *Werke*, a. a. O. (s. Anm. 8), Bd. 12: *Vorlesungen über die Philosophie der Geschichte*.中译参阅黑格尔:《历史哲学讲演录》,刘立群等译,商务印书馆2015年版。

③ Vgl. Hegel, *Werke*, a. a. O. (s. Anm. 8), Bd. 7: *Grundlinien der Philosophie des Rechts*.中译参阅黑格尔:《法哲学原理》,范扬、张企泰译,商务印书馆1961年版。

④ Vgl. Hegel, *Werke*, a. a. O. (s. Anm. 8), Bd. 13—15: *Vorlesungen über die Ästhetik*.中译参阅黑格尔:《美学》,朱光潜译,商务印书馆1997年版。

⑤ 阿多诺这里指的是哲学家和心理学家威廉·冯特(1832—1920),而不是他的儿子马克斯·冯特(1879—1963)。

⑥ 威廉·狄尔泰(1833—1911),创立了人文科学的认识论,这是与自然科学方法相对立的理解理论(解释学)。

⑦ 理查德·克罗纳(1884—1974),自1919年起在弗莱堡大学担任哲学教授,随后在德累斯顿、基尔和柏林担任教授。1938年移民美国,自1941年起在纽约担任教授。

⑧ Vgl. Richard Kroner, *Von Kant bis Hegel* (2 Bde.), Tübingen 1921—24.

⑨ 文本缺失。

⑩ 社会学家和哲学家格奥尔格·齐美尔(1858—1918)是作为一门独立科学的社会学的奠基人之一。自1914年起他在斯特拉斯堡担任教授。他在1912年出版的四个形而上学章节的第一章"生命的超越性"中详细地阐释了他对界限本性的生命哲学的看法(Vgl. Georg Simmel, *Lebensanschauung. Vier metaphysische Kapitel*; in: *Georg Simmel Gesamtausgabe*, hrsg. Von Otthein Rammstedt, Bd. 16: *Der Krieg und die geistigen Entscheidungen*, hrsg. von Gregor Fitzi und Otthein Rammstedt, Frankfurt a. M. 1999, S. 209—425, S. 212—235)。对此,我们在这里可以举出很多阿多诺所援引的齐美尔的思想的段落。因此,齐美尔将生命的超越性描述为精神的自身超出,具体如下:"我们具体的、直接的生命设定了一个介于上限和下限之间的区域;但是在这里对意识的解释却取决于下述事实,即变得抽象和深远的生命,突破或者飞越了它的界限,从而将它作为界限加以确认。生命在此仍然紧握住这道界限,站在界限的此岸——并在同一个行

动中站在界限的彼岸，它同时从内部和外部看待这道界限。两者均属于对这道界限在同等程度上的确认，就好像界限本身参与了它自己的此岸和彼岸之中，因此生命的统一行动包括受限的存在和对界限的超出，却对如下事实漠不关心，即恰恰是被作为统一性来思考的生命，似乎意味着一个逻辑矛盾。"(Ebd., S. 214 f.)然而，这些表述在措辞上和阿多诺的表述并不完全匹配，而是显示出另一个细微差别，这也许并非巧合：在界限本身并不携带着其超出的原则的意义上，齐美尔没有任何辩证的界限概念。萦绕在齐美尔脑海中的想法在他的时间理论中变得清楚起来(Ebd., S. 218 ff.)。这里似乎有一个奠基性的自我的自身超出(或者超越性)，它作为生命的本质结构，作为一个原始的、连续的和直接的生命的延展过程(Ausdehnung)，从当下走向未来；只是在有意识的逻辑客体化行为中，一道界限才会作为现在和后来之间的门槛而被带到未来之中，所以基于这种奠基性的原始统一性，我们总是已经处在这条界限的此岸和彼岸。因此，对界限的超出就建立在一种先行的"已然—超出—界限"(Sie-überschritten-Haben)的基础上："仅仅是对这道界限的陈述就表明，我们能够以某种方式超出它，我们已经超出了这道界限。"(Ebd., S. 214.)

⑪ Kroner, *Von Kant bis Hegel*, a. a. O. (s. Anm. 102), Bd. 2, S. 331.

⑫ 在《雅典娜神殿断片集》(*Athenäumsfragment*)著名的第 116 节中，施莱格尔写道："浪漫诗是渐进的总汇诗。……只有浪漫诗能够像史诗那样，成为周围整个世界的一面镜子，成为时代的肖像。它也最能够乘着诗的反思的翅膀，不受一切现实的和理想的兴趣的约束，飞翔在被描绘者与描绘者之间，不断增强这个反思的能量，并像在一排无穷尽的镜子里一样，使反思成倍增长。"(中译参见施勒格尔：《雅典娜神殿断片集》，李伯杰译，生活·读书·新知三联书店 2003 年版，第 72—73 页。)理性作为"反思的反思"这一字面上的说法在施莱格尔身上尚未得到证实。反之，"反思的反思"这个表达却在克尔凯郭尔那里得到证实，像阿多诺一样，克尔凯郭尔用这个表述来表征施莱格尔式的浪漫主义的讽刺。(Vgl. Sören Kierkegaard, *Gesammelte Werke*, Düsseldorf, Köln 1950 ff., Bd. 31: *Über den Begriff der Ironie mit ständiger Rücksicht auf Sokrates*, unter Mitarbeit von Rose Hirsch übers. von Emanuel Hirsch, Düsseldorf 1961, S. 246.)

⑬ 在《形而上学》第十二卷第九章中，亚里士多德写道："如若它是最好的，那就思想它自己，思想就是对思想的思想(νόησις νοήσεως/nóēsis noḗseōs)。"(Aristoteles, *Metaphysik*, 1074 b33—35, in: Aristoteles, *Metaphysik*, übersetzt von Hermann Bonitz, hrsg. von Héctor Carvallo und Ernesto Grassi, Hamburg 1966, S. 284.中译参见亚里士多德：《形而上学》，苗力田译，中国人民大学出版社 2003 年版，第 259 页。)理性作为思维的思维的规定性，作为纯粹的、永恒的现实性(Aktualität)充当了亚里士多德神的概念；在理论中，人们有时能够以他们那被削减的形式上的理性能力参与神的概念之中。众所周知，黑格尔也表达了他对亚里士多德理性概念的推崇，黑

格尔用一个很长的附释来结束《哲学科学百科全书》,这个附释就来自《形而上学》同一卷的第七章,其中思维自身相关性(Selbstbezüglichkeit)的思想与思维和可思维之物(智性物)同一性的思想之间相互关联。[Vgl. Hegel, *Werke*, a. a. O. (s. Anm. 8), Bd. 10: *Enzyklopädie der philosophischen Wissenschaften III*, S. 395. 中译参阅黑格尔:《精神哲学》,杨祖陶译,人民出版社 2006 年版,第 399—400 页。]

⑭ Kroner, *Von Kant bis Hegel*, a. a. O. (s. Anm. 102), Bd. 2, S. 331.

⑮ Kroner, *Von Kant bis Hegel*, a. a. O. (s. Anm. 102), Bd. 2, S. 331 f.

⑯ "直截了当的态度"这个独特的短语是对来自胡塞尔现象学(或者现象学传统)"intentio recta"(直接意向)这个术语的翻译。

⑰ 阿多诺所提到的《哲学科学百科全书》的段落已无可稽考。

⑱ 参见第二十讲注释⑨。

第八讲

（1958 年 6 月 19 日）

105 女士们，先生们：

在上两讲中，特别是在上一讲中，我曾试图向诸位表明，辩证法为什么不单纯是关乎差异的（也即关乎个别对象的特殊化的，这毕竟是每种认识的一个不可避免的条件），而主要关注的是矛盾，同时试图让诸位从黑格尔哲学的核心提出矛盾的原则。可以说，对差异的认识（或者确切说，不是对差异的认识，而是差异本身）展现出了一种乌托邦：不同的东西可以彼此共存，而不需要相互摧毁，一个不同的东西能够给另一个不同的东西留下得以发展的空间，而且——可以补充说——不同的东西可以相亲相爱，这真正说来是一个和解世界的一般梦想；它也的确是一个有罪的世界的标志，是一个陷入噩运关联的世界的标志，在这个世界上那些不同的东西在某种沉重的（belastet）意义上真正说来是不被容忍的。这种对异己者的不宽容正是各种极权主义的标志，在那里人们可以在许多不同的意义上使用"极权主义的"这个词。而辩证法是一种状况的否定表达，因为它[1]事实上是这样一种思维，它自身衡量着一种现实性，在这种现实性当中，矛盾（因而是出于自身、出于本身原则，以本身的毁灭为目的的东西）其实已经取代了一般差异的幸福。现在人们当然可以说,由此产生了一个重要的结果,不仅在黑格尔哲学中,而且在唯物主义版本的辩证法中,这个结果无论如何都不能被全面地、完全地引申出来,这就是一般辩证思维衡量世界的一种否定状态, 106
并且辩证法用其本身的名字来称呼这种否定状态。我已经直截了当地表达了这一点,即辩证法在本质上必然是批判的,但当它把自己设定为一种肯定哲学甚至一种所谓的世界观,并且宣称自己就是这样一种肯定的哲学和世界观的时候,当它以自己现在直接就是一种真理本身的表象的要求而出现的时候,它就变成虚假的了。在黑格尔那里,情况异常复杂。诸位在这里可以反驳我说,黑格尔哲学作为一个整体最终维护绝对理念,维护绝对的同一性,就此而言便陷入我针对一般辩证法的肯定性表述向诸位提到过那个判决之中。但我还是愿意认为,真正推动黑格尔哲学的力量正是否定的力量,也就是每一个别环节中的批判性力量,而与此相反,黑格尔那著名的肯定的环节——也就是那得出结论说,主体和客体作为总体性乃是同一个东西——在力量上、控制力方面在本质上都逊色于那否定的环节。

对于为什么辩证法与矛盾有关而不是与单纯的差异有关这个问题,我给大家的回答原则上是,正是通过这一点,思维才能够主张它的非同一物(即本身不是思维的东西),而又不至于把自己交付给各自单纯所是之物的偶然性,毋宁说,思维同时还保留着去建构这种非同一物的力量,还可以去思维对它来说并非真正是思想的东西。我们通常称之为逻辑的东西,无非是绝对同一性的学说,这种学说真正的核心事实上也是一切逻辑规则的核心,即在逻辑学中引入的概念或者符号被坚称为与它们本身是同一的。因而,逻辑无非是由绝对同一性产生的规 107
则展开了的学说,正如它恰恰以牺牲所有内容为代价而保存在逻辑当中,而这些内容不仅总是——正如黑格尔宣扬的那样——进入了形式,而且也与这些形式形成了一种对立,因为这些内容本身并不是形式。因此,人们几乎可以建构逻辑的同一性原则,并且逻辑学所建立的伟大禁忌就是矛盾律,即这样一条诫命(Gebot)——这与其说是陈述,不如说是诫命——在两个相互矛盾的命题中,只有一个可能是真的,只要情况并非如此,就违反了思维的规律,遵循以上便完全是合乎逻辑的。可以说,盛行于辩证法当中的矛盾的统治地位,真正说来无非是打破这种逻辑的优先性,即打破纯粹无矛盾性的努力,也就是指明世界并不仅仅是单纯的思想,不仅仅是根据逻辑规律被我们设想出来的那种单纯的思维操作,因此——换句话说——世界不是一个逻辑的世界,而是一个矛盾的世界。辩证法是对世界的逻辑性的批判,是对将世界直接融入我们概念的批判,并且正是基于我在上一讲中已经向诸位详细探讨的原因,辩证法使为逻辑所忌讳(verpönt)的矛盾原则本身成为它自己的媒介或者工具。而这不仅意味着世界没有被融入我们的概念,而且也意味着我们的概念没有被融入存在的东西中。换句话说:我将首先从思维、形式和主体等方面向诸位解释辩证法的那种起源,我也可以从对象的方面加以展开——事实上黑格尔已经在很大程度上这样做了。如
108 果诸位想从我这里直截了当地听到激发了辩证思维的经验,而且这种经验现在还处于我们最近处理的逻辑或者思辨环节之下的一个层次,那么我将把这种经验非常简单地勾画为关于实在性本身的矛盾特征的知识,关于其对抗性特征知识。换句话说:分裂性(Zerrissenheit)的经验正处于浪漫主义的核心,而黑格尔也属于这个浪漫主义的时期。对此黑格尔解决方案的特别之处是,在这种分裂性的经验中,黑格尔没有试图采取主体这个退向自身的有限和片面的立足点,他也没有——像古典主义试图做过的那样——倾向于抹平这种矛盾性,或者正如后期歌德做过的那样,通过一种单纯的盟约(Pakt)来平衡这种分裂,毋宁说黑格尔不畏艰险,直截了当地说,他贯彻了这样一种思想,即世界的和解不可能通过一种在其客观矛盾性上方的平衡(Ausgleichen)来实现,而不如说只有穿越这种矛盾性本身才能真正实现。但是这种特征,即发展、冲动,最后还有旨在和解的东西,本身真正存在于世界的分裂性、否定和苦难中,这

就像现实性的经验一样,是黑格尔辩证法的主导动机,相反的就像我们上次讨论的那些内容——不存在与它的事物相同一的概念——一样,从单纯的思想出发来说明辩证法的动机;可以说,从本质上说黑格尔哲学的伟大之处在于,某种程度上辩证思维的这两条主干,一方面是逻辑—思辨的主干,另一方面是经验的主干(我刚才已经通过分裂性或者异化的概念向诸位展示了这一点),这两条主干被黑格尔汇集在一起,最终在 109
辩证法内部通过其内在的统一性在根本上得到阐述。

如果诸位现在把我们已经说过的来自矛盾总体性建构的严格必然性应用于这经验的环节,那诸位就会得到一个思辨命题,虽然毫无疑问这个命题不以这种形式存在于黑格尔那里,但与所有其他个别命题相比或许更适合于证明这种哲学的真理,即如下命题:世界(我在这里用“世界”指黑格尔的经验在实质性意义上所适用的世界,即社会精神的、互相中介的世界)虽然在自身内是充满矛盾的,但同时也是一个体系。因此,黑格尔哲学和一般辩证法非常独特的特征就在于:它们既致力于建构一个伟大的统一性,又在分裂的环节即矛盾的环节——这个最具悖论性的环节本身正处于自黑格尔哲学开始的经验之中,处于实在性的经验之中,就像它处于我们在上一讲中所处理的逻辑思辨的动机中一样——中寻求这种统一性本身。可以这样来表述:恰恰通过那个同时也使它本身分裂的原则,世界被联合成一个统一体,成为一个社会化的总体,一个直至其最终的个别物内部都自身统一的总体。而恰恰在这一点上,辩证法的唯物主义版本与唯心主义版本异常接近,因为它们都曾试图从客观的方面去规定那同时也在自身内携带矛盾的统一原则,而且恰恰把这个统一原则解释为交换原则,后者本身真正说来既带有对抗性特征,也带有被交换宰制的世界的统一性特征。

我再次回到对辩证法著名的和颇受欢迎的批评,即说辩证法是一件 110
紧身衣,辩证法是一个演绎的体系,因而是一种纯粹从概念中发展出现实性的努力。诸位或许能基于我告诉诸位的东西比以前更好地通览和思考由此触发的复杂问题。因为辩证法[2]具有演绎性或者体系性特征的这个命题既说对了,也说错了,就像我们可以说,我们所生活的世界是一个体系,因此它在自身中是一个统一体,尽管它本身在自身中是一个无限不和谐、充满矛盾的东西。从我今天给诸位的观点来看,辩证法事实上是一种不仅在思想与其客观性的关系中去发展逻辑,而且也就此与客观性的[逻辑]合一的努力,这种逻辑不仅是主体强加的逻辑,而且也是一种事物本身的逻辑。当然,黑格尔在这里使用了唯心主义的概念装置,因为对黑格尔来说,一切最终都是由主体产生出来的;在这个意义上,黑格尔身上必定包含最激进的唯心主义者费希特的因素,如果现在有人想要从他身上把其中所蕴含的主体主义的费希特因素简单地拿掉,那他就完全低估了黑格尔。而一旦整个实在性在这个意义上被黑格尔理解为主体的产物,那么他就有可能凭借个体那个别的或者受限的主体意识在某种程度上轻易地忽略掉偶然的印迹,并且既然主体处于作为其真正本质的客观性本身之中,那么现在就要从客体本身去寻找统一性,而不是把它单纯地当作最先由主体—概念性的活动(Veranstaltungen)建立的统一性来加以把握。但这是相对容易被看出的,我现在也不想过多
111 纠缠于这一点。但请允许我再次提醒诸位,黑格尔哲学同时也是一种经验的哲学,因此它严肃对待费希特那个著名的命题,即哲学必须是先天和后天的统一[3],而不是像在康德那里表现出来的那样,仅仅是一种先天的学说。对费希特本人来说,这仍然是一个宏伟的规划,诸位要在他身上寻找这种经验的实现[4]将会是徒劳无功的,而对黑格尔来说,经验的概念是异常实质性的,它出现在黑格尔第一部也是最天才的一部代表作——《精神现象学》——的第一个最初的标题中。[5]如果诸位去看一下《精神现象学》,就会发现,经验的概念在此以一种非常着重的方式出现,即以这样的方式出现:自我考察的意识也将自身经验为一种客体,并且在我们生命的这种经验的进展过程中,被考察的客体和考察着的主体都在修正自身、改变自身。如果诸位像我一样,事实上认为经验的思想

在黑格尔那里必须被严肃地对待的话,就像我们现在这样,在保证了黑格尔思辨环节的严肃性之后,大概可以说避免了哈特曼式误读⑥的危险,那么也许就可以说,在黑格尔那里,关于实在性的客观性特征的学说是一个体系,但同时又是一个在自身内不一致的体系,这个学说本身同样是这种经验的结果,就是说,这种学说本身真正源于对实在性的洞察,正如它在黑格尔那里源于概念对其本身的反思一样。

我相信,人们在这里事实上会得到如下结论:黑格尔第一次领悟到某种我们或许可以独立于他体系那特殊的唯心主义内涵而说出来的东西;既然我有心给诸位一个辩证法的概念,同时也是一个严格的辩证法 112
概念,而另一方面这个概念并没有被问题丛生的唯心主义论题所穷尽,那么我相信,恰恰在这点上加以权衡也许并非完全不合适。也就是说我相信,黑格尔在这里所讲的经验——以比我迄今为止所做的更具体的方式来表述——是这样一种经验,即我们认为世界秩序通常仅仅是我们概念的产物,它在科学主观活动的意义上是由我们强加在或多或少康德意义上的混乱杂多性之上的,而这种概念秩序已经存在于事物本身之中了。现在诸位可能会说,但是极端的唯心主义,主观的唯心主义,其中正隐含着整个实在性本身,它是主体的产物,因此,除了通过作为认识先验条件的先天构建物而置入客体中的东西之外,它在客体中什么都找不到。这并不是我的意思。而且我相信,为了让诸位理解辩证法的具体性质,诸位必须掌握我目前在这里特别关注的区别,这点尤为重要。这里所涉及的是内在于现实性建构当中的概念要素,与我们强加给诸物的科学秩序的概念要素相比,这些概念要素属于完全不同的层次,属于完全不同的维度。就是说,这里所涉及的在根本上是——这是一个也隐藏在唯物主义辩证法中的环节,但说来也怪,它从未真正得到理论上的反思——某些概念性的东西已经包含在基础事件(Grundgeschehen)、基础社会事件之中,这一点——如果诸位愿意的话——和我们认识的关系要比它与社会进程本身的关系小得多。如果我可以在这 113

里跳跃一下，实际地插入同样为黑格尔所探讨的作为在自身内对抗的统一性环节，插入那个被唯物主义辩证法作为原则给定的那个交换的环节，那很明显的或许就是，在这个交换原则（该原则广泛地规定了客观的社会进程，它根本不是对主体的补充，而实际上是事物中的东西）中已经隐含了概念性的东西，因为我只有在那里才能进行交换，而且只有我不考虑所交换对象的特殊因素，并将这些对象带入一种抽象的、它们共同的形式——人们称这种形式为“等价形式”（Äquivalentform），只有通过这种形式，交换的对象某种程度上才变得彼此可以通约。因此，无论如何，支配整个资产阶级社会生活的那个原则，黑格尔哲学根据其本真内涵真正通向的那个原则，其本身是由一个概念性的东西客观地规定的，就是说，正由于内在于人们之间关系（这种关系某种程度上忽略了人在商品中的份额和需求，而这些商品之间在某种程度上就只剩下一个共同的东西，商品被归入其下，借此它们可以通约，变得可以交换）的那种抽象性。此外，正是抽象时间的因素，自康德哲学以来，也被真正视为所谓形而上学或者逻辑构造问题的最终依据。诸位很容易看到，事物本身中的这个概念物的客观性的环节，正如诸位可以在交换中想到的那样，就仿佛“人类”的概念性劳作，是某种完全不同于在通行的
114 科学逻辑，例如在康德哲学中普遍存在的那种概念表象的东西；在康德哲学中，概念实际上不过是一种我们强加给事物的秩序原则而已。而我相信，黑格尔决定性的经验真正说来就是我们所认识的世界本身，而不像唯心主义哲学想要让我们相信的那样，是某种混乱的东西，正是我们才赋予它形式；毋宁说概念的形式就其自身而言，即作为人类历史的沉淀物，已经被包含在这个有待认识的实在性当中了。然而，这预设了如下事实：人们将哲学所把握的实在本身理解成本质上是由人规定的，但这规定不是在先验主体以单纯科学的方式抽象地建构知识对象的意义上，而是在实践的意义上，即哲学所要认识的世界一般被理解成本质上是由人类劳动所中介的世界。自《纯粹理性批判》以来，自发性

(Spontaneität)的概念、本源的统觉的产生就在整个唯心主义哲学中扮演着本质性的角色,它在黑格尔那里已经采取了这样的形态:人们生活的世界本身真正说来是一个劳动的世界,而这个劳动的环节是不能被忽略的,就是说,真正说来根本不存在不带有人类劳动痕迹的自然,哪怕是单纯消极的自然。如果诸位在经验的意义上去追问黑格尔的中介概念(今天我想就此向诸位说几句)的解释,人们就完全可以说,在黑格尔那里中介所指的东西,他通过“天底下不存在未被中介的事物”[7]这个命题所指的东西,其实在黑格尔那里已经意味着,真正说来没有什么人性的东西不在特定意义上被打上人类劳动因素的印迹。

如果诸位继续关注一下这种实在客观规定性的思想(这思想并非在某种程度上是可祛除的、主观的补充),就完全可以把它与总是针对黑格 115
尔肤浅地提出的对强制性的责难、对演绎体系的责难关联起来。我认为,当一个哲学家阐释在他看来是一般意义上的哲学时,他的任务不是为这种哲学辩解并对此说道:“辩证法完全不像那些恶意的反辩证法者所说的那样糟糕,毋宁说辩证法也为整个经验的多样性和天晓得的什么东西留下了空间。”我认为,就人们能说出这样的话而言,我已经向诸位指出,辩证法确实为这些东西留下了空间。但我认为,即使在这里人们也必须格外小心避免轻描淡写,或者就像用黑格尔的话来说,避免忽略辩证法的精华。[8]我宁愿承认,事实上辩证哲学在它的两个版本中,都有一些与演绎体系的强制性特征有关的本质性的东西,但是现在的确涉及这样一个限定:辩证哲学不用暴力压迫那如此绿色的、如此活生生的、如此自发的和具有直接现实性的东西,而是相反,辩证哲学真正说来是在概念中、在概念的媒介中去表达事实上由现实性所施加的强迫性特征本身的手段。对于辩证法,人们确实可以借用法国古老的谚语说,它“比流氓更无赖”[9],就是说,辩证法苛求于我们的强制性建构物,事实上不过是恶贯满盈的世界对我们施加的客观强制的建构物。而针对这点,真正说来只有当它事实上被揭露为“站住,小偷!”,在那种针对概念紧

身衣的喧嚷当中贫乏的东西才能被正确地理解;因此,辩证法由于揭露
了世界的这种强制性特征而被指责,而恰恰是这种强制性特征由此而
116 以意识形态的方式受到庇护。反对黑格尔的非理性主义事实上变成一
种辩解,而恰恰通过对概念建构的强制中的这种强制性特征的告发,才
真正让正义发生在那些不同的东西,那些本身还没有处于这种强制之下
的东西之上,发生在差异而不是单纯的体系之上。诸位也可以这样说,
如果没有这种强制性的特征,事实上除了单纯的事实性(Faktizität)以外
就不存在任何其他的东西了。如果没有理论——在这个决定性的意义
上,辩证法的确正是那种人们一般称为理论之典范的东西——就根本不
会有知识,而仅仅是单纯的论断,由于人们停留于这种论断,就不仅会踟
蹰不前,因而耽误向真理迈进,而且还会在此依然谈论非真理、思考非真
理,仅仅是因为那些如此表现或者呈现在我们面前的论断,即仿佛它们
是单纯的直接性,仿佛它们就在那里,都统统是被中介了的,就是说,它
们实际上也在自身中携带着社会总体性,而这只有通过辩证的建构,也
就是通过一般的理论才能被表达出来。这样一来,辩证法的体系学
(Systemtik)就恰恰是构成现实性的体系,即体系的动态性,它在某种意
义上发展为一种厄运,并且每个人在任何时刻都可以在自己身上证明这
种厄运的特征。在这点上,辩证法要比那些更加无害的理论(这些理论
假装世界本身没有特定形态,但正因此而忽略了关键所在,即正是世界
施加给我们的强制)无限得现实,它包含的概念空转比之也无限得少。

正如我刚才向诸位解释的那样,诸位从这些动机出发可以很好地
理解,为什么一个最初看上去仿佛要把世界作为一个体系来捍卫的保
117 守理论,同时也可以通过在其中将这一体系描述为一个否定的体系,就
构成后来与该理论紧密相连的社会主义革命观念的前提。的确,诸位
直接可以看到这两个环节是如何相互作用的,如果实际去研究一下两
个版本的辩证法,即黑格尔和马克思的辩证法,在它们的论点上和对特
定的东西(比如某种中庸和谐的个人主义)的否定上究竟多么相互一

致,那将是一个非常有趣的任务。这是一项至今尚未开展的工作,而这项工作对辩证理论的自身理解(Selbstverständnis)是极度必要的。

我相信,我已经向诸位指出,在辩证法中体系在何种意义上应该被理解成一个批判性的概念,就是说恰恰是被这个体系描绘的、无所遗漏的统一环节,它一方面被规定为一个活生生的人所经受并应该从中解放出来的强制环节,另一方面,这个统一性环节作为一个动态的和在自身内展开的环节,同时也具有推动本身毁灭的潜能,就如黑格尔本人说出的某种东西,在《法哲学原理》的那些著名的段落中,黑格尔非常清醒和明白地看到了这些东西,在那里他曾说,出于其自身的原则,在市民社会中,它的贫困与它的财富同时增长。⑩我在这里也许可以马上补充说,黑格尔指望国家扮演的那个著名的歉疚性(apologetisch)的角色正在于此,就是说,国家以绝望的一跳而跃出了辩证法——或许可以说——把国家指定为仲裁者,它应该为那些在辩证法本身中通过诸对立面的增长而不得不变成碎片的东西带来秩序。但即便在这里,即便在我这样说 118
的时候,即便我针对黑格尔说出如下"歧解",即为了以这种方式挽救其体系的肯定性,他在这里做出一种强制性的建构;我必须同时告诉诸位,即便这几段乍看上去像是一种牺牲理智(sacrificio dell'intelletto)* 的行

* 理智的牺牲(*sacrificio dell'intelletto*/sacrifice of the intellect)是一个跟基督教(特别是天主教耶稣会)有关的概念。它是天主教耶稣会创始人圣·依纳爵·罗耀拉(St. Ignatius Loyola)所要求的"第三种牺牲"。罗耀拉认为人除了外在地服从诫命以外,还需要完全认同上帝的意志。所谓服从上帝,就是要站在上帝的位置上,而不考虑个人的智慧、虔诚或者谨慎;而任何服从,若没有将上帝的意志当作自己的意志,那么无论是从内在的情感上,还是从外在的效果上来看,都是松懈的和不完善的。"理智的牺牲"是第三级也是最高级的顺从,是上帝所喜欢的顺从。这时候人在面对上帝的时候不仅要愿其所愿,而且要遵循他的想法、服从他的判断,以至于意愿能够影响和引导判断。詹孙教派(Jansenist)思想家布莱士·帕斯卡(Blaise Pascal),特别是存在主义思想家索伦·克尔凯郭尔在更个体主义的意义上接受了这个概念,认为信仰的行为需要向虚空跳跃,这相当于牺牲了理智和理性。牺牲理智这个思想精准地表达在德尔图良"因其荒谬,我才相信"的著名格言中。但这个观念却遭到传统天主教会的抵制,因为天主教会认为理性是认识上帝的途径。(参见 https://dbpedia.org/page/Sacrifice_of_the_intellect)——中译者注

为，而事实上每个平庸之辈向来对这段话感到尤为愤慨，但它本身却包含着最深刻的洞见，就是说市民社会，就它想要在它自己的条件下保持为市民社会而言，最终会在它最后的阶段被迫从自身中产生出一种静态的或者独裁的形式，这种形式在某种程度上通过强制手段不再把自己托付给内在力量的角逐，结果是辩证法的动态性停滞下来，而社会重新回到简单的再生产阶段。因此，人们可以说，如果要非常大胆地说，黑格尔的国家学说和绝对精神在国家中的实现，如果在他那里以一种否定的理论被提出来，就是说，如果它们结果表明，事实上市民社会就其想作为市民社会存在而言，就必然会在它的尽头倾向于法西斯主义和极权主义的国家，而一个无限内在地停留在自己体系中的市民社会是根本无法想象的，那么黑格尔的国家学说和绝对精神在国家中的实现就是完全正确的。但是，蕴含在黑格尔国家哲学中的这个重大后果，出于歉疚的理由，没有被从任何方面引申出来。

好了，关于辩证法作为我们在生活中确实经受的一种演绎关联的辩护就说这么多。但另一方面，辩证法恰恰不再是一个直接的、不可分割的演绎关联，就是说，辩证法不以纯粹的同一性来运作，它不是从一
119 个命题中不间断地推导出一切，而恰恰因为辩证法不这样做，内在于辩证法的矛盾的核心功能才从事物出发得到理解；就是说，辩证法通过将事物展开为一个自身矛盾的东西，同时也将事物展开为一个自身分裂的东西，展开为一个与自身不相同一的东西，在此意义上辩证法正是批判理论。因此，辩证法也意味着，真正的哲学概念必须是两者兼备的，即它必须具备演绎的要素，也必须具备经验的要素。

最后，让我告诉诸位，像黑格尔所有的概念一样，经验的概念自然也不能原始地和直接地被采用。当我在这里谈到经验的时候，诸位一定不要在某种狭义的感性经验的意义上去思考它，例如，存在于所谓经验主义哲学家们那里的经验，毋宁说，每当黑格尔论及经验时，他指的都是某种类似于意识经验的东西；就是说，一个有能力掌控其思维、其

整个生活以及实在性的连续性的人是如何将这实在性当作一个整体来加以经验的，并且努力遵从黑格尔在《哲学入门》(*Propädeutik*)* 中所描述的“相对于客体的自由”(Freiheit dem Objekt gegenüber)⑪——就是说，这个人在此拥有自主权(Souveränität)，他并不粗暴地将自己的因素强加给这种实在性，而是让自己沉浸在这种实在性当中，并在某种程度上紧贴客体，跟随客体。⑫这种顺从的方式，这种生产的被动性或者自发的接受性真正说来，就是黑格尔用经验的概念，特别是将意识从自身出发的经验认作思维态度的东西；但是，那落入这种经验的完完全全是社会的现实性，而产生这种经验的人是完整的、明确的人，他所有的能力都是强大的，而绝不是一个单纯的先验主体，也绝不是一个只记录了一些感性数据和细枝末节的单纯实验主体(Experimentalsubjekt)。正如 120
黑格尔的精神概念总是包含经验概念一样，反过来说，只有当诸位在本质上将黑格尔的经验概念理解为人们也许可以简单地称之为精神性的经验时才有意义。

注释

① 将“er”修改为“sie”。
② 在录音转抄中，将“Realität”修改为“Dialektik”。
③ “就人们把唯心论的那些最后结果本身看成推理的结论而言，它们就是人类精神中的 a priori(先验)成分，就人们把这种成分在推理与经验确实一致的情况下看作是经验中给予的而言，它就叫作 a posteriori(后验的)。对一种完全的唯心论来说，a priori(先验)和 a posteriori(后验)成分绝不是两个东西，而完全是一个东西。这同一个东西只不过是从两方面来加以考察的，仅仅由于人们认识它的方式不同而有所区别罢了。哲学预知全部经验，只把全部经验设想为必然性的，就此而言，全部经验与实际经验相比，是 a priori(先验的)。数就其被看作给予的而言，是 a posteriori(后验的)；这同

* Propädeutik 在这里指的是黑格尔在纽伦堡时期一系列的上课稿。黑格尔去世后，讲稿由学生辈的卡尔·罗森克兰茨(K. Rosenkranz)整理出版，并首次用了“Philosophische Propädeutik(哲学入门)”这个名字作为标题。这部分内容后来分别出现在苏尔坎普版第 4 卷和历史批判版第 10 卷，两个版本的黑格尔全集也保留了“Philosophische Propädeutik”这个称谓。——中译者注

一个数就其作为乘积从因数得出来而言,则是 a priori(先验的)。谁对这点有异议,谁就是不知道自己在说什么。"[Johann Gottlieb Fichte, *Versuch einer neuen Darstellung der Wissenschaftslehre*; in: Johann Gottlieb Fichte, *Gesamtausgabe der Bayrischen Akademie der Wissenschaften*, hrsg. von Bernhard Lauth und Hans Gliwitzky, Bd. I, 4: *Werke* 1797—1798, hrsg. von Bernhard Lauth und Hans Gliwitzky unter Mitwirkung von Richard Schottky, Stuttgart-Bad Cannstatt 1970, S. 206.中译参见费希特:《费希特文集》(第 2 卷),梁志学编译,商务印书馆 2014 年版,第 673—674 页。]

④ 将"Buchführung"修改为"Durchführung"。

⑤ 黑格尔最初设想将《精神现象学》这部著作当作他计划的"科学体系"的第一部分,这部分最初的标题是"第一部分·意识经验的科学"。然而,这个部分随后在 1807 年的初版中变成了"第一部分:精神现象学"。黑格尔在 1831 年修订《逻辑学》之际曾预告,将"科学体系的第一部分"这个标题去掉,因此最终采纳了他所希望的"精神现象学"这个标题。

⑥ 见本书第 80 页。

⑦ 见第二讲,注释⑨。

⑧ "辩证法的精华"这个俗语在黑格尔那里无法得到证实。在这里,阿多诺援引的也许是列宁在《黑格尔〈逻辑学〉一书摘要》(»Konspekt zur ›*Wissenschaft der Logik*‹«)中的一句已然著名的话,列宁摘抄了黑格尔说到绝对的否定性是"概念运动的转折点"的一段话,并为这段话写下评注:"辩证法的精华。"(Vgl.W. I. Lenin, *Werke*, hrsg. Vom Institut für Marxismus-Leninismus beim Zentralkomitee der SED, Berlin 1968, Bd. 38: *Philosophische Hefte*, S. 220.)

⑨ 法国谚语:"A farceur, farceur et demi"。

⑩ "当市民社会的影响力势不可挡时,它在自身内部就包含着人口的增多和工业的进步。人们通过他们的需要而形成的联系既然得到了普遍化,以及为准备和提供满足需要之手段的方式也得到了普遍化,于是一方面财富的积累增长了,因为这两重普遍性可以产生最大利润;另一方面,也正是在这另一方面,特殊劳动的细分与限制,从而束缚于这种劳动的阶级的依附性和贫困化也愈益增长。与此相联系的是:这一阶级就失去了对更广泛的自由,特别是市民社会在精神上的益处的感受力和享受了。"[Hegel, *Werke*, a. a. O. (s. Anm.8), Bd. 7: *Grundlinien der Philosophie des Rechts*, § 243, S. 389.中译参见黑格尔:《法哲学原理》,邓安庆译,人民出版社 2017 年版,第 374 页。]"当广大群众的生活降到某种生存水平——作为自发调整为社会成员所必需的水平——之下,从而丧失了通过自食其力的劳动所获得的这种正当、正直和自尊的感情时,就会产生贱民,而贱民之产生同时又再次导致不平均的财富更容易集中在少数人手中。"(Ebd., § 244, S. 389.中译参见黑格尔:《法哲学原理》,第 374 页。)当"走向贫困的群众"想要通过劳动"维持在他们通常生活方式的水平上"时,"生产量就会因之而大

增,正是在这种产量过剩(或者更清楚地说,由于缺乏合乎正当比例的消费者)中存在着恶,上述两种方式都使这种恶更加扩大化。这里就显露出,尽管财富过剩,市民社会总是不够富足的,这就是说,市民社会所占有而真正属于它的财产,总是不足以用来防止贫困的过度和贱民的过度产生"(Ebd., § 245, S. 390.中译参见黑格尔:《法哲学原理》,第375页)。黑格尔将这种市民社会的财富和贫困之间内在的联系规定为"市民社会的辩证法",通过这种辩证法,市民社会被迫超出自身之外。(Ebd., § 246, S. 391.中译参见黑格尔:《法哲学原理》,第375页。)

⑪ 在阿多诺那里,"相对于客体的自由"这个说法(后来成为"通往客体的自由"这一重要论题),在黑格尔的"哲学入门"或者其他著作中都无法得到证实。

⑫ 将"zu verbinden"修改为"zu folgen"。

第九讲

（1958 年 6 月 24 日）

121 女士们，先生们：

如果诸位还记得这个规定：辩证法是使非同一物（即并不融入我们思维中的那些因素）仍然在思想中赢得它们权利的努力，那么很明显在这个命题中有一个矛盾，也就是说，非同一物的同一性，如果简单点说，就像我刚才所说的那样，是一个假命题。现在这意味着一项任务。从这个命题出发，辩证法可以被解释成去克服那种存在于一般思想的处境中的悖论的努力。而且清楚的是，这个困难不能在一个简单的命题中被克服掉。真正说来，这就是让辩证法走向其在整体上所具有的体系或者自我展开特征的强迫性。也就是说，我现在如此这般地向诸位描述的努力的悖论迫使它自己这样展开，在某种意义上诸位可以把辩证法看成是一种独特的、漫长曲折的努力，通过这种矛盾的展开，毕竟完成了一项由认识本身状况所赋予的任务。如果诸位搞清楚了我刚才对诸位说的悖论式的方法（Ansatz）并不单纯是一个被设想出来的悖论，毋宁说它其实在自身内包含了一般知识的任务，那么诸位也许就可以在其强迫性中最好地去理解这种思想了。很清楚，思维或者认识真正说来只有在它不仅仅是对其自身的单纯意识的地方，因而在它走向一个他者的地方,在它不停留于单纯同义反复的地方,才是一种认识。如果我们想要认识什么东西,那么我们就是想——原谅我好为人师的腔调——认识**某物**(etwas),而不仅仅停留在知识(Erkenntnis)上。换 122
句话说:我们想要超出我们的思维领域之外。但另一方面,因为我们想认识这个某物,这某物本身也成为我们思维的一个环节,它本身成为知识,它本身真正说来也成为精神。认识总是意味着:把异在于我们的、非同一地站在我们对面的东西纳入我们本身的意识当中,在某种程度上将其据为我们所有,将其转化成我们本身的东西。而这个悖论,即认识同时意味着将某物转化为同一性,但同时又指涉某个非同一的东西,因为否则的话它就不是认识了,这个通常无法解决的悖论真正说来迫切地要求着概念的努力,迫切地要求着我们在"辩证法"名下所指的那个过程,即真理自我展开的过程,也正是思维自我展开的过程。

我相信,我可以期望诸位掌握这个理论上的推导以及对辩证法的规定,在这点上我们现在已经进展得足够远了。现在让我接着谈谈——也许不无唐突,但还算富有启发——迄今为止存在的辩证法两种本质类型的规定。我在这里完全不想断言这两种类型的排他性——例如,我很清楚,就在本体论这种运动中,特别是在最近的天主教思维当中,眼下就有着非常强烈地形成一种辩证哲学的趋势。[①]我不想在这里继续探讨这个问题,况且我已经以纲要的形式告诉过诸位一些辩证法和本体论之间的关系,对这个关系我可以在今天和下一讲关于辩证法对存在概念态度的一众更加确定的陈述中来加以补充。因此我相信,我有理由将这两种本质类型的辩证法描述为:一方面是唯心主义的辩证法,尽管在费希特和谢林的思想中,特别是在费希特的思想中已经 123
具有非常强烈的辩证法特征,但它首先是为黑格尔所代表并加以完善的;另一方面正是唯物主义辩证法,依据其起源这个名字在本质上和马克思绑在一起。现在,如果诸位回忆起我在这里给诸位的辩证法的规定,那么诸位几乎可以——我很难抵抗这种诱惑,而且我担心我根本无法抵抗这种诱惑——从中推导出辩证法那两种主要类型。即是说一方面，诸位会发现一种辩证法类型的思维，在这种思维中，同一性的环节真正说来是本质上规定辩证法的两个因素中占主导地位的因素，因此在这种思维中，虽然那个别的同一性被否定掉了，换句话说，在这种思维中，在其所有的个别因素中思维都在同一性中强调了非同一性的因素，但从整体上看一种和解还是发生了。显而易见，恰恰是辩证法的这种类型必须是唯心主义的类型，因为在这种类型中，思维对存在的优先性事实上得到了主张。它恰恰是这样一种思维，在其中尽管个别物具有所有的非同一性，非同一物最终在整体性中被变成了某种同一物；因为辩证法总是从对认识能力本身，即从对精神的思考开始的，所以正是那作为原则的精神（精神被设定为与之同一），在这种思维中才被变成主导性的原则。如果我可以相当粗糙和原始地表达这点，那么黑格尔的辩证法作为一个整体，从一个非常宽广的距离来打量，的确是一种精神哲学，甚至说：黑格尔的辩证法是一种精神形而上学。在黑格尔的辩证法当中，精神就是绝对者。所有存在的东西，最终都证明自己是精神
124 的一种规定。我在自己关于黑格尔的论文中②从根本上已经强调了黑格尔的另外一个因素，也就是那个人们可以称之为批判性或者否定性的因素。但是，我想告诉诸位，我在我的著作中提出的思想，真正说来是这样一种思想，诸位可能不会轻易把它当成一种忠实于黑格尔亲自所指的哲学阐述，毋宁说它是一种挽救黑格尔哲学的努力，虽然这种努力在某种程度上与黑格尔本人的基本意图存在着矛盾；就此而言我已探讨的乃是一种趋势。因为很明显，在黑格尔草拟的提纲（Entwurf）中——在这种提纲中，非同一物应该获得它的权利，然而后来它在同一性原则中，最终在绝对精神中完全被溶解掉了，完全被扬弃掉了——在这种思维中，非同一物完全没有得到严肃的对待，也就是说，我们经验中所有真正说来不是精神的东西完全没有得到严肃的对待。与此相对，我现在试图强调的黑格尔哲学中的那些环节却有这样一种趋势，它

们在黑格尔的哲学中说出了非同一物的那种严肃性,说出了矛盾的那种严肃性。已故的马克斯·舍勒[③]听到马丁·布伯[④]宗教讲座的时候曾说:严肃,非常严肃,但仍然不是完全严肃。这句话适用于黑格尔。我这并不是说,黑格尔的哲学不该得到完全严肃的对待。我认为自己还算是避免了这种误解。但对此我想说,黑格尔如此卓越地为之带来有效性的非同一性思想,恰恰还没有完全严肃地为之带来有效性,反而是肯定的、慰藉的以及,如果诸位愿意的话,歉疚的环节最终在他的哲学中占据着优先地位。当然,与此最密切相关的是黑格尔思想中被克尔凯郭尔以及马克思——顺便提一下,彼此独立进行的——最透彻地批判的那个方面。

与此相对,如果诸位从我们已经给出的规定出发——首先从辩证 125
法不是一个单纯的思维过程,而是一个现实性本身的过程这一规定出发——,那么唯物主义辩证法就意味着,使非同一性的、矛盾的环节成为事实上的决定性之物的那个内在于辩证法的趋势,是在这样的意义中产生的:关于如其所是的世界,因此就是关于知识的对象,思维与存在之间封闭的同一性并未得到主张。诸位也可以这样来表述它:在马克思的辩证法当中,真正说来构成了辩证法的经验——要在上一讲临近结束的时候我试图去提出的那个意义上去理解"经验"一词——处于核心位置:我们与之打交道的世界以及迄今为止一般的人类与之打过交道的世界,本身就是一个充满矛盾的世界,而黑格尔的思辨概念声称在某种程度上掌握着的、在体系的总体性中被寻找到的那种同一性,在根本上还是一个有待产生的东西,就是说,产生一个无矛盾的现实性状态是人类实践的事情,而不是一个哲学的事情。

我相信,诸位可以从这两个规定中非常清楚地看到,这两种类型是如何从辩证法本身的本质中产生出来的,当然人们也可以从已经考察过它们的思想家的立场(即从资产阶级采取的最先进的立场中,另一方面从曾经采取的第一个超越资产阶级社会的立场中)中同样好地推导出它们。[从我给诸位提供的辩证法普遍规定的立足点上看，这点就更明显了][⑤]，即，如果我以前曾告诉过诸位，唯心主义辩证法由此遇到了
126 异乎寻常的困难，因为它既在原则上着重强调非同一物，又同时主张作为整体的绝对同一性，那么唯物主义辩证法的概念就其自身而言，也受到了最为重大、最为严肃的困难的牵累，而这些困难恰恰与我刚才向诸位点出的那些困难属于同一个领域。如果事实上非同一物，即非精神的东西在对世界的认识上被赋予优先性，那么在某种意义上就很难理解我们究竟应该如何走向辩证法，因为辩证原则本身，即否定或者反思的原则，就其本身而言必然是一个精神的原则。而眼下，在人们实际最严格地贯彻如下思想的地方，即精神的东西是单纯的上层建筑，存在彻底地决定着意识这种思想的地方，根本看不出来这思想是如何走向辩证法的，因为后来被赋予首要地位的东西，正是一种粗糙的混沌一团的天然物(rudis indigestaque moles)[⑥]，一种自身恰恰没有被反思打破的东西，是一种单纯的直接性。因此，唯物主义辩证法的概念导致了与“辩证法”概念最简单的字面含义相关的那个困难，即导致了这样的困难：一个关于世界的表象[该表象恰恰非常本质性地存在于概念的运动中，存在于διαλέγεσθαι (dialégesthai)[⑦]当中，存在于思维构造物的分解当中]现在某种程度上是这样被假定的，就好像它和这件事没有一点关系似的。我现在还不能为诸位解决这里存在的困难，我想至少为诸位点出这个困难，特别是因为，恰恰在这一点上，唯物主义辩证法真正开始僵化为一种国家宗教和教条，在思想不再严肃地面对自己内在困难的地方，就一定会出现这种宗教和教条。但我至少要为诸位点出，这个
127 矛盾的解决在于，作为其基础的辩证法概念，根本不是辩证法的纯粹的理论概念，而毋宁说在辩证法的概念中，实践的环节本身就已经作为特定的环节被给定了，[纵使它]决不具有优先性——在唯物主义辩证法中，理论与实践的关系是异常复杂并且交织在一起的——，但无论如何实践在这里是非常严肃地起作用的，而如果人们没有接纳实践的概

念——换句话说:如果人们没有考虑到对世界能动的改造的概念——,那么事实上物质关系或者单纯的存在本身就是辩证的这个思想就根本不可能得到考察;尽管这个思想在马克思那里根本没有被构想为一种单纯沉思的、理论解释性的思想,但它在那里仍然涉及一种理论。这是一个极其困难的结构。我希望在讲座临近结束的时候为诸位进一步展开它。[8]在这里我只想向诸位指出一点,如果人们简单地将一种哲学的概念、一种采取解释世界的一致形式的哲学的概念运用于辩证法的唯物主义版本,或者甚至像在东部发生的那样,把一种科学的概念应用于辩证法的唯物主义版本,那他从一开始就陷入可怕的困难当中,而且由于这些困难之故,就会看到自己被迫去做的事情,正是所有辩证思维的对立面,即用那恰恰是在自身中运动并对自身进行批判的思想制造出某种类似于必须被照搬的世界观的东西。

我认为,现在可以再次着手向诸位说明辩证思维带给我们的真正困难,同时尝试给诸位一些规定,当诸位自己去尝试辩证地思维的时候,这些规定可能会进一步地帮助到诸位。因为旨在将诸位导入辩证法的本系列课程的任务,除了让诸位更容易学习伟大的辩证法文本之 128
外,更重要的是准确地向诸位指出困难的所在,而不是用顺畅的概念推导来掩盖这些困难,不是降低这种思维的重要性,而恰恰是在它给诸位设置最大困难的地方,让诸位相信这种思维的动力。我对我就此给出诸位的那些规定抱有这样的希望:它们同时也能够帮助诸位在辩证思维本身方面得到一点指导。这些困难当中的头一个就是,在辩证思维中,整体和部分必须始终是相互关涉的。这个命题首先会触发在座的心理学家们的共鸣,因为格式塔理论,因而至少当今学术界最流行的现代心理学的思维形态大概也是这么说的。[9]但在此这点本质上是在知觉领域中被想到的,在此整体对部分的优先地位是被默认的,并且进一步断言,在整体及其部分之间充满着一种和谐,整体和部分的关系在任何情况下都不是一种紧张关系。我想同时纠正说,格式塔理论在"坏的完形”(schlechten Gestalt)的概念中,也知道部分和整体非同一性的环节,但这种整体优先于部分的科学学说的全部激情(Pathos),要比它在辩证法当中的对抗性弱得多。[10]我想首先说的是,整体支配部分的思想在辩证法里实际上首次诞生于世,是在黑格尔“真实的东西是整体”[11]这个命题当中,而我已经详细地跟诸位说过这个命题;在马克思对这个命题的现实颠倒或者解释当中,这个社会的总体性是一切个别社会进
129 程的关键,而相对于这个关键,这些个别社会进程却没有什么独立性。但是,整体和部分关系的辩证构想因此要比大家熟知的整体大于部分之和这个命题困难得多,因为一方面,虽然人们被不断地要求从整体中理解部分,整体就其自身而言必须从各部分的相互作用中得到理解,但与此同时在这些环节之间,整体和部分、普遍和特殊之间的一种紧张关系也必须得到断言,通过这种关系,将两个环节结合起来的努力真正说来成为一个非常成问题的也异常困难的努力。我在这里所处理的和想让诸位意识到的这个困难就是,虽然整体和部分只有通过相互关系才能得到理解,但是每当诸位拥有部分的时候,整体都绝不是被实证地*给予的,反之,当诸位思维整体的时候,整体的部分也绝不是被实证地给予的,所以诸位必须不断追问自己,诸位真正说来是如何把这两者结合在一起的,因为——我相信我已经向诸位充分地阐明了这一点——在辩证法当中,整体和部分的关系不是一种单纯的归属关系,也就是说,不是一种部分被单纯地归入整体,从而不是以周延逻辑(umfanglogisch)的方式归入整体,就像圆的各段弧线处于这个圆当中那样,毋宁说这是一种动态的关系:这两个环节是相互产生的,而不是仿佛无时间的、物性的和同时一道在那里的。一般说来,辩证法总体而言——借用一个康

* positiv 这个词有“肯定的”“实证的”“实定的”等含义。在阿多诺的语境中,“肯定的”带有一定的贬义,有抹平矛盾、允诺和解的含义,而“实证的”则比较中性,用在这里表示阿多诺反对将整体和部分理解成现实给定的东西,两者是一种动态的生成关系。——中译者注

德的区分——已经把所谓动态原则的范围扩展到了这样的程度,在康德那里出现在数学原理题下的内容,即逻辑原理,就其自身而言也具有动态的特征。[12]因此,这就是问题所在——这也是辩证法摆在诸位面前 130
那个巨大的困难——我们应该如何从整体中去很好地理解部分,而这个整体本身绝不是被完美无瑕地给出来的。

为了在这里向诸位展示,当一个人努力追求知识的时候,这些东西在作品中实际上是什么样子,我也许可以说说我和瓦尔特·本雅明一场持续近20年的争论,当时他正在写一本关于波德莱尔的书。[13]这本书涉及波德莱尔作品中未发表的第一部分,是对波德莱尔组诗“酒”(Le vin),即“醉酒的拾荒者”(Le vin des chiffonniers)[14]的解读,在波德莱尔写作的年代,这首诗作为激进的流氓无产阶级的代表,对表现极端的苦难具有一种关键的意义,在当时整个法国文坛——想想《悲惨世界》(*Les Misérables*)[15]——都扮演着完全核心的角色。本雅明在解读这首诗的时候,探讨了当时在巴黎存在的都市酒税,酒税迫使工人把酒搬到城门外的郊区[16]并在那里饮酒,如果他们一般来说能买得起的话。还有些同时代的法国作家描写道——这听起来没那么可信——这些醉酒的工人在返回都市的时候会挑衅性地展示他们的醉态,通过一种对抗性的行为来证明,他们能去做其实在物质上无法做到的事,即醉酒。[17]本雅明认为,他可以在组诗“酒”当中发现某些这种类型的题材。这样做是否合适,我暂时不想讨论。在我最近几天为这次课程而对材料进行的重新审查[18]的过程中,本雅明的论证在我看来要比在我们之 131
间进行那场争论的时候更有说服力。无论如何,本雅明的倾向是将整个实在性的唯物主义的决定性问题(根据他的理论,这个问题也是波德莱尔的诗歌的关键特征)完全直接追溯到个别经验,例如酒税、廉价酒吧、拾荒者等。当然,我并不想贬低这些个别经验的意义。但是,如果诸位现在想到了唯物主义辩证法的思想,即一种从物质条件出发对社会事实进行理论解释的思想的话,那么对这样一种理论来说,仅仅依靠诸如酒税或者去郊区饮酒这样直接的事实当然是不够的，不管这看上去多么具体，不管这种具体性多么诱人，也不管他能把表面上完全明显的事实和最高的思辨范畴联系起来这一思想多么令人心醉神迷。黑格尔从谢林身上保留下来的恰恰是这种辩证思想的诱惑、这种倾向，而在这个诱惑前守护思想真正说来并不是黑格尔在反对谢林的论战中为自己设定的诸多任务中的最终任务。在这个问题上，本雅明与其说是黑格尔主义者，不如说是谢林主义者。当时我试图反对他说，对于一首诗的内容的辩证解释而言，仅仅指出这里呈现出的那些物质矛盾和物质张力的个别题材是不够的，毋宁说在任何情况下唯物主义辩证法都必须假定，它所依据的诸个别发现是由整体来规定的，是由社会的总体性来中介的；因此个别的经验，无论它们多么令人震惊、多么确凿，其本身
132 绝不足以引出理论上的社会后果，社会理论的后果，毋宁说如果人们不想沉沦于单纯描述显而易见的事实的话，那么他所经历的这些个别的环节就必须与社会总体性的结构相关。如果人们要处理波德莱尔的抒情诗与高度发达的资本主义之间的关系——事实上波德莱尔的抒情诗确实是在高度发达的资本主义条件下被迫创作的第一个也是迄今为止不可超越的标本，那就不能满足于拣选出摆在波德莱尔眼前的资本主义现实性的个别主题，并用它们来解释诗歌内容，毋宁说人们必须从整个社会结构中推导出在波德莱尔作品中扮演核心角色的商品的特征，并努力知觉到商品形式在抒情诗中的主观反映，但不满足于个别的动因。[19]

顺便补充一下，诸位所有人都听说过辩证唯物主义和庸俗唯物主义之间的区别，但是很少有人能确切地思考过它们的区别，而且通常也遗忘了它们的区别，允许我在这点上完全准确地描述一番，诸位也许可以从这里理解，论战性地反对庸俗唯物主义究竟意味着什么。但这并不意味着庸俗唯物主义和一种更精细的唯物主义相对立，而是意味着当人们努力从物质条件出发去解释任何事情的过程或者精神构造物的

时候,绝不能满足于直接将所谓的物质动机强行归结为真正的解释原则。换句话说:庸俗经济学认为可以从资本家所谓的追逐利润、嗜财如命或者其他合乎意向的(gesinnungsmäßigen)环节中推导出现实性来,甚至仅仅从所谓的追逐利润中就可以推导出现实性来,即便人们将这些环节与心理学上的动机整个地区分开,也是一种庸俗唯物主义的解 133
释,因为它没有回溯到社会的总体性,在这种总体性当中雇主和工人的个人努力才有其价值。就是说,即使人们假定个别的资本家是天使——或者最好是圣人,但同时又被迫在资本主义条件下经营,这将意味着,即便有这样的主观意向,即便完全没有所谓的追逐利润,整个社会进程无论如何都不会发生任何本质性的变化。而且我相信,我还可以补充说,当今大量存在的对辩证法的唯物主义版本的廉价处理(Abfertigungen)正锚定在这一点上,即人们根本不用去花费心思通过总体性的中介来解释社会现象,而代之以将对手的理论,也就是唯物主义理论(这种理论想从诸如追逐利润,或者有人说得好,想从低级的物质动机来解释世界)实际地归于天真性,当人们把这种毫无意义的论题归于对手之后,就能轻而易举地向他指明,还有与这些低级的动机完全不同的东西,即还存在高级的和高尚的动机。我认为,如果诸位想从根本上研究唯物主义辩证法的问题,最要紧的事情莫过于必须非常严肃地对待这个思想,严肃地对待所有关于这里用所谓低级的动机来解释世界或者把追逐利润假定为人类基本特征的诸观念,你要清除这些观念,从而把社会总体性的思想,也就是资本主义客观化的精神严肃地看成真正的解释原则。

针对我刚才向诸位所讲的是这样的回应和质询:“你在这里用总体 134
性的概念进行操作,你说你在其直接性中根本无法把握这样的事实;但你又是从哪里得出这样的总体性来的呢?本雅明大概率是完全正确的,确实存在着酒税这类东西,确实存在个别群体(它们明确看到了某种东西)的完全确定的个别倾向,而另一方面,你的社会总体性,是你作为一个科学家、作为一个有识之士真正说来根本无法掌握的东西，那仅仅是你的一个形而上学的论题而已。"顺带补充说，这种反对意见正是时至今日在社会学内部对辩证唯物主义真正进行的最伟大的批判的真正命脉所系，即马克斯·韦伯所践行的批判，它实际上并没有导致某种——这证实了马克斯·韦伯异常敏锐的洞察力——误解了唯物主义的高级的善、高级的动机或者其他什么东西，毋宁说他的批判等于声称辩证法真正说来是一种形而上学，也就是说，当辩证法声称只能从总体之物出发才能理解特殊之物的时候，总体之物本身却作为从未被掌握的实际的被给予性，辩证法总是被迫把某些概念绝对化、实体化，从而作出与那些辩证法唯物主义版本真正反对的形而上学[20]一样任意的陈述。在科研工作当中，这个问题通常是以一种非常普通的方式来处理的，就是说，科学家必须研究他的事实，对他的事实进行搜集、分类和整理，此外还要外在地加入某种程度上作为外部来源的类似于直觉的东
135 西，如果人们当时拥有著名的灵光闪念（Funken），并在这束光亮下使那被相当整齐划分的事实得到阐明，那么类似于认识的东西就会实现。要找到这个问题的答案并针对该问题说，如果人们从部分出发，但仍然需要一个本身不被直接给出的整体，那么整体和部分的关系究竟必须如何形成，这真正说来是辩证法在这点上提出来的困难和苛求。

注释

① 阿多诺在这里想到的可能是新托马斯主义或者新经院哲学的思潮，这股思潮最初在19世纪具有坚定的复辟导向并将现时代的哲学视为歧途，在此之后的20世纪上半叶——例如在马里旦学派（Maréchal-Schule）那里——却着手进行了许多尝试，以便创造性地探讨黑格尔。（Vgl. B. Lakebrink, *Hegels dialektische Ontologie und die thomistische Analektik*, Köln 1955; A. Marc, *Dialectique de l'agir*, Paris 1949; ders., *Dialectique de l'affirmation. Essai de métaphysique réflexive*, Paris 1952.）马克斯·霍克海默在《工具理性批判》的第二章（"对立的万金油"）中已经探讨过新托马斯主义或者新经院哲学。［Vgl. Horkheimer, *Gesammelte Schriften*, a. a. O. (s. Anm. 62), Bd. 6: *Zur Kritik der instrumentellen Vernunft und*

Notizen 1949—1969, hrsg. von Alfred Schmidt, S. 75—104.]阿多诺在下下次讲座中再次提到了这股思潮,见本书第140—141页。

② 见第五讲,注释⑭。

③ 马克斯·舍勒(1874—1928),哲学家和社会学家。1919年起在科隆担任教授,1928年起成为美茵河畔法兰克福大学哲学人类学共同奠基人(《人在宇宙中的地位》,1926年版)。舍勒的意见无法得到证实。

④ 马丁·布伯(1878—1965),犹太裔宗教和社会哲学家。1938年到1951年在耶路撒冷希伯来大学担任社会哲学教授。马丁·布伯思想的核心是人与人、人与上帝对话的原则。对此,参阅他的作品《我和你》(1923年版)。

⑤ 录音转抄有所缺漏。

⑥ rudis indigestaque moles:一种粗糙的混沌一团的天然物。参见奥维德:《变形记》,第一卷,第7行。奥维德在《变形记》开篇这样描述世界的初始状态:"在海、陆以及覆盖一切的苍天尚不存在之前,大自然的面貌是浑圆一片,到处相同,名为'混沌'。它是一团乱糟糟、没有秩序的物体,死气沉沉,各种彼此冲突的元素乱堆在一起。"(Ovid, *Metamorphosen*, hrsg. und übersetzt von Gerhard Fink, Düsseldorf/Zürich 2004, Vers 5—9, S. 9.中译参见奥维德:《变形记》,杨周翰译,人民文学出版社1958年版,第1页。)

⑦ Dialégesthai 原先的字面含义本来是"与自己对话"(›sich unterreden‹)。但阿多诺显然想到的是这个概念在柏拉图那里所取的含义,在柏拉图那里,这个概念关涉普遍概念的形成、它的划分与组合形成定义的问题。见第一讲,注释④。

⑧ 阿多诺在讲座中并没有再回到这个论述。

⑨ 格式塔理论由克里斯蒂安·艾伦费尔斯(1859—1932)在德国创立,艾伦费尔斯自1896年起在布拉格担任教授。[Vgl. ders., Über Gestaltqualitäten. *Vierteljahreszeitschrift für wissenschaftliche Philosophie* 14 (1890), S. 249—292.]马克斯·韦特海默(Max Wertheimer, 1880—1943)、阿代马尔·格尔布(Adhémar Gelb, 1887—1936)和库尔特·戈尔茨坦(Kurt Goldstein, 1878—1965)——阿多诺在法兰克福求学期间曾听过后者的讲座——以及其他人在20世纪上半叶进一步发展了该理论。他们提供了格式塔疗法的理论基础。

⑩ 例如,马克斯·韦特海默用"坏的完形"来描述一个问题的起始状态,生产性的思维首先必须从这个状态入手,以便——凭借它固有的简洁的倾向——通过重组的过程发现整体的完形,从而允许坏的完形完成向好的完形进行过渡。(Vgl. Max Wertheimer, *Drei Abhandlungen zur Gestalttheorie*, Erlangen 1925.)马克斯·韦特海默于1929年到1933年在法兰克福担任心理学教席教授。——阿多诺在他的《认识论元批判》中对格式塔理论进行了比这里更明确的批判:"人们对格式塔理论的如下指责是正确的;它试图在实证主义的实验规定(Versuchsanordnung)的素材中直接发现形而上学的意义。它作为科学出场,而又不付出打破魔咒的代价。因而,它适于作为一种意识形态,遮蔽分裂了的实在,它宣称这实在是非分裂的、'完好无损

的’,而没有指出分裂的条件。”(GS 5, S. 164.中译参见阿多诺:《认识论元批判》,侯振武、黄亚明译,谢永康校,人民出版社 2020 年版,第 138 页。)

⑪ 见本书第 22 页。

⑫ Vgl. Kant, *Kritik der reinen Vernunft*, a. a. O. [s. Anm.49], S. 206.

⑬ Vgl. Walter Benjamin, *Charles Baudelaire. Ein Lyriker im Zeitalter des Hochkapitalismus*; in: Walter Benjamin, *Gesammelte Schriften*, [s. Anm. 26], Bd. Ⅰ • 2, hrsg. von Rolf Tiedemann und Hermann Schweppenhäuser (1974), S. 509—690.中译参阅本雅明:《本雅明经典作品六种》,王涌译,广西师范大学出版社 2023 年版,第 99—250 页。阿多诺提到的以及他在下文中详细说明的争论被记录在他和本雅明 1938/39 年的通信中。(Vgl. Theodor W. Adorno, *Briefe und Briefwechsel*, hrsg. vom Theodor W. Adorno Archiv, Bd. 1: *Theodor W. Adorno/Walter Benjamin, Briefwechsel 1928—1940*, hrsg. von Henri Lonitz, Frankfurt a. M. 1994, S. 364 ff.)本雅明曾将一本计划未完成的关于波德莱尔手稿的中间部分寄给法兰克福社会研究所出版。在 1938 年 11 月 10 日致本雅明的信中,第一版手稿遭到阿多诺根本性的批评,这些批评的实质跟阿多诺在讲座过程中表达的观点相吻合,这促使本雅明对他的解释进行了全面的修订——尽管只是对第二章“游荡者”的部分内容进行了修改。本雅明的第一版手稿以“波德莱尔第二帝国的巴黎”为题发表于《本雅明全集》[vgl. Benjamin, *Gesammelte Schriften*, a. a. O. (s. Anm. 26), Bd. Ⅰ • 2, hrsg. von Rolf Tiedemann und Hermann Schweppenhäuser (1974), S. 511—604.中译参阅同上书,第 101—190 页。],修订版的标题是“论波德莱尔的几个主题”(ebd., S. 605—653.中译参阅同上书,第 191—234 页。)。

⑭ Ebd., S. 519—23.

⑮ 维克多 • 雨果(1802—1885),《悲惨世界》(*Les Misérables*, 1862); deutsch: *Die Elenden*, übers. von Paul Wiegler, Zürich 1998.

⑯ Banlieue:法语(其实是“Bannmeile”)意为郊区,城郊。阿多诺虽然说的是在郊区外(außerhalb der banlieue),但指的却是在关税壁垒外(außerhalb der barrière)。这究竟是录音转抄错误,还是阿多诺的口误,无疑再也无法得到澄清。然而事实上,本雅明所谈论的并不是郊区,而是关税壁垒,后者将郊区和城市隔开并在此征收酒税。[Vgl. Walter Benjamin, *Gesammelte Schriften*, a. a. O. (s. Anm. 26), Bd. Ⅰ • 2, hrsg. von Rolf Tiedemann und Hermann Schweppenhäuser (1974), S. 520.中译参阅本雅明:《本雅明经典作品六种》,第 108—109 页。]

⑰ 指的是本雅明参引的文献:Honoré-Antoine Frégier, *Des classes dangereuses de la population dans les grandes villes, et des moyens de les render meilleures*, Paris 1840。阿多诺在这里简单介绍了本雅明的思路。(Ebd.)

⑱ 阿多诺所说的材料,是指本雅明的文本以及他们关于这个主题的通信(见本讲注释⑬)。

⑲ 阿多诺在他1938年11月10日致本雅明的信中写道:“如果我没有搞错,这种辩证法少了一样东西:中介。它一律存在这样一种倾向,就是将波德莱尔的实际内容同他那个时代社会历史邻近的特征(确切说极有可能指的是这种经济特征)直接联系起来。例如,我想到了关于酒税的段落(I, S. 23),关于关税壁垒的某些论述,或者已经提到过的有关拱廊的段落(II, 2),这些段落以一种特别成问题的方式触动了我,因为恰恰在这里,从生理学原则性的理论思考到对游荡者‘具体’陈述的过渡仍然是脆弱的。……此外,我……正试图告诉您我厌恶那种特殊的具体事物及其行为主义特征的理论的原因。但我厌恶的原因不外乎此,我认为把上层建筑领域显著的个别特征‘以唯物主义的方式’扭转过来,将它们与毗邻的经济基础的特征以无中介的,甚至是因果性的方式联系起来,这在方法上是糟糕的。只有通过整个过程的中介,才有可能对文化特征进行唯物主义的规定。”[Theodor W. Adorno/Walter Benjamin, *Briefwechsel 1928—1940*, a. a. O. (s. Anm.137), S. 366 f.]——为了理解本雅明的方法,我们必须补充说,在阿多诺看到的那部分文本中,本雅明从一开始就特意将对社会历史的具体个别关系的哲学强调同阿多诺指控的中介分离开来,以便随后在计划中(但未成文)的第三部分贯彻这一做法。

⑳ 马克斯·韦伯在他1904年的文章《社会科学认识和社会政策认识中的“客观性”》当中阐明了他的“理想型”构想,从而至少初步形成了阿多诺提到的那个对马克思的形而上学指责:“到目前为止,我们已经明了,理想类型在本质上仅仅是有关联系的抽象概念,这些联系由我们设想为事件之流中的不变者,作为发展赖以实现的各种历史个体。但是,现在出现了一种混乱,这个混乱借助‘类型’的概念轻而易举地重新塞进了自然主义的偏见:社会科学的目的必须是把实在简化为‘规律’。即使发展也同样可以构造成为理想类型,这种构造可以有相当重要的启迪价值。但是,这也在相当大的程度上带来了危险:理想类型和实在相互混用。……这个过程并不产生任何方法论上的疑义,只要人们始终意识到:理想类型的发展结构与历史是有严格区别的两种东西,而结构在这里仅仅是一种手段,它能够从我们现有的知识出发有计划且有效地把历史事件归源于它的实在原因。……我们在讨论时有意地避免涉及对我们极其重要的理想类型:马克思的理论。……因此我们这里只是指出:所有马克思主义的特殊‘规律’和发展结构——只要它们无理论缺陷——当然都有理想类型的特点。这些理想类型在被用来与实在作比较时的卓尔超群的启迪意义,以及它们一旦被设想为经验地有效的或者完全现实地(亦即真正形而上学地)‘起作用的力量’、‘趋势’等等时的危险,都是每一个曾经使用过马克思主义概念的人所熟悉的。”(Max Weber, Die ›Objektivität‹ sozialwissenschaftlicher und sozialpolitischer Erkenntnis; in: Max Weber, *Gesammelte Aufsätze zur Wissenschaftslehre*, Tübingen 1922, S. 146—214, S. 203—205.中译参见马克斯·韦伯:《社会科学方法论》,韩水法、莫茜译,商务印书馆2017年版,第57—60页。)

第十讲

（1958 年 6 月 26 日）

136 女士们，先生们：

在上一讲中，我已经开始详细地告诉诸位黑格尔哲学中由整体和部分的关系所带来的一些困难和这些困难可能的解决方法。我们由此发现，这个困难在于个别物不能作为个别物得到理解，毋宁说个别物必须始终从整体中得到理解，而与此相对，现在通行的逻辑学，另外还有心理学却声称，整体绝不会被恰当地给予我们，毋宁说给予我们的始终是它的部分。因此，我们面临着对整体进行预先推定（Antizipation）的问题，从这个整体出发个别部分才能得到理解。但是，为了恰当地解决这个问题——或者至少为了描述辩证法如何应对这个困难（辩证法当然不能消除这个困难，因为如果它能消除的话，就不会有认识问题了），那么整体实际上就会被直接给出，而主体和客体可以说就会符合一致——，我必须推动诸位去进行一种考虑，与流行的思维习惯相比，这种考虑会再次对诸位有所苛求——此外，我们在上次社会学的讨论课上也碰到过这种考虑。① 我想提出的问题是，整体是否实际上是迟来的，我们的经验是否事实上是从部分开始的，然后才逐步上升到整体。请诸位不要错误地理解这一点。我现在不是在知觉心理学（wahrneh-

mungs-psychologisch)的意义上，也不是在格式塔理论的意义上来说的，就是说，好像我们首先被给予一个复合体、一个格式塔，个别的环节只有通过反思才能从中凸显出来，毋宁说，对此我想到的是一个更加全 137
面的、真正意义上哲学的事实情况，即我们的经验真正说来是如何被组织起来的，我们究竟是如何进行认识的。而在我看来，流行的科学逻辑所作的断言事实上是：我们首先知觉到部分，然后根据相似性和差异性编排这些部分，然后对这些部分进行分类，并以这种方式上升到普遍概念，最终上升到普遍理论——仿佛这真正说来是一种建构，它与我们认识的现实性相去甚远，我的意思很直白，就是说，与我们实际的认识相去甚远。就像一般来说，这是一个人们必须以最根本的方式加以展开的问题，即人们所谓的认识论在多大程度上对我们在认识过程中真正进行的事情是公正的，以及它在多大程度上不是真的与从科学有效性的要求中引出的规范或多或少地有着关联，但相对而言这些规范却与我们活生生的经验没有多少关系。现在，科学自然会声称，只要我们活生生的经验是有效的，就必须能够被转化成科学的命题。但这种转化恰恰是异常成问题的，也从未被认真地对待过，尽管我们活生生的知识由无数洞见(Einsichten)组成，我们也能接受——允许我强调说——其有效性或者真理性，甚至在一种非常着重的意义上，也就是作为我们自己的，作为我们特有的真理来接受其有效性或者真理性，纵使这种向科学命题的转化将会行不通。我的主张无非是，在某种意义上——当然我现在说的是，正如黑格尔所做的那样，本质上着眼于我们的社会和历史经验，而不是着眼于科学的有组织的经验，毋宁说我们在根本上更熟 138
悉我们生活于其中的体系，我们更有可能经验到我们被拽入其中的现实性，而不是经验到特殊的个别情境，然后我们从这种情境逐渐上升到一种观点，逐步上升到我们生活于其中的总体性的概念。与我们经验的总体性相对的个别物，就其自身而言乃是抽象的产物，正如另一方面——我认为，必须批判性地以这个整体来反对格式塔理论——与其所包含的个别环节相对的整体，反过来也是抽象的产物。两者之间没有任何直接的统一性，而毋宁说正是一个过程的关系。科学秩序把事物头足倒置，因为它想就此而言说服我们，它所建立的、从个别观察到普遍概念的分类等级，真正说来和现实性本身的特性(Beschaffenheit)是同一的，正如它第一次被真实地表达在斯宾诺莎的命题“观念的次序与事物的次序是相同的”(ordo idearum idem est ad ordo rerum)[②]中那样，在我看来这个命题是独断唯心主义的，我们在关联到笛卡尔以及对笛卡尔的方法(笛卡尔的方法的确是科学方法的原型，它必须在辩证法的视角下得到运用)进行批判时也许还会回到这个命题。[③]

相对于我对所谓个别数据的了解，我更清楚自己生活在怎样的世界中。特别是压迫性的(Drukkes)环节、不自由的环节，人们用一种中性的表述在当代社会学中用“社会角色”加以描述的东西，也就是被置于功能上的存在(Auf-Funktionen-gestellt-Sein)，所有这些(如果诸位愿意)相对抽象的事物产生在意识中要无与伦比地甚于产生在——我们说——诸如上级关系、企业氛围或者其他可能存在的社会境况：团队情
139 况、家庭情况等群体内部的特殊情况中。对此，诸位当然可以说，从个体发生的(ontogenetisch)角度看——如果诸位想要从心理学上讲的话，这些关系的原型(Urbild)一般是在家庭制度中被找到的，但即使诸位在这里实际上将发生学的东西而非哲学的东西置于显著的地位，也不得不说，即使一个很小的小孩，表现得大概也不会像一个小学者那样，从父亲具体威吓的经验中上升到更普遍的威吓，毋宁说起初孩子只会经历一次类似于一般威吓的东西，即经验到畏惧，而所谓特殊情况的具体化，即这是一个恶劣的父亲，才会逐步地伴随而来。但完全肯定的是，当我们暂时不考虑这些发生学的因素，而援引一个得到充分发展的社会内部的关系时，那么真正说来我们首先知觉到的直接的东西，更多的是普遍关系而不是特殊关系，我们通常而言几乎是以狗一样的反应方式进入这种关系的：当衣着光鲜的人走进房间，它就摇尾乞怜；当一

个衣着不太光鲜的人走来,它的激动就会降低,而某个衣衫褴褛的人出现在门口,它就开始狂吠不止。我相信,这通常就是人类经验的组织方式。然而,在这方面,我深深地相信,人与动物之间的区别并不像唯心主义哲学家为了迎合我们的自恋并促使我们作出尽可能不受限制的道德努力而力劝我们相信的那样大。

但如果这样的话,如果从某种需要非常微妙地去理解的意义上说,那么跟科学的组织相反,实际上与其说是特殊的东西被我们意识到,不如说是整体被我们意识到,而如果人们称为特殊经验的东西本身就已经是一种反思的产物,那么人们就可以为辩证法的程序找到一个表述, 140
当然这个表述也指出了辩证思维、确切说恰恰是黑格尔的辩证思维的一个非常危险的环节:人们可以说,辩证思维的任务是恢复天真性,也就是在我们还没有被组织起来的思维愚弄的情况下对世界持有的一种直观;因此辩证法的任务就是通过反思重新扬弃那些被反思设定起来的分离的、对象化的环节。我说这涉及一种危险的思想,当我说到这种危险的时候,我想到的不是别人,而是黑格尔本人。因为在黑格尔那里——在他那里,这种思想,正如我刚才所表述的那样,扮演着重要的角色,基于他肯定性的世界观——也就是基于,他其实认为精神会实现出来,精神是绝对者并且是唯一实体性的东西——,这种思想[所采取的形态]是,通过辩证法的手段,这种或多或少处于反思之前的天真性,在单纯肯定的意义上,也就是在单纯接受给定的关系、给定的肯定性直观、给定的宗教的意义上占据上风,这表达在黑格尔令人困惑的命题,即思辨哲学和信仰的共同事业就是在反对反思之中。事实上,这个表述在黑格尔那里可以逐字找到。④但很明显,如果人们放弃在黑格尔那里具有统治地位的(正如我在上一讲向诸位阐述的那样)、根本性的同一性构想,而代之以一个开放的、断裂的辩证法的概念,那么这个要求就会被取消。但是在辩证法的诸动机中,这无疑不是最非本质的一个:思维在自我反思的时候,意识到它自身是被肢解的和被分割的东西,意

141 识到它自身是一种单纯统治性的预制(Zurichten),它好像是试图去消除罪责或者帮助作消除罪责的准备,而这罪责真正说来乃是思维本身所犯下的。

当我说,人们真正说来首先注意到压力,并且就人们首先注意到压力而言时,他注意到的与其说是特殊物不如说是总体性,与此相对,诸情境跟整体一样是抽象的,那么诸位就可以说,这不过是一种相对模糊的、含混的经验,人们不能轻易将这种经验等同于知识的任务,也就是等同于实际负责的认识。当然,我会赞同这种反对意见,并且我会说,理论对辩证思维的特殊意义正在于此。也就是说,理论真正说来是这样一种努力,即穿透整体意识(它作为一个先行的东西总是已然在此)和随之而来的具体个别被给予性(Gegebenheiten)(它本身又以整体为中介),使它们以这种方式达成一致。就是说,它必须一方面——我将尝试在这里为诸位拟定作为一种纲领、作为一种指南(Anweisung)的辩证法,如果诸位想辩证地思维,就可以如愿地在自己的思维中试验这个纲领和指南——,辩证法必须始终用理论来衡量它处理的数据,就是说辩证法不能简单幼稚地把这些数据当成它自己给出的东西来予以接受,而是要努力使它们对那以理论为中介的整体保持透明;但是另一方面,辩证法也必须同样使理论对特殊经验保持开放,真正说来理论正是在这些经验中得到滋养的,并且相对于这些经验,理论现在也同样无法形成某种固定的、结论性的东西。

如果我要在这里规定出整体的含义,或者超越了组织起来的、因果
142 机械的和分类的认识环节的含义,那在此就要说明两件事:一方面是这里涉及一个环节,也就是说——在这里我再次为诸位介绍了一个伟大的、在黑格尔那里极其艰难地发展出来的主题,这在某种程度上说是我们本身的认识的简单操作方式意义上的主题——我向诸位强调的这个环节实际上只是一个环节,因此它不是某个整体,诸位不能认为,知识的总体是由这种理论上的预先推定,由单纯的理论构成的。如果知识

这样构成的话,那么它原则上就是它随时会变成的东西,由此它没有先天地受世界上任何力量的保护,就是说它将退化为一个虚妄的体系(Wahnsystem)。此外,我还想提请诸位注意,不要追随包括理查德·克罗纳在内的很多人在这点上的看法,认为这里就是辩证法的本质,就是说不要将这个对全面的整体因素的引入(在我看来,这种整体目前还不是一个确定的、给定的东西)等同于不幸的直觉概念⑤——而罔顾如下事实:如果说这个直觉概念有任何权利的话,实际上只是作为知识过程的一个环节而不是作为某种排他性的东西。我想在这里暂时抛开柏格森造就的那种完善的和明确的直觉哲学,在这种直觉哲学中,这个概念被如此分殊和修改,以至于我现在想对诸位说的东西并不完全适用于它。我想在这里为诸位的论证作些准备,诸位将会一再发现,每当诸位拥有某种超越非黑即白的知识并自信能将它带回家时,这些论证就像一种自动响应(automatischer Auslösung)一样;随后诸位将会听到:"啊哈,这就是直觉的环节,非常有启发性。"如果某人是友善的,他就会这样说。通常,这里已经隐含了一种特定的不友好性:因此"非常有启 143
发性",但这的确是带点孩子气的冲动,尽管它是最严肃的科学家需要的东西,因为如果没有人拥有直觉,就根本不会有科学,但科学的意义却在于尽可能快地把这些直觉兑换成零钱*,并设法让它在知识的系统组织中完全顺利地得到扬弃。我甚至不想过多掺和进这种直觉在多大程度上会出现在知识的过程中这个问题。然而我当然已经相信,说一个人想起某物,这是他有着活生生的精神性经验的明证。如果一个人什么都想不出来,他通常来说往往是愚蠢的,就是说,他和他的对象没有任何关系,而所谓单纯的逻辑理智(它在自身内并不包含通常由想起的环节来描述的环节),在根本上是一种仅仅围绕自己旋转,但跟事

* 此处阿多诺用了一个哲学典故,即胡塞尔"不信任哲学中的大话和空话,要求把哲学史上的'大纸钞'兑换成有效的'小零钱'",后者就是接近事实的细致分析。——中译者注

物绝无任何关系的理智。但即使不考虑这一切，这可能也是完全错误的——我将会说，这事实上也是柏格森在批判单纯反思性思维时犯下的巨大错误，此外，这也是柏格森和谢林以及黑格尔共同犯下的错误——，他把直觉当作一种特殊的、自成一类的(sui generis)知识来源，当作知识的一个特殊的分支来反对其他的知识方式。这真是一个奇特的悖论：恰恰是柏格森不知疲倦地谴责用范畴和秩序概念来划分事物，用小盒子或者单纯分门别类的、成型的、机械的概念来思维，而同一个柏格森现在却反过来把他认为是正确的那种知识打包塞进一个小盒子里，并把它看成是仿佛与知识过程的总体性完全分离的东西。我认为，这种对直觉的看法在根本上是错误的。这个可以被人正确地称之为直觉的东西，如果这个概念的含义应该不同于它在特别喜欢使用它的轻
144 歌剧作曲家们的行话中含义的话，那就是一种基于混乱的和——如果我可以从心理学上表达一下的话——前意识的经验的知识，这种经验随后被反思之光照亮，而这反思在某个特定的时刻出现在意识的表面并在这个出现的时刻呈现出突然的、突兀的——如果诸位愿意的话——散乱的特征。但是，逻辑实证主义者在这里可能会说，这些散乱的、没有联系的特征(这些特征属于那些被称为直觉或者受到责难的概念)既不能归功于——这些洞见会从天上掉下来——也不能归功于[它们]总是——毫无疑问，这也是柏格森真正的意思，即使他从未这样清楚地表述过——真正说来描述了这样一些环节，在其中活生生的经验或者活生生的知识冲破物化的、我们预先形成的传统观念和概念的外壳，因而在其中我们实际上认识了某些东西，在其中我们的思维完成了它的任务，而不是被已经得到社会认可的对对象的洞见(这个洞见的确已经被给定了)敷衍了事。然后就发生了一种碰撞、一种爆发，并从这种冲突中真正产生出所谓直觉的灵光和闪念，我们总是被告知这一点。但就知识的过程本身而言，或者如果诸位愿意的话，就直觉的起源而言，它绝不是某种这般突兀的东西，毋宁说站在它背后的实际上正是那

整个经验之网;只有以如下方式,即只有当我们以不受控制的方式进行思考,只有当我们仍然保持某种类似于我们一般意识的自由的时候,只有当我们的思维还没有被应该遵守的规范损害的时候,这张经验之网才会在我们身上发生,才会活生生地在我们身上发生。

这就是关于直觉概念我想说的东西。说直觉概念本身真正说来只 145
有辩证法的意义,或许可以说,就是直觉所描述的闪念真正说来无非是那僵化的、对象化的概念突然转变成活生生的知识,这种突然的转变在概念尚未被我们预先消化,尚未被有组织的经验反映的时候才偶尔发生。因此,直觉本身就是一种客体恰恰由于其背后的概念运动而陷入—运动(In-Bewegung-Geraten)的方式,这种概念运动绝不总是发生在被预先思考的概念中,而且根据其心理学的维度,它也绝不被轻易地等同于清楚明白的知觉(clara et distincta perceptio),而它们通常是被等同起来的。但是我还想再说一次,与直觉一样,理论正由于我刚才在这里试图向诸位描述的辩证法的特征,就其自身而言也不能被终止,毋宁说认识对象自相矛盾的本质自然也总会在它们身上起作用,因此一切理论都是开放的,就是说——回到我们开始的主题——理论也不能被设想为一个完成了的东西。这是第二个困难,尽管它或许没有我迄今为止处理的那个困难那样明显。一方面——为了以某种尖锐的方式再次让诸位意识到这点——我始终只能在对整体有所了解的情况下认识个别物,并以这种对整体的了解去衡量它;但另一方面,这个整体也从来没有作为一个完成了的东西,作为一个完整的东西被给予我,而在我把它当作这个这样完成的和完整的东西来加以使用的时候,正如人们所说,从中得到的单纯的结果真正说来总是已经成为假的了。就其自身而言,正如我在圆的观念与构成它的弧线的对立中告诉诸位的那样,在辩证法理论的意义 146
上,整体是由其各部分的运动而不是由一个抽象的属概念得出来的。

事实上在我看来,辩证法理论衰落的决定性征候——在人们声称已经被辩证法全面接管(Generalpacht)的地方,即在东部地区——正在于这个环节真正说来完全被忽视了，就是说，实际上辩证法在这里真正说来已经僵化成一个体系或者一连串或多或少具体的——通常是更为具体的——论题，个别物现在只是从这些论题当中派生出来，特别是个别物总是在这些论题中得到评判。例如，在格奥尔格·卢卡奇(卢卡奇在他年轻的时候有一个无可置疑的功绩，那就是真正来说在辩证法的唯物主义版本中复活了一般辩证法的概念⑥)整个晚期著作中，人们处处都会看到，在不折不扣的教条式辩证法面前，辩证法真正说来根本就不复存在了，毋宁说所有可能的价值判断都是从辩证法手中接收过来的固定的概念中被演绎出来的。举个例子，以便只告诉诸位一个结构：卢卡奇有一个资产者(Bürgertum)上升和衰落的理论，就该理论与他处理的艺术的关系而言，那么所谓上升资产者的作品就应该是好的、高品质的；就反映下降的资产者的作品——在卢卡奇的思想中这种下降很早就开始了，从福楼拜和印象派那里就开始了——而言，所有作品都是糟糕的和卑鄙的，正像德国统一社会党(SED)的某位书记所设想的那样。他在这样做的时候，完全忘记了他自己曾经如此强调的那个范畴，也就是社会总体性的范畴，他完全忘记了社会在自己内部继续运动，特
147 别是忘记了他曾极力强调的东西：就是说无产阶级作为一个阶级，与资产阶级相比，由于被排除在接受教育的特权之外和其他一系列的原因，他们在精神上绝不是最先进的阶级，因此真正说来所有在精神上完全是实质性的东西，都是在资产阶级发展的领域里发生的，并且——无论人们对资产阶级社会有着怎样的批判——这种批判，就其关系精神性事物而言，真正说来有其批判的对象，[因为]它进入了这种资产阶级精神(在某种意义上，整个社会的发展也在这种精神中隐藏和显示自己)的自我运动之中。但是当卢卡奇不这样做的时候，他实际上就会作出那种我们这一代人在 15 岁时逃离的那些高级教师(Oberlehrer)* 的判

* 高级教师(Oberlehrer)是对教师的尊称，在口语中也指自以为无所不知的人。——中译者注

断,认为沃尔特·司各特爵士是伟大的诗人,而卡夫卡或者乔伊斯是垄断资本主义的代理人。我相信,我在某种程度上已经相当激烈地(但我不会认为这是不公平的)向诸位指出,在于其下得到思考的对象的活生生的关系面前,理论的僵化(Verhärtung),特别是辩证法理论的僵化以何种方式是错误的和灾难性的,正如反过来说,坚持所谓直接给定的东西而没有在其中介性中理解它[和]整体的关系,同样是错误的。

请允许我继续介绍辩证思维的特殊困难,这种介绍同时也遵循这样的意图,即让诸位设身处地地体察辩证思维的具体问题。我认为这是对辩证思维的进一步的苛求,这种苛求肯定会给在座的那些在流行的科学理论和逻辑中培养起来的人带来困难,辩证法的程序不是在作为经典模式的自然科学中呈现于我们面前的、在传统的和实用的科学 148
中始终存在的循序渐进的思维(Schritt-für-Schritt-Denken)。因此,显得荒诞的是,恰恰是辩证思维(在其中各个环节相互之间的关系要比它们在传统思维方式中更密切)在缺乏一个真正的体系的意义上一再被指责为不科学的。这是基于如下事实:对辩证法理论来说,不存在一个绝对的第一者。还可以更确切地说,黑格尔的理论——当然这是一个批判性的主题——熟悉一个产生万物的绝对终极的东西,这个终极的东西也就是完成了的总体性,完成了的体系。但无论如何,在辩证法当中不存在万物都必须被还原到它身上的第一者,因此,辩证法也免去了我曾说过的那种还原的激情,对它来说,真理乃是一个单纯的差异规定,或者不如说:仅仅是一个残留的规定,就是说人们在某种程度上扣除了知识过程的所有成本之后所剩的东西;那么根据这种平庸的观点,剩下作为知识的净利润——我有意用这样粗鄙不堪的方式来表达——的东西就是绝对第一者,它涤除了所有单纯主观的思想劳作和思想的矫揉造作的成分。黑格尔已经向我们指出,起源不是真实的东西,毋宁说,从它被看作真实的东西的那一刻起,起源就变成了骗人的鬼话,因为它根本就不是起源,而且因为所有声称自己是绝对第一者的东西本

身就已经是一个被中介的东西了。这不亚于向诸位所有人，包括我在
内与生俱来的一个直观发起挑战，不管我们是以哲学的形式还是以别
的方式认识这种直观，这个观点也就是笛卡尔的清楚明白的知觉(dara
et distincta perceptio)的学说，即这样的直观：个别的、绝对清楚的、自
身明确的、独立于他人的知识是我们知识的基础，而只有可以被还原为
149 这个环节的东西才是真正的知识。在德国，多亏黑格尔哲学和唯心主
义哲学，这个理念甚至没有像它在世界所有其他地方那样盛行，人们甚
至不时想要对这个思想作为真理的环节在我们这里是如此缺乏实质性
而表示遗憾，因为真正说来只有首先对它进行批判，只有当人们真正充
分地认识到什么是清楚明白的知觉的时候，人们才能实际上实现向整
全意义的辩证法的转向。此外，诸位太容易在我对辩证法的反思中跟
随我，我有时简直会对此感到不安，因为正是那存在于整个西方文明世
界中的和以笛卡尔主义为基础的阻力，在德国根本没有真正具备它在
前者那里的传统势力，我想说的是，人们可以太过轻而易举地抵达辩证
法了，而这对辩证法来说可能根本不是那么健康。无论如何，针对这种
清楚明白的知觉，我们还必须说，根本不存在这样一个最终的东西、绝
对被给予的东西和涤除一切中介的东西，无论它是纯粹的意识还是纯
粹的感性数据。对这一点的证明真正说来就是《精神现象学》的内容，
而我在这里把《现象学》的这个基本思想引向对辩证法的总体介绍。希
望我还能留出时间来勾勒《现象学》的整体思路，以至于诸位可以看到，
这个根本主题在其中究竟是如何进行的：凡是思维认为是绝对据点的
地方，这个绝对的据点就会再次被溶解，这种对绝对固定的、不会自我
运动的东西的追寻最终被证明是一种认识上的幻象(Trugbild)。⑦正如
我们在辩证法中学到的那样，真理根本不是被给予物，正如黑格尔所
150 说，真理不是完成了的东西⑧，毋宁说它本身就处在一个过程当中，摆
在我们面前的对象本身就是一个在自身中运动着的对象；但对象作为
一个在自身中运动着的东西，它却不是明确的。或者，我们也许可以更

准确地说,它不仅不是明确的,也就是说我们需要——笛卡尔的因素在这里赢得了它的荣誉——它的明确性,需要它的确定性,需要对特殊之物和其轮廓确切地立于我们眼前之物的洞见,并且恰恰因为我们切近地观察处于其确定性中的固定的和确定的对象,我们才[由此发现],它并不是这样一个固定的和确定的东西。这就好像微观逻辑的洞察力沉浸入个别物之中,在这种洞察力之下,僵硬的、表面上明确的东西和确定的东西开始运动,当然笛卡尔的那个命题同时也因此而遭到批判。

诸位不要忘记,这个命题事实上是一个独断唯理论的命题。当一个人在同时进行哲学思维和从事实证科学(materialen Wissenschaften)的时候,会产生一种非常奇怪的体验,那就是无数曾经在历史哲学中占有一席之地的观念,早已被哲学摒弃掉了,或者至少被降格到了它们的位置,而在据说要比我们哲学家更严肃、更严格地对待这些观念的个别科学的运作中,这些被哲学消解掉的概念仍然在驱动着它们的本质,清楚明白的知觉就属于这类观念,在合理的科学和实证主义科学的要求下,这个观念只能以一种不加掩饰的方式被反复碰到。在这里只要首先记住,一个对象必须被绝对清楚和明确地给予我,而且这个对象必须跟其他对象区别开来,以便我拥有有效的知识,在这个要求中的确存在如下假设——这恰恰是该直观的独断因素,即世界确实具有这种明确性和确定性的特征。就是说,只有当知识的诸对象本身在自身中是静 151
止的、在自身中牢靠地划定边界、在自身中是明确的,只有当这些对象大体上被孤立于所有其他对象,以至于它们可以被从整体中分离出来并作为诸个别对象得到处理,而同时又无损于其本身的真理的时候,这种清楚明白的知觉一般才会产生出来。换句话说,在这里为了科学,在根本上说为了数学的理想,以便我能够建立起一个体系上井井有条的科学,其实假定了我的知识的诸对象已经是这样的,它们在这样的范畴下被充分地给予我。然而,这不仅是一个独断的论断,我们从这个论断中并不知道世界事实上是不是被这样组织起来的,毋宁说认识的批判,确切说黑格尔对认识的批判,已经详细地证明,恰恰是那些对象的特性(它必须作为我们清楚明白地感知诸对象的前提条件)根本不是以这样的方式存在的,毋宁说,一方面诸对象是自身运动的和充满矛盾的,但另一方面它们恰恰由于这种矛盾的本质而在自身中跟所有其他对象关联起来。因此,实际上在一种程序融贯的知识(该认识不把它的哲学留给礼拜天的布道,而是在工作日以常识来操作)的意义上,清楚明白的知觉的这个要求恰恰不能得到挽救。

注释

① 在先前的冬季学期(1957—1958 年),阿多诺曾就马克斯·韦伯的《经济与社会》一书举办过一个高级研讨班。(Vgl. Max Weber, *Wirtschaft und Gesellschaft. Grundriß der verstehenden Soziologie*, hrsg. von Marianne Weber, Bonn 1922.中译参阅韦伯:《经济与社会》,林荣远译,商务印书馆 1997 年版。)

② 在《伦理学》第二部分"论心灵的性质和起源"中,命题七的原文是:"观念的次序和联系与事物的次序和联系是相同的。"(Propositio VII. Ordo, et connexio idearum idem est, ac ordo, et connexio rerum.)(Baruch de Spinoza, *Ethica/Ethik*, in: Baruch de Spinoza, *Werke*, Lateinisch und Deutsch, hrsg. von Konrad Blumenstock, Darmstadt 1967, Bd. 2, S.168 f.中译参见斯宾诺莎:《伦理学》,贺麟译,商务印书馆 1998 年版,第 49 页。)

③ 见本书第 161—162 页。

④ "思辨哲学和信仰的共同事业就是反对反思"这个表述无法在黑格尔的著作中得到证实。在编者看来,黑格尔是否真能说出这样的话也是存在争议的。因为即使在诸如《信仰与知识》这样耶拿时期的著作中,反思和思辨事实上并没有相互融合,我们也很难说思辨和反思是对立的。[Vgl. Hegel, *Werke*, a. a.O. (s. Anm.8), Bd. 2: *Jenaer Schriften 1801—1807*, S. 287—433; s. auch Anm.63.]

⑤ "真实的东西是整体,而整体就是精神,精神在自身中自我分裂并将自身设定为与自身相同一的,它只有在这种自身运动中才会出现并自己产生出来。如果人们愿意的话,这就是黑格尔形而上学的原初设定,即设定自身的设定:它[形而上学]的预-设(Voraus-Setzung)并不是外在于体系而被预—设的,毋宁说是在其中体系的自身预设。……体系作为整体是无法得到证明的,因为每个设定,每个可以证明它的预—设,其自身就是由体系才设定起来的。个别设定的内容都是在其中彼此设定和得到阐明的全体内容。因此,人们可以说,这个体系在整体和个别上都以**直觉**为基础;但这样

说就太少了,只说出了一半的真理,因为它恰恰同样以**反思**和**抽象**为基础:它是一种自身思维着的直觉,一种自身反思着的直观。这两个环节同等重要,并且共同发挥作用。"[Kroner, *Von Kant bis Hegel*, a. a.O.(s. Anm. 102), Bd. 2, S. 342—361.]

⑥ 阿多诺在这里首先指的是卢卡奇的著作《历史与阶级意识》,这本书对他以及他那整代人产生过非常大的影响。(Vgl. Georg Lukács, *Geschichte und Klassenbewußtsein: Studien über marxistische Dialektik*, Berlin 1923; wieder abgedruckt in: Georg Lukács, *Werke*, Neuwied/Berlin 1969, Bd. 2: *Frühschriften*, S. 161—517.中译参阅卢卡奇:《历史与阶级意识》,杜章智、任立、燕宏远译,商务印书馆1992年版。)

⑦ 阿多诺在本系列讲座中没有再谈到这些论述。

⑧ "真实和虚假属于那些固定不动地被看作自己本质的确定观念,它们一个在这边,一个在那边,互不沟通,各自孤立,并确定无疑。与此相反,必须主张真理不是一种铸造成了的钱币,既可以付清也可以净赚。"[Hegel, *Werke*, a. a.O. (s. Anm.8), Bd. 3: *Phänomenologie des Geistes*, S. 40. 中译参见黑格尔《精神现象学》,第24页。]

第十一讲

（1958 年 7 月 1 日）

152 女士们，先生们：

在我们继续处理辩证思维摆在我们面前的困难之前，为避免发生误解，我想对上一讲中的几个要点稍加区分，这些要点在战况胶着的时候也许被过于粗略和草率地处理了。或许对这些事物的区分同时也让我有机会通过一个特殊的问题向诸位更深入地介绍辩证思维的特性。上一讲探讨的对象涉及整体和部分的关系。当我招来“角色”的概念来进行说明的时候，我可能首先犯下了某种不正确性的过错，因为这个概念在当下的社会学当中，特别是在美国社会学家塔尔科特·帕森斯[①]理论的影响下变得越来越流行了。对此我曾告诉过诸位，我们可以直接地和首要地从下述事实中觉察到整体对部分的优先性，即在我们生活的关键部分，也就是说在我们的工作中，我们感觉到自己依赖于社会，而根本不是依赖于部分，也就是不依赖于独立于我们的存在物，因为我们从一开始就被指派了一个社会角色。我不会收回这个思想而是坚守于此，但我仍然认为必须要说的是，现代社会学中出现的“角色”一词——与萨特在《存在与虚无》中对该词的使用相比[②]——通常想要描述的恰恰是它的反面，即我们在社会中采取的特殊个体的行为方式。③

然而,这种术语上的纠正无非是把诸位引向一个事实性的问题。153
诸位可能还记得,我在上一讲中曾略显直白地说过,就我们觉察到社会压力而不是我们所处的所谓特殊情境而言,我们在自己身上体验到一种整体相对于部分的优先性,我在此特别反对通常的科学归纳逻辑,这种逻辑持有如下这种看法(Meinung),即人们从个别经验开始,或多或少地逐步前进,直至针对整体的经验。我在这里也不想收回那种冲动或者我曾对诸位说过的理念。但我仍然认为,这种比较有失偏颇,因为当我不同时拥有对部分的经验时,我——我相信在座的心理学家恰恰会向我证实这点——在严格的意义上根本无法谈论作为整体的整体经验,反之亦然。毋宁说,这两个概念如果没有对方,不仅是无法思维的,而且真正说来也无法想象。这本身就是辩证法的一个小型模式。只有我们觉察到这个整体或者在理智上认识到这个整体与部分(整体在这些部分面前将自己呈现为一个整体)的关系,才真正知道作为整体的整体;反之,只有我们能将这些部分与一个整体(如视野)联系起来,我们才能知道作为部分的部分。如果没有这些对立面的交互性(Reziprozität),整体和部分的概念真正说来就缺乏其严格的意义。因此,这里诸位可以在一个非常基础的意义上重新考虑辩证法命题的真理性,即这些相互矛盾的范畴相互之间是通过对方而被中介的,就像整体的概念和部分的概念那样。与此相对,我想在上一讲中强调
的事实情况也许会被更严格和恰当地描述为:我们所觉察到的东西最 154
初既不是整体也不是部分,而是一个第三者,很难用语言去把捉的东西,对此我的前辈老师科内琉斯④习惯用"混乱中的混乱"(Wirrnis in einer Wirrnis)这个概念,这个概念客观上并非完全没有讽刺的意味,在这里"混乱"的概念本身真正说来也已经预设了它的反面。所以诸位看,要捕获这个事实情况究竟有多么困难。无论是整体还是部分,最初都不是被明确地觉察到的,我们最初觉察到的是"一般的某物"——某

种程度上仍处在那种区分*的这边，通行的科学逻辑借助这个区分，贯彻了部分相对于据说我们应该上升到的那整体的优先性；这个“某物”会变得无效，恰如关于在自身中即完全明确地得到表达的完型(Gestalt)的独断想法一样；对这些完型，我们据说能在无需意识到部分的情况下就能觉察到。为避免误解，我想补充说，我们在这里原则上所作的考虑，真正说来根本不涉及心理—发生学的问题，也就是我们最初用我们的感官装置在经验上拥有的是什么，或者就我而言也是在思维心理学上最初拥有的是什么，而是无一例外地涉及构成性的优先性(Priorität)问题，即为了能作出有意义的判断，我们是否总是从一个第一者或者整体出发；当然，在这个问题中，基于发生—心理学的起源根本不是绝对决定性的。但是我希望，从已经进行过的考虑中，诸位肯定也知道，事实上在这里我们能够说出的个别部分的优先性和整体的逻辑优先性一样少。

我今天想说的是一个诸位自己可能根本没有意识到的困难，但在
155 我们所有的思维习惯中，这个困难却更加持久地引人注目。因为，即使我们根本不是哲学家，即使我们根本没有被哲学败坏，但我们当然还是会被所有可能的哲学观念所填满，而正是这些我们不知不觉中带向事物的哲学观念，真正说来比我们产生的所谓直接的或者天真的经验需要更多批判性的反思，以便扬弃它们并将它们带进秩序。我们伴随这种乔装打扮的哲学长大，并且我们在自己科学的生存当中，可以说反复地和潜移默化地受到这种哲学的灌输，即具有约束力的知识真正说来是这样一种知识，它返回到一个绝对的第一者，而知识应该返回的这个第一者是否应该是感性数据，是否是一个单纯的被给予性[(这个被给予性)可以说是无法被设想的，我们也不能追溯到它的身后]，或者这个绝对的第一者是否应该是纯粹的思想、理念、精神(由于它中介了一切

* 指的是整体和部分的区分。——中译者注

个别物并首先构成其可能性而被赋予这种绝对的优先性)或者其他什么东西,在这里根本不是问题的关键。我相信,如果诸位也考虑绝对第一者的论题——顺便说,这和整个哲学传统的观念的确是一致的,它被称为πρώτη φιλοσοφία [prṓtē philosophía][5],prima philosophia,即"第一哲学"是不无道理的——,我相信,如果诸位对自己在不同科学的领域中所遵循的程序进行说明,那么诸位会反复碰到这样的事实:诸位不由自主地相信,自己手头上握有这样一个作为真理的绝对的、牢靠的和无疑的担保者的最终物。不难看出,人们这种对现成在手的最终物的需要,与我们的知识作为一个整体与之交织[6]在一起的安全的需要有着最紧密的关联,至少从种系发生的(phylogenetisch)角度来看,这种需要源于如下事实:我们试图通过将跟我们对立的异在之物变成自己的 156
东西,通过在某种程度上将其理解成我们的一部分,来克服远古时代在自然的强权面前曾支配着我们的畏惧。这种意图在起源哲学每一种形式中都是活生生的,因为直接的被给予物,也就是被我们当作最终物而追溯到我们意识的事实恰恰始终是我们意识的事实,因此在我们看来是我们本身的、特殊的事实,而反过来说,精神或者意识作为所有存在者最后的权利源泉(Rechtquelle),同样是我们的[一种表象],该表象真正说来只是陈述了一种以形而上学的方式在某种程度上拔高的、膨胀到绝对者的自我(Egos)。此外,人们可以从中得出某些结果,用于评价形而上学不同的基本类型——例如,唯物主义和唯灵主义,唯心主义和经验主义,或者观念论和实在论,唯理论和经验论——也就是说,凡是声称有这样一个第一者、这样一个绝对的源始原则的地方,真正说来都存在一种唯心主义思维[7],完全不用考虑所谈的理论自己是否知道并宣布自己是唯心主义的或者它的反面。因为事实就是如此,[我们]总是把那个第一者(我们把对我们来说偶然的东西、我们自身所不是的东西归因于它,从而使之成为我们自己的东西,使之变成这样一个绝对的第一者)总是同时与我们自身等同起来,不管我们把这个自身理解为经验性的人格，还是先验的形式，或者最终，就像在思辨的唯心主义形而上学中那样，把我们自身理解为绝对精神。一旦我给出一个这样的源始原则，一个这样的最终物来，精神的要求就正在于，它要掌控所有存在的东西，而因为这个最终物总是精神所思考的东西，并且就此范围而言，在独断的唯物主义中，在非—辩证的唯物主义中，我们会发现某种
157 唯心主义的东西，只要它认为这样一个绝对的起源原则是出于纯粹思想的。

这种绝对的起源原则，真正说来是整个辩证哲学的激情所反对的，无论是辩证哲学的哪种变体都是如此。而放弃这一原则，也就是不认为真理是我们可以溯及的最终物，而是满足于那些在起源哲学意义上真正被视为和贬低为一种次级的、第三级的东西，一种单纯的衍生物，这无疑是对伴随我们成长起来的思维习惯最严厉的苛求。现在这种价值秩序在很大程度上被辩证思维，确切说也几乎已经被黑格尔的辩证思维头脚倒置了，尽管如此，正如我反复告诉诸位的那样，在黑格尔辩证法的总体建构中，精神的统治地位仍然被加以主张。可以说，就黑格尔是唯心主义和非唯心主义的结合体而言，他在最高的意义上仍然是辩证的。但如果诸位回想一下我在完全不同的语境下向诸位解释的黑格尔哲学——就是说它不是从一个格言(Spruch)开始的，它也不把它由以开始的起点(这个起点在黑格尔不同的著作中通常都有变化)和真理本身等同起来，毋宁说真理真正说来，正如黑格尔哲学所言，在于整体，在于过程，也在于诸环节之间的关联，与此相对，它把那个起源，那个所谓的绝对者[理解]成人们一般而言所能设想的最贫乏、最愚蠢的东西——，那么诸位就会发现，辩证法对我们提出的苛求真正说来是，我们在诸环节的过程、交织和星丛中，而不是在向这样一个源始原则的还原中看到了真理。这对辩证法相对于两大哲学倾向的立场具有重大
158 意义，黑格尔已经以某种方式对它们作出反应[8]，并且这两大倾向也标志着当今所谓哲学讨论的特点，不管这种讨论今天在我们看来是多么

无意义。如果我可以就诸位的——我几乎想说——战略方向这样说的话,辩证法有一个双重的战线:一方面反对本体论,另一方面反对实证主义。而这无疑是辩证思维遭遇的一个本质性的困难,即它不能被很好地容纳进当今盛行的、尽管本身是倒退的备选方案之中。

我相信,我今天首先有必要大胆地着手处理这个困难,告诉诸位一些与本体论相对的立场的某种更迫切的东西,最好是用黑格尔自己的话来说,这样在座诸位就不会对我抱有怀疑,认为我作为一个现今本体论的复辟的反对者,在这里任意地使用黑格尔。这就更有必要了,因为今天在本体论倾向内部的不同地方都不乏指责黑格尔是本体论思想家的企图。[9]海德格尔在他年轻时写的关于邓斯·司各脱的文章中(这篇文章包含了一种对黑格尔同情的辩白)已经提出类似的要求[10];海德格尔的《林中路》的确包含了一种对《精神现象学》"导论",特别是对这部作品原标题的繁冗解释(这种解释也想跟黑格尔建立联系[11]),此外,这种解释也有点让人联想到《高尔吉亚篇》[12]中的两个智者。同样,如今在不同地方所尝试的托马斯主义或者整个经院哲学本体论的复辟,也一再有接纳黑格尔的苗头[13]——顺便说,这些苗头并不可鄙,因为它们毕竟体现了对僵化的和静止的本体论的不满,但另一方面,这些苗头又 159
很难跟黑格尔本人的意图相协调。诚然,黑格尔哲学,至少在他的一部也许是最伟大的著作,即在《逻辑学》当中,是从存在的概念开始的。[14]而且,在某种意义上,黑格尔哲学就逻辑学和形而上学在他那里应该是同一回事而言,也有权被视为对作为一个整体的存在的阐释,正如我的朋友赫伯特·马尔库塞[15]在他有关黑格尔和本体论的书中描述的那样,在黑格尔那里存在恰恰被理解成一种运动着的存在,被理解成生命。[16]但我还是认为,这样一种特征,即便在形式上是恰当的,真正说来也跟黑格尔哲学的本质互不相容,因为它本身必然还带有黑格尔思维所批判的那种抽象性的特征,即那种普遍性和特殊性的特征。

此外,让我在这里插入一个术语上的说明,也许会使你们自己对黑格尔的阅读更容易。在黑格尔那里，抽象物的概念并不局限于我们对它的理解。[17]尽管在黑格尔那里不乏这种抽象性的概念，但抽象物在黑格尔那里却不仅仅是与充实的特殊个别内容相对的那种空洞的普遍性。在下一讲，我们将会解读《现象学》的一个段落，其中刚好有这种抽象性的概念。但如果诸位回忆起，在黑格尔哲学的意义上，无概念的、还没有意识到它本身的中介的单纯的“这个”(Diesda)、“这一个”τόδε τι［tóde ti］[18]和最空洞、最高级的概念一样被视为是空洞的和无规定的，那么诸位就会理解，抽象的概念有时在黑格尔那里的意思几乎跟它在
160 日常语言中真正所说的东西相反，即孤立物，也就是尚未在自身之内被反思的东西，由于它在自身之内的这个反思，由于它内在矛盾的展开，它在与整体的关系当中认识自己。无概念的、孤立的个别物，分裂的个别物，例如在本质性的程度上构成实证科学内容的东西，就像空洞的普遍概念一样，同样属于对单纯抽象物的裁决，对于外行的、未经训练的读者来说，［这个］惊人的悖论就此出现了：我们习惯于将其视为具体物的东西，也就是个别的数据、我们认识由以开始的事实，在很多时候是作为抽象物显现出来的，而在黑格尔的特殊意义上的概念，即在这种哲学的意义上理解着自身的个别物，真正说来就带有具体的音调。[19]

因此在这个意义上大概可以说，存在的这样一种普遍特征——即使它在形式上是恰当的，即使人们可以说黑格尔的整个存在观正是一个在自身中运动着的总体性，确切说是在［一个］内在矛盾的意义上运动着的总体性——只要每个这样孤立的命题，每个这样孤立的说法真正说来是错误的，它在这个范围内就［是］错误的。黑格尔在根本上反对本体论的东西——也就是认为只有在存在的概念或者存在当中才有绝对者的存在哲学——并不是说真正的情况并非如此，而只是说，就存在的这样一种规定没有展开、不够清晰而言，它是片面的。但是，由于这种阐释、概念的意识到其自身(das Seiner-selbst-Bewußtwerden der Begriffe)在黑格尔那里本就是概念自己的真理的一个要素，也是这样

一种对存在抽象的规定,无论它最初看上去多么正确,无论它自在得多么正确,但自为地说,也就是根据其自身反思的尺度而言,都是不充分的和完全错误的。但这种思想——在我们作了一番探讨讨论之后,诸 161
位就很容易明白——,随后在黑格尔那里却被扩展为一个表述系列,这些表述是如此尖锐,以至于人们不能忽视这样的事实:这种哲学的激情真正说来针对的是,哲学据说在诸如一般存在这样一个抽象、孤立和实体化的普遍概念中拥有[20]其绝对者。

我将陆续给诸位举几个例子,向诸位指出,这种批判性的动机在黑格尔身上是如何得到增强的。在《逻辑学》将存在等同于无的地方,他说:“作为一个无规定的直接东西,它仅仅等同于它自己……”[21]换句话说:只要存在在其直接性中得到表达,它就根本不包含非同一性的环节。“它是纯粹的无规定性和虚空。——如果这里可以谈到直观,那么在存在那里没有任何东西可供直观;换言之,存在就是这个纯粹的、空洞的直观活动本身。在存在那里,同样没有任何东西可供思考,或者说它同样只是这个空洞的思维活动。存在,这个无规定的直接东西,实际上是无,既不比无更多,也不比无更少。”[22]我认为,我必须在这里补充一些东西来加以澄清:人们必须以一种非常不同的方式来阅读黑格尔,特别是要时刻准备在一个概念中同时思维一个概念所有的可能性,就像后来尼采很正确地希望他的读者所做的那样。[23]如果诸位仅仅在逻辑学论文(Traktats)的意义上阅读这段话,那么这里说的正是,在其完全的抽象性和无内容性的情况下,存在概念转向无的概念的直接性,正如诸位看到在哲学教材中陈述的那样,如果黑格尔辩证法的第一阶段被这样描述,那么诸位就没有正确地理解这个段落。因为支配着这里的语调同时也就是,存在的概念本身,如果它在被运用的时候人们没有 162
超越它,也就是如果人们没有解开它本身包含的过程,[那么]这个作为概念的存在概念,也就是作为知识媒介,甚至作为哲学最后的基底(Substrat),就是无效的。换句话说,“存在是无”这个陈述在黑格尔那里有双重含义。一方面，它的意思正是我之前已经向诸位暗示过的，即存在概念的抽象性是这样的，它无法和无的概念区分开来并过渡到其本身的反面。如果诸位愿意的话，这就是概念的逻辑—形而上学的方面，而黑格尔哲学同时是逻辑学和形而上学的这一著名论题，也许没有其他任何地方能比在这里被更明确地把握到。但是另一方面，诸位也必须思考，诸如“存在是无”这样的命题也是一个批判性的命题，也就是说，这种批判性正在于，只要我们谈论存在，但实际上却没有将其展开为它本身的生命、展开出它本身的意义，那么我们对存在的谈论真正说来就是一种无意义的谈论，而我们相信紧握在手的绝对者就是一个单纯的幻象。在这里，我也没有把任何东西夹带给黑格尔，我可以通过现在将要给诸位朗读的《哲学全书》中的一段话，非常准确地向诸位证明这一点。这里涉及的内容是，这种学说既不陈述存在本体论上的质，也不陈述单纯止于存在的哲学思想的缺陷。“如果存在作为表达绝对的谓词被陈述出来，那么这就有绝对的第一个定义”，亦即起源哲学、第一哲学意义上的绝对开端——“绝对”或者绝对的第一者——“是存在。这个定义是(在思想中)绝对最初的、最抽象的”——就是说缺乏通过过程的实现——“和最贫乏的定义”[24]。而现在通过引入贫乏性的概念，
163 黑格尔同时在这段话中指出，他批评对存在概念的使用，不管它对辩证法的展开是多么必要，就是说，黑格尔说他认为，诸如“绝对者是存在”这样的命题是错误的。但由于这个命题是起源哲学的形式，正如起源哲学真正说来必然是每种本体论虚假的基础，这样的命题说的不外乎是，本体论的可能性被从它那里摒弃掉了，而这种本体论在今天却常常参引这个命题。

最后，我想给诸位朗读一段话，这段话是用来反对雅各比[25]的，就其直接性的直觉主义源于直观的范畴而言，雅各比的哲学在他所处时代大致相当于今天的起源哲学所意味的东西，诸位将会看到，这种对存在概念的批判事实上导致了对所有本体论的批判。“这种完全抽象的、

纯粹的延续性，或者说表象活动的这种无规定性和空洞性，这种抽象东西，究竟是被称作‘空间’，还是被称作‘纯粹直观’或‘纯粹思维’，都是无关紧要的。一切东西都是同一个东西，即印度人所说的梵；印度人可以长年在外表上寂然不动，同时在内心里漠然于感觉、表象、幻想、欲望，等等，仅仅注视着自己的鼻尖，仅仅在内心里默念唵、唵、唵，或者干脆什么都不念叨。这种沉闷的、空洞的意识，就其被看作意识而言，实际上就是存在。”[26]大家知道，回溯到黑格尔所处的时代，通行的正字法用“Seyn”来写“Sein”[27]，从而某种程度上把它从推论性思维的领域中划分出来，变成一个据说能直接描述绝对者的神奇字眼，这在今天已经习以为常了。我坚信，毫无疑问，对这种“存在”(Seyn)来说，除了“唵、唵、唵”(Om, Om, Om)之外，黑格尔再无任何其他话说，也就是说，实际上他在这里看到的无非是退回单纯的神话学，或者是对欧洲文明在其意识过程中所真正强求的一切的放弃和背叛。在我看来，任何把黑 164
格尔哲学和这种“唵—哲学”(Om-Philosophien)相提并论的尝试，无非是一种诡辩的尝试，目的是用一位思想家的权威来掩盖自己可疑的操纵，这位思想家的实质本质上正是理性的实质，而现在人们认为在这里可以将其套用到哲学的目的上，这种哲学的实质正是对理性本身的否认(Verleugnung)。关于黑格尔和本体论就讲这么多。

然而，现在我还想——这也许是现在出现的更大的困难——告诉诸位一些跟实证主义与黑格尔的关系有关的事情。因为我认为，只要我对当下年轻人所处的精神状况的认识并没有完全欺骗我，那么在这点上一种二元思维盛行于，或者至少潜在地存在于年轻人当中，也就是说：“那好吧，形而上学和本体论一样，必定具有永恒的价值，或者必定存在一个绝对者或绝对第一者，如果它们不存在，那么存在的东西无非是单纯的事实，也就是说，真正说来存在的东西无非是实证科学在其有序的过程中所证实的东西，所有其他的东西都必须作为幻象加以避免。”真正说来，我用这门课程根本上追求的最内在的目的[在于指出]，这种二选一——要么是形而上学，并且形而上学就是关于存在和不变的永恒价值的僵化学说，要么另一方面，是作为一种仅仅遵循情况之所是的科学，而不存在第三种选择（tertium non datur）——这种僵化的二选一就其自身而言，恰恰是物化意识在当今的表达，它要求所有思想都出示证件，它要求我们对所有思想说："那么请问你属于哪一方？如果你是一个形而上学家，那么你肯定跟存在有关，如果你是一个科学家，
165 那么你肯定跟实证的事实有关，仅此而已。"在我看来，正是在这种事先给定的和固化的二选一的思维方式，真正说来是当前一般意识状态的不幸。我想，无论这次课程多么谦虚，都要为动摇这个观念作出贡献，并让诸位认识到，如果人们不以存在为导向，就不必陷入对科学事实顽固的崇拜，而反过来说，如果人们为厌恶科学（taedium scientiae）* 所侵扰，如果人们不满足于对事实的单纯确认，那么他就不必然地，也不会无条件地让自己被预制的、方便地提供的存在形而上学所敷衍。然而，如果要突破这种二选一，这就需要以此为先决条件，即诸位不相信它在某种程度上已经为诸位准备好了，不相信这两种选择在等待着诸位，诸位现在必须决定要么支持形而上学，要么支持实证主义，就像人们必须在阿登纳（Adenauer）和奥伦豪尔（Ollenhauer）之间作出选择一样[28]，毋宁说恰恰是我们被套进（einspannen）这种预先给定的二选一之中这个

* "厌恶科学"（taedium scientiae）应该是对柏拉图《理想国》当中"厌恶理论"态度的改写。在《理想国》第三卷中，柏拉图借助苏格拉底之口，讨论了教育和培养公民的原则以及统治者的素质。在论及青年的文艺教育和体育教育两者辩证关系的时候（410 C-412），苏格拉底一方面反对只要文艺不要体育的做法，因为这会使护卫者"激情烟消云散，萎靡不振，成为一个'软弱的战士'"；相反，如果只要体育，而不重视文教的话，护卫者将成为"一个厌恶理论不知文艺的人。他不用论证说服别人，而是像一只野兽般地用暴力与蛮干达到自己的一切目的"。只有将文艺和体育结合起来，使两者在心灵中保持和谐，人类灵魂中的两个部分——爱智部分和激情部分——才会张弛得宜、配合恰当。（中译参见柏拉图：《理想国》，郭斌和、张竹明译，商务印书馆 1986 年版，第 122—123 页。）阿多诺在这里预设了当下思想界形而上学和科学的某种对立，形而上学处理的是永恒和不变的价值，而科学则跟实证之物相关，而阿多诺在这里想要破除的恰恰是这种二选一的僵化思维。——中译者注

事实,包含着一般的物化思维,包含着统治着我们本身意识的被管理世界的权力。而这正是我认为如下这点如此重要的原因,即将辩证法在整体上跟实证主义以及当代本体论所体现的那种对形而上学的拙劣模仿坚决地区分开。请诸位不要这样去理解,好像辩证法本质上是通过如下方式区别于实证主义的,即辩证法会在个别科学以事实形态提供给我们的烤肉中添加一种信仰、一种意义或者一些更高原则的酱汁。在我看来,这同样是对所有不能用单纯的事实加以敷衍的意识的无限误解,如果人们设想所有超越单纯事实的思想,就会立即导致这样的说 166
法:"的确,一切都在某方面具有意义,一切都是最好的安排,我们必须真正安于现状。"与此相反:辩证法之超越单纯事实性的东西,赋予辩证法以形而上学生命权的东西乃是反面,就是说,它恰恰是对下述观念的反叛,即认为我们被框定在其中的、意义无限丧失的事实世界应该是我们生存中的最终物;而辩证法恰恰是努力通过批判主宰我们的这个事实世界而意识到一种其他的可能性,但这个事实世界本身却丝毫没有由此而被我们美化。

我今天没有时间再跟诸位详细地阐述辩证法和实证主义之间的关系了。[29]允许我今天只对诸位说这么多,以便至少为诸位阐明辩证法和实证主义思维方式之间的区别。辩证思维不同于实证主义思维的地方就在于它完全不是自然的。也就是说,如果人们辩证地思维,那么这并不意味着他面对形而上学的诱惑干脆毫不动摇地遵循健全的人类知性,转向一种常识—哲学(Common-sense-Philosophie)。而正相反,这让我想到辩证法的一个进一步的苛求:辩证法在这点上的苛求,本质上在于诸位必须抛弃自己熟悉的传统思维习惯,实际地担负起概念的劳作和努力,并且在非常确切的意义上看透,所有我们不加怀疑的、被作为自然之物给予我们的东西,就其自身而言并不是一种自然之物,而是一种已然在自身之内被反思过的东西,或者——以唯物主义的方式说——一种在自身中已经被社会中介的东西,我们遇到的自然实际上 167

是“第二自然”[30]，而不是第一自然，而且正是为了给受到亵渎和压迫的自然以应有的回报，我们不能让自己被在约定俗成中僵化了的世界处处强加给我们的那个自然的假象所蒙蔽。在下一讲中，我将告诉诸位一些与此有关的东西，也会告诉诸位一些与这种不加批判的和单纯接受的实证主义针锋相对的批判意图。

注释

① 塔尔科特·帕森斯(1902—1979)，美国社会学家，1927 年起在哈佛大学(马萨诸塞州)任教(1944 年晋升为教授)。阿多诺在第 17 讲中再次详细地讨论了帕森斯；见本书边码第 253 页以下。关于角色的概念，帕森斯写道：“从现在开始，一个角色可以被定义为一个人在与特定的具体角色伙伴进行社会互动的具体过程中的结构化(即规范调控的)参与过程。……由于普通个体参与了多个团体，因此一个个别的角色在临界状态下只能穷尽一个具体的个别角色的全部互动行为，这仅仅是一个(尽管很重要)的老生常谈。角色通常是他行为系统的一个方面，因此也是他人格性的一个方面。”(Talcott Parsons, *Grundzüge des Sozialsystems*; in: Talcott Parsons, *Zur Theorie sozialer Systeme*, hrsg. und eingeleitet von Stefan Jensen, Opladen 1976, S. 180 f.)

② 让-保罗·萨特(1905—1979)，哲学家和作家，于 1943 年写作了《存在与虚无》(Paris 1943; dt.: *Das Sein und das Nichts*, übers. von Justus Streller, Karl August Ott und Alexa Wagner, Hamburg, 1952)，这是法国存在主义最重要的著作。在他对咖啡馆侍者的著名描述中，萨特阐明了“自欺”(*la mauvaise foi*)的现象，在这种现象中人们试图通过扮演某个侍者的角色(在社会中他必须扮演这个角色，就好像他就是这个侍者“自在”的存在，也就是说，好像他和这个角色是直接等同的)来欺骗自己真实的规定——成为一个原本自由的、“自为存在的”(fürsichseiendes)存在物。因此，萨特将扮演侍者的人规定为一种“自身”的外化(Entäußerung des Selbst)，它包括“不是其所是”(*d'être ce que je ne suis pas*)。(*Das Sein und das Nichts*, S. 108; *L'être et le néant*, S. 96)然而事实上，这种对角色的占有只有作为游戏或者表象才是可能的，这种状况本身就意味着存在和角色之间的差异：“似乎由于支持了这角色的存在，我在什么地方都超越不了他，我不把自己确立为我的身份之外的一个人。”(*Das Sein und das Nichts*, S. 107 f; *L'être et le néant*, S. 96.中译参见萨特：《存在与虚无》，陈宣良等译，杜小真校，生活·读书·新知三联书店 2014 年版，第 94 页。)在该书的结构中，对自欺现象的分析——克尔凯郭尔那种绝望的“不愿—成为—自身”(Nicht-man-selbst-sein-Wollen)——具有引出自为存在的基本结构和人类生存的

超越性的功能。

③ 这个思想如下:在之前的讲座中,阿多诺曾在社会整体对个体的陌生规定性这个意义上使用过角色的概念,也就是说,这个概念在萨特的理论中也被发展出来了;在现代社会学当中,在塔尔科特·帕森斯的影响下,人们则用"角色"来描述社会内部为个人或者个体所认同的行为方式。阿多诺在1964年的讲座"社会理论中的哲学要素"(*Philosophische Elemente einer Theorie der Gesellschaft*)中更明确地表述了这个问题,并结合他在第十二讲中将要谈到的性格面具(Charaktermaske)的概念加以发展:"在我们可以在特殊意义上谈论社会之物的地方,在只有社会科学这个特别领域的建构是合理的地方,它总是显得是这样的——就是说正是由于个人利益和整体建构之间相互排斥的社会的整体状态——个别的人即使在他们认为自己是作为心理学上的人去行动的地方,在他们认为他们是自身、自由地去行动、与自身相同一的地方,在很大程度上仍然是性格面具,也就是说,除了他们的功能,除了他们在社会中被指派的客观功能以外,他们什么都不做。顺便补充说,这就是如今置于'角色'之名下的现象变得异常时髦的真正原因,只是角色概念是非常成问题的,因为这里[被假定的]东西本身是从社会结构中派生出来的,就是说人们必须做某些真正说来根本不是其自身的事情——而扮演一个角色在字面意义上首先意味着,人们必须去做一些事情,并且必须把自己伪装成他根本不是的东西——如果人们不去考虑这个环节,一般角色的概念就根本没有意义。这个角色概念真正说来首先是通过如下方式得到说明的,即社会的总体性要求人们以特定方式,而非出于自我规定的方式行事,要我说,这个完全依赖于具体社会因素的角色概念,是以这样一种方式被假设的,就好像角色关系一种一般社会存在的原始的质(Urqualität),这与人们想从戏剧中突兀地派生出现实性的本体论大致相同。"(NaS IV·12, S. 150 f.; vgl. auch GS 8, S.13.)在接下来的段落中,阿多诺明确提到帕森斯是批判角色概念的代表。(关于"性格面具",见本书边码第177页以及第十二讲注释⑫)

④ 汉斯·科内硫斯(1863—1947),自1910年起在美茵河畔法兰克福担任哲学教席教授(Ordinarius),是阿多诺的学术导师。

⑤ 关于"第一哲学"πρώτη φιλοσοφία[prṓtē philosophía]的概念,见第三讲注释②。

⑥ 将"beschränkt"修改为"verschränkt"。

⑦ 在《认识论元批判》中,阿多诺就这个思想提到了尼采。(Vgl. GS 5, S.16)参见中译本《认识论元批判》,第13—14页。

⑧ 黑格尔在《哲学全书》第一部分的"绪论"的几节(§§ 19—83)中对他的哲学和其他哲学立场的关系作了系统的陈述,其中涉及"思想对客观性的三种态度"。(Vgl. Hegel, *Werke*, a. a.O. [s. Anm.8], Bd. 8: *Enzyklopädie der philosophischen Wissenschaften I*, S. 67—180.)参阅黑格尔:《哲学全书·第一部分·逻辑学》,梁志学译,人民出版社2002年版,第81—151页。

⑨ 见第九讲注释①。

⑩ Vgl. Martin Heidegger, *Die Kategorien- und Bedeutungslehre des Duns Scotus* (1915); in: Martin Heidegger, *Gesamtausgabe I. Abteilung: Veröffentlichte Schriften 1914—1970*, Bd. 1: *Frühe Schriften*, hrsg. von Friedrich-Wilhelm von Herrmann, Frankfurt a.M. 1978, S. 189—412.

⑪ 编者未能推断出阿多诺在这里暗示的是什么。

⑫ Vgl. Martin Heidegger, Hegels Begriff der Erfahrung (1942/43); in: Martin Heidegger, *Holzwege*, Frankfurt a.M. 1950, S. 111 bis 204.中译参阅海德格尔:《林中路》,孙周兴译,商务印书馆 2015 年版,第 126—139 页;另请参阅第八讲注释⑤。

⑬ 见第九讲注释①。

⑭《逻辑学》正文第一句(不完整)写道:"存在,纯粹的存在,——没有任何进一步的规定。"[Hegel, *Werke*, a. a. O. (s. Anm. 8), Bd. 5: *Wissenschaft der Logik I*, S. 82.中译参见黑格尔:《逻辑学 I》,第 61 页。]

⑮ 赫伯特・马尔库塞(1898—1979),哲学家、政治学家和社会学家,自 1932—1933 年起成为社会研究所成员。1933 年移民美国,1954 年起在沃尔瑟姆(马萨诸塞州)担任教授,1964 年起在加利福尼亚大学圣地亚哥分校担任教授。

⑯ Vgl. Herbert Marcuse, *Hegels Ontologie und die Grundlegung einer Theorie der Geschichtlichkeit*, Frankfurt a.M. 1932. ——1928 年,马尔库塞想用这部著作在他弗莱堡的学术导师马丁・海德格尔那里谋得教职,但被海德格尔拒绝了。

⑰ 阿多诺在第四讲结尾部分就已经谈到了黑格尔的"抽象"概念;见本书边码第 57 页。

⑱ 亚里士多德在《范畴篇》中用τόδε τι [tóde ti]这个表达来描述诸如"这张桌子"的"种的这个"(Dies-von-der-Art)——就它属于桌子这个概念而言。在决定某物是否是"这个"的时候,对亚里士多德来说起作用的主要是独立性和可分性的标准,满足这些标准的首先是诸个别对象。在《形而上学》中,亚里士多德也将 eidos(形式、概念)描述为"这个",尽管对 eidos 在何种意义上满足上述标准,还存在着争议。——阿多诺只是在前一概念的个别对象(一个这个、一个某物)(在某种程度上,人们借助语词的中介指向个别对象)的意义上使用"这个"的术语。"'这个'的概念对整个欧洲思维来说也是根本性的,因为所有诉诸事实性、这个(Diesda),以及在概念中不可消解却要为之寻找一个概念名称的东西,都存在于'这个'一词中。'这个'真正说来——这对这种思维的复杂性来说非常有趣——根本不是一个概念,而是一个手势;'这个'的意思相当于'这儿',它指向某物。因此在亚里士多德那里,仍然存在这样的情况,即对于这种就其自身的本质而言的非概念物,根本不能形成某种任何类似于概念的东西,而人们只能通过一个手势来表达它,——而后来这个手势变成一个术语,最终凝结在诸如'被给予性''数

据'、经院哲学的'这种存在'(hacceitas)(或者不管这个概念叫什么)等概念中。"(Adorno, NaS IV · 14, S.57.)

⑲ "抽象"的这层含义是黑格尔一篇题为"谁在抽象地思维"的小短文的重点。[Vgl. Hegel, *Werke*, a. a. O. (s. Anm. 8), Bd. 2: *Jenaer Schriften*, S. 575—581.]

⑳ 将"benutzen"修改为"haben"。

㉑ 阿多诺从《逻辑学》中援引的引文所依据的是克罗格纳版黑格尔全集,阿多诺朗读的也极有可能是这个版本。[Vgl. Georg Wilhelm Friedrich Hegel, *Sämtliche Werke*. Jubiläumsausgabe in zwanzig Bänden. Auf Grund des von Ludwig Boumann u. a. besorgten Originaldrucks im Faksimileverfahren neu herausgegeben von Hermann Glockner, 1927—1930, Bd. 4: *Die objektive Logik*, S. 87 f.; vgl. Hegel, *Werke*, a. a.O. (s. Anm. 8), Bd. 5: *Wissenschaft der Logik I*, S. 82.中译参见黑格尔:《逻辑学 I》,第 61 页。]阿多诺朗读的这段话涉及存在论正文第二句话的前半部分。

㉒ Hegel, *Sämtliche Werke*, a. a. O. (s. Anm. 173), Bd. 4: *Die objektive Logik*, S. 88. [Vgl. Hegel, *Werke*, a. a. O. (s. Anm. 8), Bd. 5: *Wissenschaft der Logik I*, S.82 f.中译参见黑格尔:《逻辑学 I》,第 61 页。]

㉓ 这段话无法被证实。

㉔ Hegel, *Sämtliche Werke*, a. a. O. (s. Anm.173), Bd. 8: *System der Philosophie. Erster Teil. Die Logik*, S. 204. [Vgl. Hegel, *Werke*, a. a. O. (s. Anm. 8), Bd. 8: *Enzyklopädie der philosophischen Wissenschaften I*, S. 183. 中译参见黑格尔:《哲学全书 · 第一部分 · 逻辑学》,第 167—168 页。]

㉕ 关于雅各比,见第五讲注释②。

㉖ Hegel, *Sämtliche Werke*, a. a. O. (s. Anm. 173), Bd. 4: *Die objective Logik*, S. 107. [Vgl. Hegel, *Werke*, a. a. O. (s. Anm. 8), Bd. 5: *Wissenschaft der Logik I*, S. 101.中译参见黑格尔:《逻辑学 I》,第 76 页。]

㉗ 海德格尔在 1934/35 年冬季学期关于荷尔德林的讲座中已经把"Sein"写作"Seyn"了。(Martin Heidegger, *Gesamtausgabe*, III. *Abteilung*: *Vorlesungen 1923—44*, Bd. 39, hrsg. von Susanne Ziegler, Frankfurt a. M. 1980, S.6: »Offenbarung des Seyns«)在 1936 年的文章"转向"中,他用这种写法来表示与自己早期对用存在概念描述之物的理解的根本区别,因为现在不再像《存在与时间》当中,从人的此在出发来思考存在和存在者,而是从存在出发来思考人和存在者。(Vgl. Martin Heidegger, *Die Technik und die Kehre*, Pfullingen 1962.)

㉘ 在前一年,即 1957 年 9 月 15 日,第三届德国联邦议院举行了选举。基民盟以康拉德 · 阿登纳为首席候选人第三次参选,社民党以埃里克 · 奥伦豪尔为首席候选人第二次参选。联盟党赢得了绝对多数。

㉙ 在录音转抄的这个段落中,阿多诺显然暗指霍克海默的论文《对形而上学的

最新攻击》，这篇文章于 1937 年发表在《社会研究杂志》上。现收录于：Horkheimer，*Gesammelte Schriften*，a. a. O.（s. Anm. 62），Bd. 4：*Schriften 1936—1941*，hrsg. von Alfred Schmidt，Frankfurt a.M. 1988，S.108—161。

㉚ “第二自然”的概念拥有悠久复杂的历史，可以追溯到——越过在西塞罗那里首次有据可依的表述——古希腊。（Vgl. den Artikel »Zweite Natur« von N. Rath im *Historischen Wörterbuch der Philosophie*，hrsg. Von Joachim Ritter und Karlfried Gründer，Bd. 6：Mo-O，Basel 1984，S. 484—494.）——阿多诺对这个概念的使用至少包含三个方面，这些方面已经在其意义的历史上有所体现：首先是这样的论题，第一自然不是自在地或者直接地被给予人的，而总是已经被经验为通过精神或者劳动来中介或者改变的自然，因此第一自然和第二自然是不可分离的（Hegel，Marx；vgl. hierzu S. 114）；第二，在“第二自然”的表述中，“自然”的概念真正说来要被批判性地突破，因为它代表着社会和历史的僵化和疏离，即代表着一种自然性的第一者、实定者或直接物的意识形态幻象（Marx，Lukács；vgl. GS 6，S. 48.中译参阅阿多诺：《否定的辩证法》，第 32 页。）；第三，在卢卡奇、马克思和黑格尔之后，当阿多诺想给“受到亵渎和压迫的自然以应有的回报”时，他又追溯到了卢梭对第一自然和第二自然关系的思考。在他早期的著作《自然历史的观念》中，阿多诺已经试图辩证地思考这些含义方面之间的关系，以便随着这种第二自然的自然直接性幻象的消解，第一自然的历史性也同时出现，从而能够摆脱人对它单纯工具性的剥削关系。（Vgl. GS 1，S.345—365.）

第十二讲

（1958 年 7 月 3 日）

我的女士们，先生们： 168

在上一讲中，我开始跟诸位讲辩证法与实证主义的关系，确切说是从辩证法针对所有第一哲学的双重阵线（Frontstellung）的视角看待这种关系，我非常清楚，人们也可以用一些强制性的手段在这些第一哲学中看到实证主义，只要所有形式的实证主义从任何经验给定的数据（不论是那些意识的数据，还是所谓的记录命题*）中看到那个绝对的第一者。我认为自己至少有义务在这里告诉诸位，把实证主义等同于起源哲学是不完全正确的，或者——更宽泛地说——把经验主义与通常意义上的形而上学等同起来也并不完全公允，因为尽管在这里也假定了一个第一者的原则，也就是说，假定的正是这个被给予性的原则，但这个原则本身在内容上并没有得到充实。本体论的以及狭义的唯心主义的和理性主义的哲学认为，它们也可以将绝对的第一者实定地

* 卡尔纳普在 1958 年的论文《观察语言和理论语言》当中区分了两种语言，理论语言（Theoriesprache）和观察语言（Beobachtungssprache）。理论语言包含有待审查的命题，而观察语言包含记录命题（Protokollsätze），或者观察命题（Beobachtungssätze）。记录命题是本身不需要证明的命题，但可以作为所有其他科学命题的基础。——中译者注

(positiv)规定为精神、意识、先验综合、存在或者不管这些原则是什么，而实证主义和经验主义却说，给定物、事实是最终之物，所有的认识都参照于此，但事情的本质却是，这样的事实性概念本身并不标定这种事实性，并不预示着这种事实性，正因为它是一个单纯的概念，所以它事实上总能用不同的、变化的内容来填充自己。而这也与如下事实有关，
169 即实际上不应轻易地将实证主义思潮等同于起源哲学，而且这些思潮——例如在当前的讨论中——知道自己与当下的本体论倾向处于如此突出的对立当中。诸位至少可能会说，如果我在此时此地还在以某种精确的方式来探讨辩证法反对实证主义的姿态，那就有点荒谬和牵强了；因为毕竟显而易见，辩证法是反对实证主义的，而且反对的正是欧洲哲学中整个实证主义运动，它自黑格尔去世之后就在欧洲蔓延，至少从历史上终结了思辨的辩证思维方式。我不想否认这点；但辩证法和实证主义之间的关系实际上并不像这种考虑呈现出来的那样简单。如果我就此提醒诸位一下，辩证法的问题，从一个侧面来看，不是从预先设想的总体性出发的，而总是在个别的事实中去寻找某种意义上没有窗户的(fensterlos)——借用一个古老的思辨形而上学的说法[1]——总体之物的力量，那么在这点上，也就是在缺乏一个给定的、结论性的属概念这点上，辩证法和实证主义事实上具有内在的亲和性；而我在自己的工作中也经常碰到这样的情况，如果我从这些考虑中得到结论，就像我们曾说过的那样，以微观逻辑的方式处理个别问题，而没有从一开始就把这些问题置于属概念之下，那么我就会受到这样的指责："的确，你在这里做的事情和实证主义根本没什么区别。"在这个问题上其实存在某些过渡，这些过渡也在历史上的——我不会说——辩证法的完全
170 的实证主义流派中表达出来，但至少在某个特定的走向怀疑的相对主义的倾向(这种倾向的确和实证主义有着深远的亲缘关系，正如它主要在英国黑格尔学派的异常重要的辩证法家弗朗西斯·布拉德雷[2]那里明确表现出来的那样)中表达出来。我乐意借此机会提请大家注意布

拉德雷的两部伟大著作《表象与实在》和《逻辑原理》[3],它们极有可能是继黑格尔之后在特殊的思辨—哲学意义上对辩证法理论作出的最原创和最激进的贡献。这涉及异常困难和精微的探究,需要极大的强度和耐心,但我可以告诉诸位,它们会以非常丰富的内容来回报诸位付出的耐心。

说到与实证主义的关系,我想在这里,在这个事实上关乎内容的地方,首先提醒诸位注意,辩证法在某种意义上说的确是现象学或许错误地宣称的东西:辩证法是一种非自然的态度,它是这样一种态度,它从一开始就以某种怀疑来面对被认为是给定的、作为事实的东西,并倾向于在现象背后、在被我们当作给定的东西背后寻找整体隐藏的力量。本质和现象之间的区别对辩证思维来说或许完全是构成性的,正如我们从概念通过被设定在反思中而运动这个事实已经得出来的那样,也就是说,通过对概念自身的这种反思,一种实体会在某种程度上暴露出来,这种实体真正说来并不是由它们单纯的显现、它们表面的含义来表示的,真正说来它是隐而不显的。在这些课程中,我谈的恰恰是对辩证法的抵制,我试图让诸位意识到这些抵制,以便降低诸位进入辩证法的
门槛,那么我相信在这点上恰好有一个非常流行的抵制:这就是对辩证 171
法过于机智(Übergescheiten)的怀疑,故弄玄虚的怀疑,也就是怀疑人们永远不能满足于事实上刚好被给予的东西,特别是怀疑人们恰恰基于辩证法的客观环节,真正说来想要从人身上夺走他们对自身的主观看法,夺走他们认为属于其本身的事物。事实上,这个环节就存在于辩证法当中,如果人们想要淡化它,这里无疑是完全错误的。然而,如果人们从完全不同的动机中,即从社会经验的动机中,看到我们所处的世界不是通过任何谎言和阴谋,而是凭借它自身内在的合法性而产生出它的面纱(Schleier),并一再产生出与它真正所是的东西相矛盾的现象,那么人们事实上会普遍抱有这种不信任,并且不再会接受给定之物、实定之物,特别是个别科学作为确定性的最终权利源泉而呈现(正

是以给定之物呈现给我们的那种方式)给我们的东西。恰恰是这种对业已给予我们之物的怀疑的力量,在我们今天生存于其中的被给予性的巨大压力之下,似乎在日渐枯萎。如果某种自我—弱点在思维的进程中存在某种传播或者延伸,那么我将会看到恰恰在这个地方,即人们屈服于所谓的事实,而不会产生那种不信任,从传统意识的角度看,也就是说,从单纯地接受世界所呈现出来的样子的角度看,辩证法必然给人一种矫造的、粗暴的和过于机智的印象。我认为,承认这点更正确;人们说,在一个完全异化的世界当中,在一个完全是“习俗”θέσει
172 [thései]而非“自然”φύσει[phýsei][4]的世界当中,某种程度上恰恰需要那种非自然的意识的努力来穿透第二自然的外表,这要比人们现在试图将辩证法简单地作为一种常识加以引入更加正确。当然,辩证法跟常识有很大关系,其个别的步骤总是合乎理性的考虑。不存在——我已经尝试向诸位解释过这点——一种理性的第二源泉,一种思辨的源泉,这种源泉据说就其自身而言,就通过一道深渊与单纯的合乎知性的(verstandesmäßigen)、反思性的源泉分离开。[5]但是另一方面,我非常坚决地认为,辩证的思维方式有别于通常知性的思维方式,因为它不允许自己被这样的被给予性敷衍,而正在给定物与我们最顽固地对峙的地方,辩证法才真正开始它的工作,它试图穿透不透明的、无法被穿透的东西,并使之运动起来。如果我不怕诸位当中的某些自然科学家跟我说,从一个信守辩证法的哲学家嘴里说出来的科学比喻总有某种致命的东西,那么我就会说,辩证思维真正说来总是在关心某种类似于理智核裂变的东西(intellektuelle Atomzertrümmerung),而我不想为辩证法的努力拦截现代自然科学的任何荣誉,众所周知辩证法并不拥有类似于原子弹那样的辉煌成就。

我曾告诉过诸位,辩证法对实证主义的具体表态,要提前从如下事实中去寻找,即被给予性在实证主义的观点中是最终的东西,并且人们在传统实证主义认识论中习惯于将它描述为事实上的直接被给予物,而这个直接的被给予物就其自身而言被认为是得到中介的,也就是说,辩证思维表明,知识作为一种稳定占有物所依托的那个最终之物,其本身根本不是最终之物,在另一方面根本不是一种最终的东西,而一般就 173
其自身而言,恰恰是以它认为可以从自身中产生的东西为前提的。我在《认识论元批判》的第三章⑥曾试图非常坚决地贯彻这一思想,并且现在想向诸位指出这点,因为在那里诸位会发现,这种努力是如何通过指出所谓认识论各个范畴之间的关联进行的,这些范畴才应该是构成传统认识论构想意义上的对象性世界的东西,而传统认识论就其自身而言又预设了那个对象性的世界,即时空中的定在,就像反过来说,如果没有时空中的定在,那些范畴就无法得到思考。在这个简短的导论课程中,我无法向诸位贯彻这种发展的辩证反思。不过,我却相信,我至少欠诸位一些具体的证据,来阐明我在辩证思维和实证思维之间的争论中所指认的东西。由于辩证法的内容,无论在黑格尔的《精神现象学》中,还是在马克思那里,基本上都是社会的内容,而且我知道诸位当中很多人对社会科学的问题特别感兴趣,我相信如果我从社会科学领域,特别是从社会科学特有的实证主义圈子中(也就是来自所谓经验社会研究的那个部分,这种研究致力于弄清楚人们,甚至统计学上群体的行为和意见)选择例子——请原谅我,当我给诸位举例子的时候,我知道这样做真正说来是不被允许的,但是辩证法家做到这点殊为不易⑦——是很合适的。

一项我不得不在其后期阶段负责的研究,即达姆斯塔特的社区研 174
究⑧已经表明,有相当部分的居民对该地的公务员采取某种敌对态度,这表明他们对公务员作出了异常消极的评判。人们在此首先必须想到这座城市中的人和他们担任公职的经验,而在一项单调乏味的研究当中,也就是在一项某种程度上尚未得到阐明的研究中——在我看来,相对于经验性社会研究,辩证法的意义本质上在于,通常为一些单调乏味的提问提供特定的启示——,在这种单调乏味的研究中,人们会说:"那好吧，达姆施塔特这座城市就是这样的，它是一座古老的官僚城市，也是一个古老的行政中心，人们和官僚制度缠斗不休，在那里获得很多负面的经验，这些经验随后在他们敌视公务员的评判中表现了出来。”辩证法家并不满足于这样一个是似而非的论点，他至少会问一下自己，某个城市的居民对公务员的这种负面表态是否完全来自这座城市的具体经验和具体事实。因此，他将提出这样的问题：这里涉及的是否是美国社会学用“普遍化的态度”这个表述来描述的东西，即人们已经从外部把这种负面的看法带给公务员，然后在他们对公务员的评判中，正如我们在那项具体的研究中处理的那样，把这种普遍化的态度带给公务员。也许我可以首先告诉诸位的是，我是如何以一种有点奇怪的方式产生出这种怀疑的，因为这或许可以向诸位展示一点经验性社会的提问和
175 辩证法考虑相互结合的机制。在我恰好熟悉的一本文学社会学作品中（它涉及一个完全不同的题材领域，涉及一个非德语的小说家），该书的作者表明，在相关的小说中，尽管小资产阶级内部的特定对立没有在理论上或者社会上得到展开，但这本小说至少呈现出中小公务员与没有固定收入的人、自由职业者、个体户之间的某种对抗。[9] 对于自由独立的生计——小店主、手工业者，等等——来说，公务员往往是一种寄生虫，他们不必像自己那样挣生活费，而且当不太辛劳的公职生涯结束后，还有养老金的保障在向他们招手，而相反，在公务员看来，所谓自由的生计由于能够赚到尽可能多的钱，看上去往往才是在物质上令人羡慕的群体，此外也是一个不太习惯于秩序和铁饭碗的群体。我能回忆起这项研究，因此我想，也许两个群体之间，也就是中小资产阶层中的公务员和非一公务员两个群体中的这种内在的对立，恰好反映在公务员阶层数量相对可观地区的人们的看法当中。我从中得出的结论是，我曾这样来设置研究，确切说试图将其调整到这样的广度，以使一个复杂的问题群被添加进去，人们可以通过这个问题群表明，对有关城市公务员作出负面评判的相关人士是否真的接触过这些公务员，其次，他们

是否有过负面的经验。反之,在经验性社会研究的技术中,人们不会抽象地问这样的问题:“诸位有负面的经验吗?”而是要问特定的负面经 176
验,因为只有当这种经验被给出的时候,人们一般才能检视,是否有某种基础性的东西。让我感到自豪的是,在这件事上结果确实如我所料,即在对公务员的负面评判和跟公务员相处的经验之间存在着一种完全的分歧(Diskrepanz)。换句话说:这是一种从外部带来的意识形态,确切而言我想说的是整个社会的意识形态,也就是一种在整个社会当中以某种方式存在于空气中的意见,人们(至少在某些数目众多的群体中)吸收这种意见,然后通过这种意见来创造他们所谓的经验。换句话说:人们在这里遇到的事实,即对公务员否定性的立场,一种仅仅由实证主义社会学简单地加以记录、整理和解释的事实,在这里重新体现为整个社会进程中的一个功能。也就是说,个别的东西、特定的东西和具体的东西在这里表明它们同样依赖于总体性[……][10],当然,如果不是由无数这样敌视公务员的个人行为组成,这种反对公务员的整体氛围就不会存在。这里有一种相互影响在起作用。

另一个例子可以向诸位表明,所谓动机分析在社会理论意义上的经验社会学中的突出意义,因为只有通过动机分析,也就是说,只有通过确定激发出这种负面评判的东西,一般才有可能突破那仅仅被给予我们的东西的蒙蔽关联(Verblendungszusammenhang)。在另一项研
究中——这涉及一项工业社会学研究[11]——我们遇到了某个工厂内部 177
工人对他们上级的一种特定的敌意。我们没有把自己限制在单纯主观的意见研究[即(考虑)敌对性单纯主观的事实的研究]上,而是同时考察了相关工厂的客观事实,结果表明,这个工厂的上级会根据具体情况,以非常人道、合理和善意的方式行事;但结果也表明,出于某些原因,工厂的整体设施有些落后,给工人施加了持续的压力,然后得出——我用简要的方式表达——上级,或者相关工人心怀敌意地加以反对的人,在某种程度上——借用马克思的表述——只是“性格面

具”[12]，这种情况真正说来根本不取决于这些人本身，毋宁说，如果工人对这些人产生出一种敌意，他们只是由此把一种客观的关系，即结构上的上级关系同时也是这个工厂内部的特有的生产关系转嫁到这些人身上，而实际上这些人本身只是他们履行的功能的面具。这涉及一个异常深远的过程，即人格化(Personalisierung)的过程，对此我想至少顺带向诸位指出，对具体的、辩证法的操作的洞见或许会在这里有助于诸位自己免遭人格化机制的影响。这里“人格化”的意思无非是，客观关系的权力变得越来越大，特别是我们发现自己被裹挟于其中的权力和压力的条件越隐匿，这种异己性和隐匿性就变得让我们越难以忍受，因
178 此，只要我们不对这些事物本身进行反思，就会有一种越来越强烈的倾向，将现实中的这些客观事实投射到个人因素上，投射到某些人或者群体的性质上。我在这里可以表达这样的假设：纳粹主义的种族狂热之所以能发挥它非凡的效应，就是因为它迎合了这种需要，也就是说，因为它让某些有形的人或群体承担起痛苦(这实际上是一种隐匿的痛苦，也是完全无法忍受的痛苦)的责任。从动力心理学(psychodynamisch)上看，这个过程也有一系列其他的优势，就是说，把自己攻击性的情绪投射到诸个人身上，要比这在事实关系中发生轻松得多。然而，如果人们天真地逗留在人类普遍的想法上，那么他们自己就会成为人格化的蒙蔽关联的牺牲品，我曾试图用我刚才暗示的东西至少粗略地来向诸位描述这个机制的特征。

我还可以告诉诸位第三个例子，当我刚好在这点上用辩证法的考虑把手伸向所谓的科学之轮时，我在美国已经体验到我的困难，但也体验到我微弱的胜利，例如，当我对人们因为畅销而喜欢某首流行歌曲的说法提出质疑时就是如此；并且人们遇到的偏好和反感，也就是“喜欢”和“不喜欢”，就像人们在美国传播学研究的行话中所说的那样——当我试图用客观事实来面对它们的时候，结果表明，人们最喜欢那些播放量最多的、他们最熟悉的流行歌曲，而那些他们不熟悉的，也不经常听

的流行歌曲,通常会被他们拒绝。[13]我们可以接着对此追问,为什么这些流行歌曲被播放得最多,然后人们就会发现,某些主观的品质和偏好 179
又在此发挥了作用,但随后诸位得到一个异常复杂的互动系统,这个系统无论如何都跟直接的、朴素的事实相反,通常后者恰恰是所谓民意调查所指向的东西,因为实际上大多数民意调查首先重视的是,出于行政或者商业理由,人们支持或者反对的是什么,而这种在支持或者反对上的逗留本身,就有助于在所谓被给予性中编织我一开始就对诸位说过的那种面纱。

诸位当中的实证主义社会科学家也许会在这点上针对我提出反对意见,认为我在这里向诸位阐释的所有思想,就其自身而言完全可以跟实证主义协调一致,我最终已经把这种思想本身带入研究,而这些研究为了可行,一般或多或少地会按照实证主义的游戏规则进行。我将完全不会否认这一点,而且我想重申,辩证思维不是直觉主义,因而也不是一种与科学逻辑中通行的思维完全不同种类或者不同规定性的思维,毋宁说恰恰只有这种思维才是一种内在地自身反思的,才是——正如我刚才表达的——一种自身阐明的思维,而不是顽固而盲目地进行的思维。换句话说:我确实相信,在所有真正有自我意识和自身一致的所谓实证主义的研究中,向辩证思维的过渡都是不可避免的,就像我们在社会学研讨班最后几次会议中可以看到的那样,像马克斯·韦伯这样的社会学家(至少根据他的意向完全是实证主义的社会学家),只是被他自己必须处理的事实的结果促逼到某些辩证法的表述上,而这些 180
表述跟他科学理论的立场、跟他的哲学可以说是根本不能兼容的。[14]但我并不想满足于这些过分勉强的答复,而是想提醒诸位,让[诸位]意识到,在我提到的那些研究中,当我们面对特定的、具体的和个别的社会领域时,无不求助于诸如社会整体或者整个社会的东西,这样就存在着某种其他的东西,而不是一个单纯假设。原因很简单:在假设的情形下,其主要内容至少能通过“判决实验”(experimentum crucis)得到验证,诸位又可以再反过来把这个假设本身转化成科学的事实。我认为,在我给诸位列举的所有例子中,毫无疑问情况却并非如此,因为整个社会,甚至整个流行的意识形态,那些飘浮在空气当中的东西,那些把人们带入特定选择的东西:对公务员、上级以及流行歌曲的态度当中的东西,这不是诸位像掌握对这些现象具体个别的态度(诸位不仅可以确定这些态度,甚至可以衡量和量化它们)那样就可以加以掌握的东西。换句话说:先行于这项研究的理论,即整个社会的知识为这项研究带来的东西,虽然是一种将这项研究的结果本身置入运动当中的力量,但它就其自身而言并不是一种被给予性,正像在这里发现的事实那样,而毋宁说是一种力量的中心,但它就其自身而言又在很大程度上避开了证实和证伪的明确机制。除此之外,还必须补充说,这种诉诸社会结构,或
181 者整个社会的意识形态,或者不管它可能是什么的方式,其意义根本不是用一种个别知识去反对一些个别知识,就像这里所批判的这些个别知识一样,而真正说来不过是去理解和描述一种趋势,在这种趋势之下,这些个别知识就其自身而言能够被理解。而这样一种程序,就其自身而言,不仅没有在此时此地得到履行,而且其真正的意图也根本没有通过一个论断,[一个]无懈可击的托词(hieb und stichfestes)“是的,这就是整个社会”来得到兑现,毋宁说它一般只有这样的意义,即在其运动中把握这些事实本身,这将与实证主义的假设形成的概念相矛盾。

对此诸位可能会说:“但是,如果你不想陷入单纯的任意性,不想陷入一种风马牛不相及的猜测的话,你将如何操作这些种类的概念?什么又是你在这里合法地使用这些概念的途径?”我认为,我在这里实际上还有机会彻底且有力地向诸位说明一下,在非常普遍的哲学概念的意义上,我用否定性或者矛盾的概念向诸位描述的是什么。引导我们来到这里的那条道路是双重的:首先,在某种程度上我必定已经从外部带来某些东西。我认为,这一般是辩证思维的一个本质上的组成部分,它是一种总是既在其对象中又在其对象之外的思维,因为我们在对象

中知觉到的运动,总是已经以了解对象之外发生的事情为前提,也就是以了解对象本身所处的背景为前提。因此,如果我从中没有得到一个想法,认为我们生活在一个上级关系(Vorgesetztenverhaltnis)具有某种客观结构的并且涉及一个永恒压力的环节(这个环节先天地预先塑造 182
了每种个人的关系)的社会中,那么我当然不能陷入这样的思想当中,即认为上级在某种程度上是其职能的性格面具。然而另一方面,现在事实上促使我将这种单纯的论断以辩证的方式激活的途径,无非是我所拥有的个别事实被证明为自身充满矛盾或者疑窦丛生的。因此,用一个露骨的因而也是原始的和不充分的公式来表述:首先,在达姆施塔特的受访者的说法("我认为公务员统统是懒汉,是根本不重视我们人间苦难的官僚")和事实(受访者要么根本没有与公务员相处的糟糕经验,要么可能就没有跟他们打交道的经验)之间存在一个矛盾。因此,我在所谓被给予之物本身中遇到的这个矛盾,迫使我超越被给予性并在这种被给予性上形成更全面、更普遍的东西。诸位将会注意到,虽然我在这个例子和其他那些例子中说的是整个社会,但诸位也会注意到,我为此给诸位提供的证据绝不像整个社会这样的概念抽象的全面。也就是说,我在这里首先被推向这样一种看法,在某些社会阶层当中,公务员和自由职业者之间存在着内在的矛盾,这种矛盾随后表现为经验和意见的矛盾,如果人们从这里出发,从矛盾出发,一般来说就会遇到整个社会结构的问题,这将是一个更进一步的和更为复杂的步骤,它远远超出了我之前所作的基本考虑。或者更进一步:这条道路促使我们 183
不是把某个特定的工厂内的紧张关系看作以私人为基础的,而是看作一方面以客观的上级关系,另一方面以决定相关工厂内上级关系的特定生产条件为基础的,事实上这条道路无非就是受访者对上级所谓不友好性或者以刁难别人为乐(Schikanierfreude)的判断与对这些人和生产过程本身事实上的性质的客观看法之间的[矛盾],由此迫使我们恰恰将我们在单纯问询过程中遇到的所谓最终的被给予性相对化。当然，所有这一切在更深层的意义上是前哲学的，而不是在激进的意义上是辩证法的，因为在它的道路上、在它的进展中，辩证法扬弃了我们在这里使用过的每个事实性、直接被给予性和个别论断（Einzelfeststellungen）的概念。但是，由于我们没有把辩证法看成相对于科学异质的构造物，而是把它看成上升到自我意识的科学，这对于向诸位表明个别科学的工作是如何被其自身的动力所鼓动而达到辩证法的，并由此向诸位解释实证主义和辩证法之间的区别，也许是有所裨益的。

注释

① 阿多诺在这里指的是戈特弗雷德·威廉·莱布尼茨（1646—1716）的单子论。在莱布尼茨的形而上学中，世界是由单子组成的，即由单一的、不含多个部分的实体组成，这些实体是自成一体的，它们被赋予无意识的（对于矿物、植物来说）或者有意识的表象（对于生命体来说）。《单子论》的第 7 节是："单子没有使某种东西能够藉以进出的窗口。偶然的东西不可能脱离实体而游荡于其外，如以往的经院学者们的 species sensibililes（感觉心象）所做的那样。可见，不论实体还是偶然的东西都不可能从外部进入一个单子之内。"（Gottfried Wilhelm Leibniz, *La Monadologie*, hrsg. von Eduard Erdmann, 1840, § 7, S.705; vgl. jetzt: Gottfried Wilhelm Leibniz, *Monadologie/Lehrsätze der Philosophie. Letzte Wahrheiten über Gott, die Welt, die Natur der Seele, den Menschen und die Dinge*. Französisch-deutsche Textausgabe, übersetzt, herausgegeben und kommentiert von Joachim Christian Horn, Darmstadt 2009, S.45.中译参见莱布尼茨：《神义论：附单子论》，朱雁冰译，生活·读书·新知三联书店 2007 年版，第 481 页。）

② 弗朗西斯·赫伯特·布拉德雷（Francis Herbert Bradley, 1846—1924），英国哲学家，自 1876 年起在牛津大学担任教授。

③ 弗朗西斯·布拉德雷：《表象与实在》（1893 年）；德译本《表象与实在》（*Erscheinung und Wirklichkeit*, Leipzig 1929.）。《逻辑学原理》（*principles of Logic*, 1883/1922）无法找到《逻辑学原理》的德译本。

④ 自古希腊以来，人们一直用θέσει/φύσει[thései/phýsei]的对比来讨论自然[phýsei]和单纯由人类设定的习俗[thései]的关系。

⑤ 见本书边码第 143 页。

⑥《认识论元批判》第三章的标题是"关于诸认识论概念的辩证法"。（Vgl. GS 5, S.130—189.中译参阅阿多诺：《认识论元批判》，第 110—163 页。）

⑦ 见本书边码第 100 页以上。

⑧ 达姆施塔特社区研究由 9 本专著组成，由社会科学研究所和法兰克福社会

研究所于1952—1954年合作完成,阿多诺参与了一部分,他和马克斯·罗尔费斯共同为这些专著写了导论。阿多诺在接下来的讲座中提到的研究是题为"行政机关和市民"的第8本专著,标注的日期为1952年2月。阿多诺的导论刊印于GS 20·2,第634—639页。

⑨ 这项研究没有得到查证。

⑩ 录音转抄在这里提示缺失。

⑪ 阿多诺提到了"企业氛围:鲁尔区工业社会学研究;美茵河畔法兰克福,1955年"这项研究,他为该研究撰写了一篇后记,但这篇后记没有随研究一起出版。现在这篇后记可以在GS 20·2中找到,标题为"企业氛围和异化"。

⑫ 马克思在《资本论》中首次使用了"性格面具"的概念,在那里他从对商品的分析转向了对交换过程的陈述。由于"商品不能自己到市场去,不能自己去交换"[Karl Marx, *Das Kapital*, a. a.O.(s. Anm.12), S. 99.中译参见马克思、恩格斯:《马克思恩格斯文集》(第五卷),人民出版社2009年版,第103页],这种陈述使得包含人类能动者——商品占有者——成为必要。当马克思在这种语境中首次从商品占有者那里引申出人格概念的时候,就已经带着批判的意图了:既是对资产阶级实定法人格概念(这个概念是被财产界定的)的批判,也同时是对只反映历史上已经存在的经济关系的法权概念的批判。通过这种方式,已经以商品的形式被给出来的颠倒——通过这种颠倒,人们将其特定的历史社会条件看成是事物自然的和先行的属性——扩展到了人与人之间的关系上。因此,马克思提出的人格概念代表了一种异化的存在方式,在这种方式中,人们只能作为先行于他们经济功能的化身才能成为"人格",在这种方式中,他们被独立的事物关系指派了一个剧本中的角色(在古代的戏剧中,角色是通过面具显现的)。因此,马克思继续说:"在这里,人们彼此只是作为商品的代表即商品占有者而存在。在研究进程中我们会看到,人们扮演的经济角色不过是经济关系的人格化,人们是作为这种关系的承担者而彼此对立着的。"[Karl Marx, *Das Kapital*, a. a.O.(s. Anm.12), S. 99 f.中译参见马克斯、恩格斯:《马克斯恩格斯文集》(第五卷),第103—104页。]关于"个体""角色"和"性格面具"三者的关系,见第十一讲,注释①—③。

⑬ 阿多诺接下来报告的成果和主题是在《论流行音乐》一文的草稿中形成的。(Vgl. NaS·I, S. 402—410.)阿多诺提到的"困难"可能指的是阿多诺和保罗·拉察斯费尔德(Paul Lazarsfeld, 1901—1976)的争论,即两个人在为普林斯顿无线电研究项目工作期间关于经验性社会研究方法和目标上的争论。阿多诺参与的研究项目最初只是为了通过记录听众的偏好和反感来编排音乐节目,从而使尽可能多的听众尽可能长时间地收听广播并消费能使节目组赚钱的广告。

⑭ 见本书第122页以及第十讲,注释①。

第十三讲

（1958 年 7 月 8 日）

184 女士们，先生们：

在我看来，在我用某些追问第一者的问题的模式首先向诸位阐明了我曾称之为辩证法的苛求之后，我便没有更好的办法向诸位呈现证明辩证法展现出的特殊困难和这种苛求，除非我现在实际上迫使辩证思维去面对经典的游戏规则，直到今天，这些规则——人们大概可以说——在很大程度上都毫无争议地是科学思维的基础，而科学思维毫无疑问就是在笛卡尔《谈谈方法》(*Discours de la Méthode*)开篇找到的那四条规则。[①]虽然诸位可以说，这本质上涉及一种唯理论的哲学，但我现在根本不想着手讨论唯理论或者经验论的问题，虽然这些问题隐含在笛卡尔的规则中，毋宁说，我想本着一般科学方法的精神与诸位讨论笛卡尔的规则，因为，请诸位暂时相信我，对一般的科学方法来说，这些规则的约束力远远超过诸学派之间的差异。也许我可以说，唯理论和经验论之间的差异一般来说根本没有经常出现在国家大学毕业考试题中的那种僵化形态，毋宁说如果诸位读了点培根[②]和笛卡尔，那么有整整一段话诸位都不能确定出自谁的手笔，因为一般科学的精神在这里被证明要比特殊哲学流派的精神更加重要，并且科学的精神首先正是方法的精神。

给出第一条规则的笛卡尔的著名要求,就是清楚明白的知觉(clara 185
et distincta perceptio),也就是清楚明白的(deutlichen),或者更好地说:明晰的(distinkten)的知识,在笛卡尔的表述中,它涉及的应该是一般来说所有可能的认识对象。* 因此在笛卡尔那里,一般来说根本没有在感官事物和理念表象或者精神事物之间作出区分,毋宁说思想以极大

---

* 本讲中出现了几个容易混淆的概念:klar,deutlich,distikt,evident。klar 翻译成"清楚的"。distikt 词根有"辨析"的意思,强调界限性、区别性,意为"判然有别的",翻译成"明白的"。德语一般用 deutlich 来翻译 *distincte*,两个词的含义基本一致,但为作细微的区分,我们分别将 deutlich 和 distikt 译为"明白的"和"明晰的"。至于 evident(Evidenz)则源于现象学传统,尤其是胡塞尔对该词的使用,现象学界通常翻译成"明见的(明见性)"。胡塞尔将明见性理解成"在最广泛的意义上,明见性乃是关于存在者和如此存在者的一种经验,即一种对某物本身的精神性的看(Es-selbst-geistig-Gesicht-Bekommen)"(参见胡塞尔:《笛卡尔式的沉思》,张廷国译,中国城市出版社 2002 年版,第 16 页),明见性"实际上就是这个直观的、直接和相即地自身把握的意识,它无非意味着相即的自身被给予性"(参见胡塞尔:《现象学的观念——五篇讲座稿》,倪梁康译,商务印书馆 2017 年版,第 71 页)。这表明,胡塞尔在使用明见性这个词的时候,明确将它区别于心理主义或者感觉论所谓感觉上的清楚明白,而是指明晰、透彻的直观本身,后者是一切真正知识的基础和正确性最完善的标记。

笛卡尔在《哲学原理》当中曾区分过"清楚的"和"明白的"对象。所谓清楚的(clear)对象,就是"明显地呈现于能注意它的那个心灵的对象,就如一些对象如果呈现于观察它们的那个眼睛面前,以充分的力量来刺激它,而且眼睛也处于观察它们的适当位置,那么我们可以说自己是清楚地看到了那些对象";而所谓明白的(distinct)对象,则是"界限分明与其他一切对象厘然各别,而其中只包括清楚内容的一个对象"。(参见笛卡尔:《哲学原理》,关文运译,商务印书馆 1958 年版,第 17 页,译文根据英译本有改动。)在这里,清楚明白的对象主要涉及处于静观状态下主体和对象的关系,而"眼睛"的隐喻在这里已经预示着知识的一种"古今之别",即笛卡尔的科学模式将知识的基本单位界定为直观到的、在其背后无可追溯的最清楚的东西,而没有像德国古典哲学那样在知识的推论性(Diskursivität)当中考虑主体先验概念框架对知识对象的构成性作用。某种意义上阿多诺也从这个维度批判了笛卡尔"清楚明白"的教条,例如下文中用感官(尤其是眼睛)和所谓直接被给予物/感性确定性相互依赖的辩证法对这个教条的拆解(见本书边码第 190—191 页)。阿多诺的这条思路甚至延续到了 1962—1963 年冬季写的《晦涩,或者该如何阅读黑格尔》一文,在那里他认为笛卡尔"清楚明白"的教条关于眼睛的隐喻、对几何学空间的模拟无疑是从感性确定性中引申出来的,而对这个教条的不满引发了莱布尼茨关于微积分的发明以及康德对观念和表象之上的意识的讨论。(参见阿多诺:《黑格尔三论》,谢永康译,上海人民出版社 2020 年版,第 74—83 页。)——中译者注

的广度完全提到了客观知识。我将直截了当地为诸位朗读笛卡尔那里的表述。他将这些规则归功于他曾下定的决心。“我知道,法令多如牛毛,每每执行不力;一个国家立法不多而雷厉风行,倒是道不拾遗。所以我相信,用不着制定大量规条构成一部逻辑,单是下列四条,只要我有坚定持久的信心,无论何时何地绝不违犯,也就够了。”③ 在这里我想立刻提请诸位注意决心、意志行为——用哲学后来的语言来说:主观设定——在这里扮演的角色。确切来讲,在这些规则的总体中重要的是,人们坚定地以统治自然的精神行事,使用连贯的、内在一致的精神手段,而不是让思维就其自身而言依附于它的事物,依附于一个对象。在我看来,这里真正说来就是唯理论的特点之所在,其程度远远高于理性认识和感性认识之间通常而琐碎的区分。诸位在这里已经能够看出,这个思想是这样的,一种方法在本质上是通过坚定不移地执行来自精神的秩序的意志来决定的,与此相反,被动的、自身—依附的、跟随—事物—本身的思想以一种奇怪的方式退居二线,如果我可以在这里预测
186 一下的话,可以说,辩证法真正说来是一种以彻底符合唯理论和理性主义传统的方式去解除一贯性思维的力量的努力,但这股力量同时也应该受到下述事实的约束,即它是用认识真正指向的诸对象之本质来加以衡量的。这应该是最主要的区别。

他设定的规则的“第一条是:凡是我没有明确地认识到的东西,我绝不把它当成真的接受。也就是说,要小心避免轻率的判断和先入之见,除了清楚分明地呈现在我心里、是我根本无法怀疑的东西以外,不要多放一点别的东西到我的判断里”④。我相信,如果有人一般性地问诸位,在诸位的科学中要求他的是什么,那么就会得出一些与此大同小异的东西,并且我也不是很想在诸位面前贬低包含在笛卡尔原理中的伟大动机,也就是反对单纯教条式地接受某些东西的动机,关于这些东西我甚至作为一个自主思考的人都不曾认识到。因此,当有人说我应该摆脱某种偏见的时候,这种说辞针对的显然是认识论的神学专制

(Bevormundung),这种专制应该是仰仗着某些教条般固定的命题的支撑,而不借助理性对这些命题进行反思。顺带说明一下,“轻率”这个表述也颇有这种思维的特色;我不应该轻率地思维,而某种程度上应该慢慢来。一个非常资产阶级的观念还可以从诸如凯勒的话“真理不会从我们身旁溜走”⑤中表达出来,并且——我还想事先说明,这里蕴含的内容要比从这些看似无害的词句中得出来的多得多——这在根本上已经蕴含了真理和时间应该说毫无关系这种想法。我不应该轻率地思 187
考,这意味着如此多的东西,例如:我应该长久保持冷静地思考,直到真理的永恒内核呈现在我面前;它既不包含这样的思想,即真理本身可以有某种诸如时间或者速度的东西,这也是接下来我所要求的东西——一个思维者知道,思想事实上是有速度的,并且某种思想的传播与思维的强度很难协调一致,它在这里也不敢贸然去这样思维,即对思维本身而言,如下情况可能是本质性和构成性的:思维迫不及待,它必须匆忙行事,因为它必须现在就发生,要么像有人曾经说过的那样,一百年后才发生。⑥

我告诉诸位这些事情,只是为了向诸位表明,在跟笛卡尔(当然,这更适用于黑格尔)一样伟大的哲学家那里,我们经常会发现一些读起来不言而喻的表述,然后人们就会略过不读,实际上如果人们在其具体的差异中理解了这些表述,也就是说,如果人们能够在这些表述中觉察到它们在这里所讨论的思维内部所拥有的价值(这种价值往往赋予这些表述一种完全不同的力量、一种不同的意图),而不是简单地阅读它们,并不将其引向它们想要被引向的那个思维的中心的话,那么这些表述将包含无限丰富的内容。在对哲学自身的研究当中,情况同样如此,正如我曾尝试向诸位描述一般的辩证法,即真正说来只有当诸位真正知道了整体,才能够理解一般的个别环节,因此,只有当诸位已经知道了激情,特别是也知道了整个笛卡尔哲学争论的立场时,才能够在更深的意义上理解诸如笛卡尔的规则这样的东西。但是,如果人们只是像阅

188 读某种没有预设的东西(以理解它)那样简单地阅读这些句子,那就无法理解这些表述。在哲学中——我几乎想说:根本不存在什么无前提的知识,并且我不得不小心翼翼地让诸位作好准备,即在这样做的时候我们当然已经有点违背了我刚才向诸位朗读的那句话,因为在其中自然已经有某种偏见了。善良的笛卡尔如果听到我现在要求诸位去解释他的著作,一定会感到吃惊,并会说,他希望纯粹按照他思想的顺序来理解,就像他把思想呈现给我们的那样来理解,并且把任何其他的东西放进他的思想事实上都已经是一种偏见了。尽管如此,只有当诸位在某种意义上记得整个笛卡尔哲学时,诸如"避免轻率"和"不带偏见"这样的表述一般来说才能在哲学上得到理解。而我会说,诸位不是简单地阅读当场写就的东西——当然,诸位必须阅读这些东西——,而是懂得如何在其特殊的分量(Gewicht)中去阅读它,一般来说这就是哲学理解和哲学阅读的艺术。如果诸位带着斯宾诺莎和其他唯理论者带给诸位的信念,以斯宾诺莎的定义去阅读斯宾诺莎《伦理学》的开端⑦,认为只需要去掌握这些定义并从哪里开始,整部《伦理学》就可以在一个演绎的过程中展开自身,那么如果诸位是真诚的,也许就会发现,这些对实体、样式、属性的定义显得相当任意,真正说来诸位根本不知道它说的是什么。相反,如果诸位从一开始就将《伦理学》开端对实体的定义关联到笛卡尔两种实体学说造成的无限困难的境地(也就是说,在这种情况下,他已经不太可能假定两种实体根本上说可以相互沟通)——换
189 句话说:真正说来这涉及一种出于理性的力量将分裂的世界(这个世界已经被反思分割为内在于我们的世界和外在于我们的世界)重新融合为一的努力——那么通过这样一种知识,诸位在《伦理学》开端处发现的那些规定会立即呈现出完全不同的意义。

但现在我只还想对笛卡尔著名的定义进行补充,即清楚的知识被理解为对象本身对诸位来说完全是明见的,也就是"自明的"(*évidemment*)。换句话说:被诸位判别为真实之物的事态(Sachverhalt)直接摆在诸位

眼前,除了在这个纯粹的明见性(Evidenz)中呈现给诸位的东西之外,诸位不需要相信任何其他东西,而人们习惯于用"明白的"(deutlich)来翻译的东西,即知识的明晰性(Distinktheit),涉及的则是诸位眼前的对象和所有其他对象的区分。如果我已经向诸位强调过,辩证思维跟一种对绝对第一者的思想存在矛盾,那么我们可以在这种看似如此不言而喻的要求(只要我们在哲学上不是病恹恹的,就总会在自己的认识过程中也会天真地遵循这个要求)中将认识论具体化。因为,在其自身被给予性方面对我来说绝对清楚的东西,绝对明晰的东西,也就是绝对区别于其他任何应该在理智上或者感性上被给予我的东西,的确相当于一个在其背后无可追溯的绝对的最终物,因为它的明见性——这是明见性概念的一般意义——恰恰在于它不需要这种追溯。因为任何此类的追溯就其自身而言也必须重新诉诸明见性,不存在一个其他的真理标准,因此某种程度上诸位在这里抵达了传统逻辑学告诉诸位的绝对基础,诸位现在根本没有办法超越这个基础。⑧

辩证法对这个命题提出质疑。但辩证法并没有对这个命题提出这 190
样的质疑——这又是辩证思维的一大特点——辩证法,正如诸位可能开玩笑地认为的那样,要求人们不应该去清楚、明白地思维,而是不清楚、含混地去思维。我并不想否认,有些辩证法家的思维有时候就是这样的,但诸位可以相信我,辩证逻辑的任务在任何情况下都不在于带来和提升这种思维。毋宁说,或许人们最好可以这样来表达,当人们首先特别严肃地对待笛卡尔的这个要求并非常严格地遵循它的时候,就会认识到这个要求本身并不具有它赋予自身的那种绝对约束性的特征。这事实上就是辩证法的方式。对一个对象的辩证知识由此不同于对它的原始知识,即人们——正如人们(我乐意把自己算作其中的一分子)经常说得那样——切近地观察事物,或者——我几乎想说——凝视对象良久,就会发现,笛卡尔相信它具有的那种绝对的明确性(Eindeutigkeit),真正说来根本不存在。因此诸位会发现,如果诸位依靠一种意识的纯粹的感性确定性，现在所有进一步的知识都依赖于它，然后诸位想由此出发搭建起事物的世界，那么根据其本身的意义和特征，这种被给予性本身就需要某种类似于感官的东西。如果脱离了与眼睛的器官关联以及与之相关的一切，诸位就根本无法设想传统被认识论假定为直接被给予物和直接被给予物的形态的视力知觉的概念（den Begriff der optischen Wahrnehmung）。如果与眼睛的关联，进而与眼睛所属的身体和器官的关联，不同属于作为一种直接知识的可视物的特征，诸位
191 就无法设想任何可视物。但是另一方面，认识论说，诸位应该首先将身体规定为一种功能性的关联，一种对于一般可能的感性知觉来说合乎规律的关联。所以诸位会发现，实际上如果诸位在这里仅仅把感性的被给予性认作最终的权利源泉，那么它就已然被反而应该被他产生出来的东西中介了。反过来说，如果没有这种原初的感性被给予性的环节，诸位当然也就不能再谈论感性器官了。因此，这里所涉及的环节，甚至在这个基本的例子中也不处在第一物和接续物（Anschließenden）的关系当中，而是处在一个互为条件的关系当中，并且如果我们想要说出感性知识的真理，这个真理不会是"感性知识是通过眼睛获得的知识"，也不会是"感性知识首先是对颜色的感觉"，毋宁说属于真理的东西和真理所包含的东西一般而言首先在于，相互关联性（Verflochtenheit）、这种关系的相互交织被根本性地表达出来。但是，当诸位上升到这一点的时候，就会得出如下结论，即清楚明白的知觉这个要求如果被严格遵循，也正会通过这种遵循而自身消解。

在上次与实证主义划清界限之际，我曾告诉过大家，辩证法本身也包含着一个实证主义的要素，亦即微观逻辑的要素，也就是投身于最小的细节（Sich-ins- Kleinste-Versenkens）的环节。也许诸位可以在这里，在我刚才给诸位提供的模式中更准确地看到我真正的意思，也就是说当人们迷失在个别的被给予物中时，当人们长久地持守在被给予物面前，直到它本身完全呈现在人们眼前的时候，这些被给予物也就不再是

一个静态的、给定的最终物了,而是由此将自身揭示为一个动态的东西,一个过程和一种变易,正像我刚才在感性器官和感性被给予性两个 192
环节相互生产性的例子中试图向诸位展示的那样。笛卡尔那里的教条,以及诸位通过这种考虑遇到的东西——我相信,这实际上是对他的这些规则的批判,尽管这种批判只有通过遵循这些规则才能获得——是以下内容:笛卡尔的观念背后有某种教条,这对我们来说似乎是不言而喻的,也就是说,我们认识的诸对象,甚至是真理本身,都自在地拥有我们通过方法,也就是通过我们应该清楚和明白地认识一切事物的要求带给它们的那种形态。只有我们清楚明白地认识到的东西,对我们来说才是真实的,这条规则虽然对保护我们的认识免遭错误和混乱的影响来说是必要的,但它本身并不像这些哲学家们总是假设的那样,具有某种本体论的意义,也就是说,它根本没有告诉我们,我们所认识的事物本身是否是清楚明白的,是否是一种自身单义的东西,是否是一种自身绝对清楚地区别于所有其他事物的东西。如果诸位曾经强调过这个环节,即如果我正确地观察对象本身,它自身是运动的,如果我在它身上考虑得时间足够长,僵化的东西在某种程度上就像在显微镜下那样开始聚集,从这点上也可以得出,对象本身同与它相联结的诸对象的区别,正如它在明白性的假设那里被给出来的那样,也绝不像它在传统思维中所呈现的那样简单;毋宁说,当对象本身在认识的目光下被证明为一个运动着的东西、一个功能性的东西的时候,原因正在于对象不是自身等同的,而同时也总是一个他物,已经是同他物联系了的;因此,虽然对象区别于所有其他事物,但这并不是绝对的区分。现在,笛卡尔的规则身上的错误在于,该规则默许了外延逻辑(Umfangslogik)的传统 193
概念秩序,即分类的概念——这个就是这个,那个就是那个,我必须抨击这个,我必须抨击那个——就好像这真正说来也是认识本身也必须遵循的秩序一样。而如果没有这种方法,我们事实上就会陷入混乱和困惑,但我们必须再次推动这种方法,直至我们就此得到对象本身,因此思维使事物而不仅仅是一个自足的秩序得到公正的对待。人们其实可以说,辩证法一般而言就是这样一种程序,它使我们对秩序产生怀疑,或者应该武装自己来反对秩序,我们为了自己灵魂的安宁而把这套秩序覆盖在对象身上,从而将它和事物本身的性质混淆起来,并且引导我们将这种秩序如此长久、如此执着地同对象对峙起来,直到我们达成一种认识形式,在这种形式中我们主观的认识形式和事物自身的本质真正说来据说是相符的。

诸位在这里会问我:“那么人们应当如何思维?”我相信,诸位不会期待我为诸位提出一种反对笛卡尔的“谈谈方法”,并且告诉诸位正确的思维现在看上去应该是什么样子。这样一种尝试——我想这是显而易见的——本身就处于对唯一正确的方法的那种迷信的迹象中,而我们真正说来正是想要通过我们当下进行的反思来摆脱这种迷信。但是,关于那些针对不轻易屈服于秩序图式之强制的思维而提出的反对意见,我们当然也不是完全没有反抗能力的。因为在我们身上的确也有理论经验统一性的要求。而导致这种认识的道路不是一闪之念的随
194 意性(Beliebigkeit),也不是诸个别环节的秩序中抽象的一致性,而恰恰是理论形成中的统一性。或许人们最好可以用这样的方式去解释,即思维本身实际上不是一块白板(tabula rasa),因而不是人们作为某种完全空洞和无规定之物带给事物的东西,思维不像人们通常说的那样,是“纯粹的”。在这种纯粹性当中,思维恰恰首先被一种方法的要求所歪曲,这种方法据说是完全独立于它的事物的,并且它想在某种程度上首先将事实性的环节从工具中剔除出去。毋宁说思维本身,就像我们具体地思维的那样,或者像我们作为活生生的人事实上思维的那样,真正说来根本不是某种孤立的东西,而是某种真正交织在我们经验的整个过程中的东西。我想说——如果我可以冒险在这里给诸位一个关于人应该如何思维的更积极的指导的话,相对于单纯排序和分类的思维,名副其实的理解的思维是这样一种思维,它根据我们自己产生的诸对象

的鲜活经验来衡量自身;因此它是一种必须理所当然地坚守概念秩序这个环节的思维——因为没有概念,我的确无法思维——,因为它不断地迫使概念性规置的环节面对我们一般地产生的鲜活经验,并且出于这两个环节的张力,即概念秩序与概念本身也总是从中产生出来的前概念经验之间的张力,在对事物和思维本身不断反思的过程中,最终超越了单纯外在地将事物囊括到自身之下的思维。

真正说来这将有悖于笛卡尔的公设。或许对诸位来说,某些这样的事物会在他的第二条公设那里变得更加明确。第二条规则是:"把我所审查的每一个难题按照可能和必要的程度分成若干个部分,以便一 195
一妥为解决。"[9]我在这里首先想告诉诸位一个很日常的经验,即真正说来解决困难之道并不在于,我总是把困难的问题回溯到简单的东西。这里在根本上已经存在一些对差异之物、对过于复杂之物的憎恨,这种憎恨如同一团阴影,以一种奇怪的方式伴随着西方的主体主义和理性主义。世界越是变得合理,我在其中某种程度上就应该越是不能进行思维,这就是说,一切最终都必须被降格为十分简单、十分无思想和十分无概念的要素,而在此这样的要求完全忘记了,如果实际上只剩下最简单、最基本的东西,那么对象本身(其复杂性是我真正想要理解的)就已经从我手里溜走了,我实际上已经错失了对象,并且对我们来说剩下的无非就是我把事物肢解成的琐碎事物了,而真正作为一般认识对象而刺激我的东西,我认识的目标真正指向的地方,那构成对象精粹的东西,已经通过这种方式被拿走了,真正说来根本不复存在了。当然,没有要素分析也是不行的。我已经跟诸位详细地谈论了整体和部分的辩证法,无论我在哪里遇到一个作为直接性的单纯整体,如若它没有得到阐明,我都不能让它停留在这种整体的状态中。我刚才试图用微观逻辑思维的概念加以把握的东西,也就是对一个给定对象的坚持,在某种意义上意味着,整体性作为一个知识对象呈现给我的东西被消解[10]为诸要素,并且对我来说,所谓清楚明晰的被给予物溶解在其中的运动,

196 真正说来无非是这个整体本身证明自己是由部分组成的现存物，而不仅仅是它据说可以被还原回去的那些部分的总和——关键在于——这些部分本身恰恰形成一种相互的关系，它们处于一种互相的动态关系之中，而如果诸位停留在这个单纯的整体上，不加区分地，不将[它]拆解为诸个别事物就采取措施，那么仅凭对这些部分的陈述，整体真正说来反而不能被把握到。

诸位在这里可以非常明白地看到，将自然科学的理想转移到哲学身上是有问题的，因为哲学在这里或许——我想稍微谨慎地说——已经远远地落在自然科学后面了。我想在这里至少斟酌这样的思想，即自然科学思维和哲学之间的相互理解的困难，似乎正是自黑格尔以来才变得真正无法克服，这与下述事实相关，即自然科学对自身的哲学反思并没有完全公正地对待其所做所为，这就是说，自黑格尔以来，自然科学真正说来根本没有找到一种反思，而自然哲学——人们称之为自然哲学的东西——一般来说无非是对自然科学的思考所遵循的规则和程序的抽象说明，而这现在的关键确切说就应该是在这个意义上去理解这一程序本身并遵循之。像笛卡尔式的要素分析的这样一种规则当然来自数学化的自然科学领域，也就是说，它是这样一种规则，这种规则在本质上涉及所谓圆锥曲线的解析处理，它试图将这些圆锥曲线代入方程，并力求最终还原为它的部分要素。但是，只要我在某种程度上
197 正确地俯瞰自然科学，那么它在本体论上就根本不相信，一切复杂的东西和复合的东西都必须追溯到自在的简单要素，毋宁说自然科学本身仅仅将那个在每种情况下都自然提及的要素分析过程再度看作一种模式，也就是说，只看作在意识的范畴秩序中确保事物本身的一种努力，而没有就此在每种情况下都提出如下非分之想，即这种简单的和基本的东西真正说来和事物本身在本质上是相同一的。与此相反，那些众所周知总是和事物的本质打交道的哲学家们现在提出，仿佛自然科学必然会使用的这些秩序概念本身就已经是一种自在的事物的秩序，也

就是说,仿佛整体只是简单地由部分构成,而实际上整体和部分是以我向诸位详细描述的方式相互产生的。

我刚才向诸位解释的东西,真正说来无非是向诸位指出,我们在辩证逻辑上对整体和部分关系所作的相对广泛的考虑,现在事实上有了一个结果,即这种考虑不是简单的哲学思辨,毋宁说它对事实上认识的方法来说有一个结果,这就是说,诸如被理所当然地还原为部分这样一种要求,并不具有它在笛卡尔哲学中被赋予的那种普遍的约束性和绝对规范性的特征,毋宁说为了把握这些部分,它们的动态关系、它们之间的相互关联(Aufeinander-sich-Beziehen)也必须被考虑进来。这让我有机会提请诸位注意辩证法的一个环节,我们迄今为止或许忽略了这个环节,但它使诸位更好地了解了这个说法,即它应该意味着辩证思维不是一种抽象的哲学体系,而是内在于活生生的认识当中。也就是说, 198
辩证法有一个特点,即它其实不承认哲学与个别科学的分离。在过去的几个世纪里,由于科学的发展,哲学一直处于防御状态,哲学其实认为它必须坚持自己作为一个独立于科学并超然于其上的领域。这样一来,哲学本身就以一种奇怪的方式变得贫乏了,这种方式如今在存在的形而上学中以非常决然的方式证明了,它最终堕落为单纯的同义反复。但在这点上,哲学相对于知识实际上也显示出一种软弱无力,如果哲学应该真正并且严肃地以另外一种要求出现,而不是一种单纯的礼拜日形而上学(Sonntagsmetaphysik)或者单纯的秩序体系,就需要克服这种知识。如果哲学实际上是一种哲学,那么它必定意味着哲学动机本身渗透到关于事物的质料性知识之中,而不是把关于事物的质料性知识留给个别科学——即便是形式科学。例如,如果我在哲学中批判定义,这并不意味着我尽管作为一个哲学家,在第四讲第五讲中向自己保证,定义是件成问题的事情,但随后我来到法学的研讨班,却仍然简单地定义那里发生的犯罪事实概念,或者在那里经常被使用的概念。当然,也有这样的要求,即关于思维和事物的关系或者关于定义问题的知识,所

有这些事物实际上也都被丢进个别科学的认识程序当中;也就是说,哲
199 学、辩证法,如果它一般来说应该有意义的话,就不是无害的东西,它不是一种专注于自身的单纯的哲学;毋宁说,它对所谓自然的,即非自然的和常规意识所进行的反思,本身也要求人们在一个非常基础的意义上重新思考它对个别科学知识的态度,因此人们把在哲学反思中获得的知识,现在也作为一种对自己工作进行反思的知识一道带入个别知识之中。我将会说,这种运动,这种批判性的运动,实际上刻画了个别科学家首先真正要从辩证法身上学到的东西,而这真正说来是最为关键的东西。

注释

① 勒内·笛卡尔(1596—1650),哲学家、数学家和自然科学家,被视为现代理性主义的奠基者。他的著作《谈谈方法》出版于1637年。

② 弗朗西斯·培根(1561—1626),政治家和哲学家,被视为近代英国经验论的奠基者;关于他的著作,参见第十五讲注释②和注释③。

③ 显然,阿多诺在这里读的是他自己的版本(Nachlaßbibliothek Adorno 98):René Descartes, *Philosophische Werke* (2 Bde.), 1. Bd: *Abhandlung über die Methode* u. a. Schriften, übersetzt und mit Anmerkungen hrsg. von Artur Buchenau, Leipzig 1922, S. 14 f.中译参见笛卡尔:《谈谈方法》,王太庆译,商务印书馆2000年版,第15—16页。——在录音转抄中,引文最后一个词是"verletzen",而不是"verfehlen"。依据原文进行了修订。

④ Descartes, *Abhandlung über die Methode*, a. a.O.(s. Anm.199), S. 15.中译参见笛卡尔:《谈谈方法》,第16页。——德语版中的法语表述"*évidemment*"是德译者添加的。

⑤ 可以认为,阿多诺本人在这里并没有直接引用戈特弗雷德·凯勒的话,而是想到了瓦尔特·本雅明在他历史哲学的第五条论纲中加入的一句话:"过去的真实图像倏忽即逝。它只有作为在其可察觉的瞬间闪现而又永不复返的图像才能被捕获。'真理不会从我们身旁溜走'——这句出自戈特弗雷德·凯勒的话,确切地描述了历史主义历史观中被历史唯物主义穿透的地方。"[Benjamin, *Gesammelte Schriften*, a. a.O. (s. Anm.26), Bd. 1·2, hrsg. von Rolf Tiedemann und Hermann Schweppenhäuser, S. 695.]这段凯勒的引文现在也成为本雅明研究的固定套路,并且远远超出本雅明研究的范围,但对于戈特弗雷德·凯勒来说,这段话无法得到证实。很可能瓦尔特·本雅明在这里只是凭记忆引用的,这句话也成为混淆的牺牲品:这句

话可以在陀思妥耶夫斯基1913年的小说《罪与罚》的勒赫尔译本中逐字找到,——编者不相信这只是一个巧合——本雅明于1934年,与戈特弗里德·凯勒的《箴言》同时——在德拉厄/斯文堡(Dragör/Skovsbostrand)——读过这本书。[Vgl. Walter Benjamin, Verzeichnis der gelesenen Schriften; in: Benjamin, *Gesammelte Schriften*, a. a. O.(s. Anm. 26), Bd. 7·1, hrsg. von Rolf Tiedemann und Hermann Schweppenhäuser unter Mitarbeit von Christoph Gödde, Henri Lonitz und Gary Smith(1989), S. 468.]在这本书第三部分的第一章中,严重酗酒和愤怒的拉祖米欣用以下这段话为自己的个性辩护,并在与人类特权的关联中谈论胡说:"通过谬误才可以得到真理!因为我胡说八道,所以我才是人。要不犯十四次,甚至一百一十四次错误,就不会得到任何一个真理。这从某种观点看来是光荣的;……你可以向我胡说八道,但是要照你自己的意思去说,那我就会吻你。照自己的意思胡说八道比照别人的意思说实话甚至还好些。照前一种情形去做,你是一个人;照后一种情形去做,你不过是只学舌的鹦鹉!真理不会逃走,可是生活却可以被封锁;有的是例子。"[F.M. Dostojewski, *Schuld und Sühne*, übers. von H. Röhl, Leipzig o. J.(1913), S. 307.中译参见陀思妥耶夫斯基:《罪与罚》,朱海观、王汶译,人民文学出版社1986年版,第265页。]

⑥ 引文无可稽考。

⑦ 见第十讲注释②。

⑧ 目前尚不清楚,是否因为录音转抄所参照的磁带更换在这里造成了缺失。

⑨ Descartes, *Abhandlung über die Methode*, a. a.O.(s. Anm. 199), S. 15.中译参见笛卡尔:《谈谈方法》,第16页。

⑩ 将"ausgelöst"修改为"aufgelöst"。

第十四讲

（1958 年 7 月 10 日）

200 女士们，先生们：

在上一讲中，我们致力于对要素分析命题进行辩证的批判。显然，我的意思[不是说]，人们不应该进行诸如分解对象之类的事情，[而是说人们]必须进行分解，因为对一个被给予物的每种规定同时也是一种限制，就此而言每种规定必定已然意味着诸环节的凸显，而仅仅对抽象的整体性进行说明不仅是不充分的，而且从根本上说也是不可能的。如果我们在这里运用辩证的思维方式，那么我几乎可以说，通过以某种方式命名一个整体而掌握它的尝试已经包含了一种分析的东西，在这个范围内它便不停留于这个总体性，而是将整体性带到诸概念规定上，这些规定无论如何必然都不能被直接等同于整体，而是突出了整体的某些环节。说到这里，我想我也许能帮助诸位更好地理解我借批判要素分析真正指向的是什么。它真正说来是对要素拜物教的批判。正如一般从某种角度看，辩证的操作根本不意味着我们在认识某物时实际上进行的思维过程的变化，而是意味着我们在这个过程中进行的解释的变化。在某种意义上，辩证法无非是批判性地消解哲学命题的努力，借助这些命题——只要我们实际上不是非常介入性和激进地思维的

话——我往往会把我们本身的认识过程合理化,并在很大程度上误解 201
它。因此,在这里我想说,本质性的东西是,我们不相信如下这点,即通过服从为了把握整体就以某种方式去分解它这种必然性,据说就已经毫不费力地考虑到了事物本身。我们决不能相信,我们认识的必要性(它并不直接给我们一个整体,而只是通过概念操作的中介,必然地被划分成各个环节,这些环节总是被概念凸显为诸特征单元)真正说来就已经规定了事物本身。我相信,这对我们当前的认识过程特别重要,因为恰恰在今天,在行政思维、管理思维的要求下——这些要求的作用如今仍然深入精神最微妙的冲动之中——真正说来,把我们进行的认识的分解过程与知识本身等同起来的诱惑力是非常大的。在某种意义上,这就好比人们把分工的过程——正如已故的弗朗茨·博克瑙所证明的那样,认识过程的肢解直接采自分工过程的要素①——好比如果人们把这种分工的模式,也就是一种认识过程的组织形式,同事物本身的一种规定性混为一谈,那么人们就会相信,我们认识的这些劳动分工的环节与有待认识的事物本身的规定是同义的。

我相信,我提醒诸位注意,就可以用一个诸位在科学实践,尤其是在那些强调自己是经验科学的实践中[熟知]的概念来澄清这一点。这就是分解成诸因素、尤其是分解成诸法则的概念。在诸如曼海姆②这样毕竟不是没有接受过认识论训练的人那里,甚至也在马克思那里碰
到这样的情况,诸位将会一再发现普遍因素和特殊因素彼此不同,仿佛 202
一种普遍的东西在起作用,此外,某些特殊的所谓影响力或者特殊的影响法则也将加入其中。如果人们想在广义的社会科学领域内碰到一点诸如动机或者因果关系的东西,那么这样一种操作程序以及将事物分解为部分普遍因素和部分附加因素的做法,就是相当普遍的。但是毫无疑问,人们很容易被诱导将我们的抽象机制和概念秩序的产物实体化,也就是说,把它们当成真正说来好像就是事物本身那样来对待。例如——我在这里从马克思的理论中选择一个例子——如果人们声称有

某样东西可以解释诸如一般的阶级关系这样的社会进程，进而可以解释资本主义社会中自由雇佣劳动和劳动力商品的交换所产生的特殊条件，那么看起来在概念图式的基础上——首先，迄今为止的世界都是阶级斗争的世界；其次，我们生活在一个特定的时代，即资本主义社会——人们在某种程度上可以导出两个系列的因素，即普遍因素和特殊因素，然后[只]需要把它们组合在一起，就可以解释社会现象。当我这样对你说的时候，或许会让诸位觉得天真可笑，以致诸位完全不能理解我为了批判这种思维方式而付出的努力。但请诸位不要低估这种诱惑，在任何人们期望诸位为正在处理的现象带来概念秩序的地方，这种诱惑都会从被此类强加在诸位身上的秩序原则中产生出来。特别是对
203 分类的科学家（他们被敦促去比较他们的发现，把相同的东西汇聚在概念之下，并用不同的概念区分不同的东西，就像我们以前在科学实践中学到的那样）来说，以这种方式行事有非常大的诱惑力。当然，实际上情况并非如此，毋宁说现代资本主义社会服从的运动规律不是 a.阶级的普遍规律，也不是 b.当今普遍存在的阶级关系的特殊形式附加的规律，而是一个基本事实，即社会迄今为止仍是一个分裂的、一个不与自身相同一的社会，这个基本事实在自身中就蕴含着一股动力，一种相当特定种类的动力，这股动力后来恰恰在历史上涌现出来，或者在普遍存在于资本主义社会的阶级关系中，也就是说，在一个自由雇佣劳动和交换原则发展到普遍性的社会中找到它历史的具体化。如果除了这一规定性之外，再去寻找另一种为诸现象所服从的普遍的合规律性（Gesetzmäßigkeit），就是完全错误的，毋宁说这样一种普遍物本身就是通过我们所处的特殊情境得到中介的，而且在某种程度上仅仅在形式上暴露出来。在这里，我们也必须区别化地思维：例如，像剥削这样的事，像对异化劳动的占有这样的事，或者像交换这样的事——也就是说弱者在交换中抽到短签（den kürzeren zieht）的环节——一直都存在着；但这并不是说，这个已经存在并将存在下去的不变物（Invariante），现

在作为额外的东西被添加到单纯的逻辑明细表当中,毋宁说它本身已经展开为这个说明书。也就是说,如果人们在根本上严肃地对待事物本身的运动规律概念(根据我们曾听到的东西,这是辩证思维的一个必然的诫命),那么这种独立于其(通过发展而发现的)具体化的不变物假设就会失去其意义。因此,我们可以说,所有这些都属于一个存在阶级 204
和剥削的世界,但在这里并不存在对此的某种普遍法则,也没有适用于当下情境的特殊法则,毋宁说这些规则本身的本质是,它们将自身展开为适用于当下情境的法则。当然,这也是有可能的,并且这是一个[对]质料的辩证法、对辩证思维的内容来说都非常重要的问题,即在特定的历史情境下,过去的要素仍然存在,例如,就像欧洲和所谓后发国家(诸如德国和革命前的俄国)在很大程度上所是的情况那样,各种可能的封建残余都浸入资产阶级的原则之中,在这些残余中,阶级关系的特殊形式恰恰也再现出来。但是,相较于如今大行其道的特殊阶级关系,这些封建残余并不是更为普遍的阶级关系的代表,毋宁说它们不过是过去的历史进程遗留下来的一个阶段。

或许我可以借此向诸位说几句,谈谈辩证法对一般的发展概念的立场。我恰恰是就此提出一个问题,这个问题或许对发展本身的建构也具有某种意义。辩证思维作为一种处于矛盾和转化(Umschlag)中的思维,必然与线性发展、直接连续发展的观念相对立。过程——在这里我们主要处理的是历史进程——本身就是一个充满矛盾的过程,它正存在于矛盾的展开过程当中,这个事实从一开始就排除了直线的、不断进步的理念,正如它反过来排除了社会静态和不变的观念一样。相 205
对于历史的现实性,这或许是提供给辩证思维的最深刻的机会之一,即它不把遗留下来的非—同时物(Nicht-Gleichzeitige)看作一种历史进步坦途上的干扰因素,而是从发展原则本身出发,去理解与这种所谓的进步相对立,或者不适应于这种所谓进步的东西。如果像我们在这里已展开的那样,辩证法的表象事实上拥有这样一个时间内核,那么这就意味着它在本质上也是一种非同时的诸环节的辩证法，也就是说，它必须从时间性的发展中准确地理解那些(如果诸位愿意)历史上没有一同出现(mitkommen)过的东西。例如，如果可以在小资产阶级身上看到某些反动的思潮，这些思潮随后在德国法西斯主义的兴起过程中起到如此特别的作用，那么如果人们辩证地看待这件事情，就不应该也不能简单地把这些残留因素看作历史进程中的残余和结晶，相反，我们可以说面对着悖论性的、在一个突出的意义上的辩证任务，即从进步本身的运动中推论出——如果我完全极端地表述的话——遗留下来的东西。也就是说，进步的轨迹伴随着一群人被剥夺产业(depossediert)，这些人根据他们的出身和意识形态，肯定属于资本主义社会的领域，而现在他们却突然失去了他们的历史和意识形态所指向的这种资产阶级生存的物质基础。因此，这群知道或者作为可能性经历过物质上或者意识形
206 态上对他们更有利的生活的人，无论公正与否，无论如何都不能从社会的变迁中期望得到那种以过去来衡量的好处，他们就会被发展本身、被历史发展本身的轨迹变成“往事的赞美者”(*laudatores temporis acti*)，即变成那些在过往中寻求福祉的人，随后根据其意识被打回到过去的阶段。而在他们意识当中的这种倒退的趋势，随后很容易和最强大的社会势力合并，这种社会势力就其自身而言否定了通常的进步概念，因为这种进步的概念在真正意义上是资产阶级的，确实和自由思想(Liberalität)、个体自由相互结合，而这些势力出于我们在此无法分析的理由想要回溯到专制的统治形式，并且它们利用了一个托付给它们的、非常大的群体倒退的拉力。就此而言，人们可以说，恰恰是纳粹主义中最反动的事物，诸如“血与土”理论(Blut- und- Boden-Theorie) * 或者种族理论以及所有这些与虚假起源崇拜相关的东西，在某种意义上

* 血与土(Blut und Boden)，指民族的生存依靠血(民族的血统)和土地(农业的生产)，同时也强调农村生活的美德以及传统价值。这个思想源于19世纪末的种族主义和民族主义，是纳粹德国意识形态的核心组成部分。——中译者注

本身就是社会动力的功能,社会进步的功能,如果诸位愿意的话,也就是说大生产工业力量的真正增强。而辩证的历史理论的任务真正说来绝不能将那些没有同步的东西和那些残留下来的东西简单和静态地看成现在简单残留下来的东西和现在与运动对立的东西;毋宁说,如果这两个极端实际上像我试图让诸位理解的那样被相互中介了,那么静态和动态本身③在这里就相互中介了,也就是说,社会所谓的静态领域真正说来必须来自运动的趋势。我相信,让诸位搞清楚这一点并非没有用处,诸位可以在这里非常清楚地看出辩证思维和非—辩证思维之间的区别。非辩证的社会学将会说——曼海姆和其他人实际上已经这样 207
谈论了④:"一方面,存在动态的、活动的、进步的群体,即金融资本,在某种程度上也是工业特别是制造业,以及诸如此类的东西,另一方面,存在静态的、倒退的、保守的群体,例如农民;而社会只是简单地由以静态物和动态物所产生的一种[混合]⑤构成的,而静态物和动态物的产物就是我们必须去忍受的历史。"这种观点原则上是非辩证和肤浅的,因为它在很大程度上不仅没有认识到,历史上运动着的东西就其自身而言也包含过去的要素——所有人都会很容易地向诸位承认这一点,而且[它也没认识到]首先恰恰是相反的情况,即恰恰是这种顽固的(Beharrende)和静态的东西真正说来才是动力原则的功能。

或许我可以在这里提请诸位注意另外一种现象,即家庭的现象。家庭的确是一种天然的结合,这种结合真正说来与普遍交换的原则相矛盾。这就是说,个别家庭成员在家庭内部为别人做出的事情的确不能轻易用交换关系来表达。诸位尤其可以在事实上家庭仍然于某种意义上与物质生产过程相联系的地方,因而在农民家庭仍然作为劳动力发挥作用的农村,以及在这些非常小的经济单位在很大程度上总的说来的确只能通过——从客观—经济上看——家庭劳动的低报酬来维持一般生计的地方看到这点。我们很容易说,在一个彻底合理化的世界中,家庭几乎就是一座非理性的小岛,一座单纯天然性的小岛,一座单

208 纯传统主义的小岛，因此封建的过往仿佛仍然以家庭的形态延伸到我们的世界，正如在一个突出的意义上，家庭的概念事实上具有某种封建的东西。无论借此采取什么态度，如果人们在这里认为，家庭只是简单地作为一种残留在充分发展的交换社会中的东西，那将是一种肤浅的看待问题的方式。毋宁说，人们必须扪心自问，尽管存在这种不断增强的合理性，为什么家庭总的说来仍然有可能保持活力。目前，我想撇开这样的事实，即正如不同的社会学家——舍尔斯基[6]，连同强调其他重点的鲍默特[7]——所着重指出的那样，家庭本身正处在结构性的转变当中，并且正在越来越多地失去天然的特征，如果诸位愿意的话，前资本主义的特征。无论如何，即便在这些调整之下，家庭仍然保持着前资本主义的特征。在我看来，这个问题的答案并不在于，诸如家庭这样的东西具有一种更大的抵抗力——人们的确可以问，这种抵抗力在个别家庭当中是否真有那么大，任何了解心理学的人都知道，家庭团结是多么成问题，以及家庭会无一例外地给每个成员带来什么样的冲突材料——，毋宁说，为了能够理解我们一般社会中幸存下来的家庭这种陈旧过时和时代错位的东西，人们或许必须追溯到这样一个事实，即我们的社会，就其所有的合理性(Rationalität)而言，本身仍然是非理性的(irrational)，也就是说，这个社会仍然受利润的法则的支配，而不受满足人类需要的法则的支配，而这种非理性(Irrationalität)在某种程度上迫使社会在自身中维持着不合理的方面，因为在资产阶级社会的资产
209 阶级原则完全实现出来的、彻底合理化的地方，资产阶级社会——几乎可以说——就根本不再是一个资产阶级社会了，因为那样的话，就不再有位置留给在这个社会中作为经济行为动机的那些环节了。因此，只要进步合理的社会仍然被任意支配他人的异化劳动的非理性所束缚，那么它也必然被迫依赖于最多样化的非理性的机构的幸存，因此，这些机构虽然一方面是资产阶级社会的时代错位的表现，但是另一方面也是资产阶级社会本身所要求的，人们可能会抱有怀疑，资产阶级社会越

是纯粹地执行自己的原则,就越是需要这些不合理的机构,而我现在只是从中凸显出了家庭。在这里,人们或许还可以指出我们这个时代其他似乎强大有力得多的机构。

或许诸位可以从中看到,要素分析的概念被证明是异常危险的,甚至在概念物上也是如此。因此,如果诸位将我们的社会肢解成各种要素,例如大的经济单位,然后再把小经济单位添加进去,把诸如家庭这样最小的但不纯粹是合理的团体添加进去,然后把所有可能的机构都添加进去,并认为整个社会就是一种通过所有这些环节相互耦合而产生的地图,那么这样一种社会现实性的观念从字面上说就是一种错误的观念。也就是说,社会不是由这些要素构成的,而是就其自身而言以一种非常复杂的方式受制于一种功能性的关联,我在这里试图从这种关联中为诸位提出一个简约的图式。同时,或许诸位也已经从这个图 210
式中看出,这种关联实际上更多地是一种通过社会对抗得到中介的东西,而不是一种——有人说得好——整体性或者一种所谓的有机关联。相反:如果社会是某种东西,那么它更多地是一个体系,而不是一个有机体,但毫无疑问,这个体系是一个非同名物(Ungleichnamigen)的体系,一个合乎本质地矛盾着的体系。

我们现在想要讨论的笛卡尔的下一条规则是与连续性有关的规则。那么,第三条规则是:“按次序进行我的思考,从最简单、最容易认识的对象开始,一点一点逐步上升,直到认识最复杂的对象;就连那些本来没有先后关系的东西,也给它们设定一个次序。”⑧ 补充的这句话恰好精简地透露出理性主义的动机——作为一种工作上的假设——“我设定”。也就是说,为了使类似于科学秩序的东西成为可能,他预设了在认识对象本身当中存在着一种没有飞跃的(sprunglose)、连续的秩序,因为如果我们不作这样的假设,在某种程度上就根本不能问心无愧地搭建起一个科学的秩序。就此而言,笛卡尔在这里仍然有一种只有在最早和最晚的发展阶段才特有的那种伟大的诚实,因为他在这里说出了“好像”，也就是这个预设本身，而继他之后的哲学家们（从斯宾诺莎就已经开始，并且我绝不会排除我的黑格尔）更喜欢指望这一点，即把笛卡尔尚且公开描述为合理的秩序原则[9]的那种秩序毫不费力地（umstandslos）和教条式地真正归属给事物本身。我相信，听完我们所
211 听到的内容之后，我们首先可以保证，如果我们对辩证矛盾所作的考虑是令人信服的，那么一步一步的无飞跃的认识之路就不能一蹴而就，而是不间断地起作用。一步一步的程序是我们在自然科学或者传统的、实用的科学中熟悉的程序，特别是在处理对象（该对象本身事实上已经被尽可能地取消了资格，因而被尽可能地还原为无质性的、不能相互区别的环节）的科学那里，与我们通过秩序原则强加给对象的规定性相比，我们不必考虑对象本身的规定性。但是另外，在知识对象本身充满矛盾性的前提（这个前提是我们一直试图加以保证的，几乎不需要进一步解释）下，这种连续性是不存在的。而从这个角度看，即从连续性和不连续性的问题看，辩证法的原则——顺便说一下，这构成伟大的理性主义哲学之一，即莱布尼茨[10]哲学的基本问题，或者基本问题之一——，辩证法的问题不会简单地停留在不连续性的环节，而是把连续性和不连续性两个环节彼此联结起来，即把连续性和不连续性本身理解为互为中介的。

我之前曾经对诸位说过，我们的社会与其说是一个有机体，不如说是一个体系，尽管它的确是一个对抗性的社会。或许这已经为诸位指出了一个辩证的问题，指出了现在我在这种情况下想提请诸位注意的问题。一方面，辩证法的理论任务正是确保自己的整体、总体性，若没有总体性的理念，认识就是不可能的；但另一方面，这种总体性本身不
212 是连续性，也不是不间断的演绎关联，不是逻辑上的关联，而毋宁说——若要简单说——它在自身中是不连续的。而辩证法对这里提出的问题的回答无非是，我们生活的社会的统一性真正说来是由不连续性本身构成的。这就是说，认识对象不连续的、分立的诸环节，就它们

作为矛盾物相互关联,而不仅仅是不同类型的(disparat)东西而言,恰恰通过它们全面地彼此形成的关系,真正结晶成那个一般认识的对象真正必须构成的整体。此外,由此得出,即从这个不连续性的环节得出,认识必须选择的介入点,也就是人们由以开始的地方,在某种意义上这些地方对辩证思维来说是无关紧要的,因为人们不相信现在可以从一个绝对的第一者出发,就能够以绝对连续性的方式发展出一切存在的事物;毋宁说,我们已经探讨过的那种整体的力量,它好像以同样的方式在每一个别环节中起作用;如果诸位愿意的话,所有东西都同样接近中心点,前后一贯的辩证思维可以从看似最短暂的、看似最可疑的现象开始,这样做往往是可取的,因为恰恰是这种尚未被正式的思维范畴所占有的东西,要比我们作为思维物将我们的主题定位在被认可的范畴已经预先给定的东西更能引导我们进入整体那隐秘的本质。

人们也可以给出这样的说法——由此我想到了对传统思维的“质料性”批判——鉴于连续性和不连续性的问题,思想对客观性的态度[11]
成为一个道德问题。也就是说,认为认识对象本身是一个连续协调的、 213
相互关联的、完全合乎逻辑的和可以展开的东西,在这个观念中同时总是已经隐含了如下观点,即那种富有意义和协调一致地得到划分的东西,真正说来是一种肯定性的东西。但是,如果我们严肃地批判现存的东西,就是说,如果我们真的严格对待实在性本身的对抗性特征这种思想,那么我们实际上就必须指明存在于诸存在物规定性当中的不连续性,从而也必然要把这种不连续性和分离物的形式(die Form des Abgesetzten)赋予我们的思维,但同时又是通过以下方式来赋予的,即关联和统一性恰恰通过这种不连续性,也就是通过在自身中得到中介的矛盾,才陷入那种我们真正与之相关的东西。一种生产性的思维如今确凿无疑地是一种断裂的思维,而从一开始就只以统一、综合、和谐为目标的思维,恰恰从一开始就掩盖了思维必须真正穿透的东西,将不可避免地满足于在思想中重复,并尽可能地强化现存的东西的外表。我相信,如果诸位的思维(只要诸位没有被科学机制预先塑造)对可以用普遍的说法称之为“迂腐”的东西怀有某种抵触,那么这就不是一个首先应该学习纪律的浮浪子弟该有的态度。当然,存在着某种精神的纪律,但教导我们的精神纪律通常流露出对精神的敌意,也就是说,思想的生产力,即思想与其对象的关系最终应该被遏制、被阉割,以有利于思想服从某种有规则的过程,而实际上除了黑格尔所说的“通往对象的
214 自由”[12]以外,思想根本没有其他的规则可言。思想的纪律无外乎是,它只根据事物本身来衡量自己,并尽可能公正地对待事物本身,而不是把它所依据的作为方法的规则强加给自己,然后在这种按照方法的所谓要求的基础上,最终除了禁止自己思维以外,并没有完成任何东西,因为在我们进行最简洁意义上的思维的地方,我们真正说来往往已经在不讲方法地思维了。

我并不是要借此宣扬单纯一闪之念和偶然性的某种任意,而仅仅是想说,思想如果不再能驾驭本身的自由,那么就像它对对象没有自由一样,它对其自身也没有自由,从而它仿佛在对象面前不放弃自身,而是不断地寻求与对象的某种联系,并且只有在这种联系中它才会真正感到自在(wohlfühlt),这种思想根本上不能分得它的事物。思想的迂腐真正说来无非是,思想为了人们现在所拥有的安全性,为了私人和小个体的安全性,它失去了与事物本身的联系。并且,由于它已经习惯于与这种小富即安的安全性为伴,这种迂腐的做法恰恰以异常丰富的尺度暴露在通货膨胀中,也就是说,它往往失去的正是这个尺度,即在它认为自己必定具有稳定价值的地方,它往往被证明为贫穷的。因此我相信,当诸位以科学的方式工作,并且学会遵守纪律地以科学的方式工作时,由此始终对那个迂腐环节、对那个只是一步一步地进行的环节保持批判性的反思,这将是诸位自己精神营养学(Diätetik)的一部分。因为在这种一步一步小心进行的过程中,生产性力量自然会直接陷入瘫
215 痪。在思想真正提升自己地方,它确实——请不要认为我过于多愁善

感——是在翱翔,而不是亦步亦趋。而一种不再能翱翔的思想,同一种除了翱翔什么也不能做的思想相比,当然同样算不上什么思想;就此而言,[我]认为,柏拉图的规定,即激情是认识和真理本身必要的因素⑬,并不是哲学情绪(Stimmung)或者思维方式的单纯表达,而是描述了事物本身的必然因素。在思维以最小的单位一步一步进行的地方,它除了一再重复已经知道的东西以外,真正说来什么都做不了。而恰恰通过这样一个事实,即思维获得了对仅仅被给予它的东西和它反正已经知道的东西的优先权,通过保证自己的这种优先性,它一般才能超越单纯的存在者,才能真正说出单纯的存在者。

我意识到,正是在这点上,我可能会遭遇到来自诸位一方的某些反驳,尽管另一方面关于连续思维的积极环节,为了保护我自己免受责难,我希望我向诸位说得已经足够了。但是我相信,恰恰在这里,我们现在实际上处于辩证思维遭到反对的神经点上,我最好下节课再来详细谈谈这种具体的反对意见。

注释

① Vgl. Franz Borkenau, Der *Übergang vom feudalen zum bürgerlichen Weltbild. Studien zur Geschichte der Philosophie der Manufakturperiode*, Paris 1934.(Schriften des Instituts für Sozialforschung, hrsg. von Max Horkheimer, Bd. 4.)

② 阿多诺在这里指的是曼海姆的著作:《变革时代的人与社会》(Leiden, 1935),阿多诺在《知识社会学的意识》这篇论文中也详细讨论了这部著作(vgl. GS 10·1, S.31—46)。阿多诺在这篇文章的第40到第42页处理了讲座中提出的这个问题。

③ Vgl. den Aufsatz *Über Statik und Dynamik als soziologische Kategorien*, GS 8, S.217—237.

④ Vgl. Karl Mannheim, *Ideologie und Utopie*, Bonn 1929, S. 134.

⑤ 在这里,录音转抄出现了缺漏,并打了一个问号。

⑥ Vgl. Helmut Schelsky, *Wandlungen in der deutschen Familie der Gegenwart. Darstellungen und Deutung einer empirisch-soziologischen Tatbestandsaufnahme*, Stuttgart 1953.

⑦ Vgl. Gerhard Baumert(u. Mitwirkung von Edith Hünninger), *Deutsche Familien nach dem Kriege*, Gemeindestudie des Instituts für sozialwissenschaftliche Forschung, Darmstadt 1954, Monographie 5.

⑧ Descartes, *Abhandlung über die Methode*, a. a.O. [s. Anm. 199], S. 15. 中译参见笛卡尔:《谈谈方法》,王太庆译,商务印书馆 2000 年版,第 16 页。

⑨ 将“die er noch als ganz offen, als ein rationales Ordnungsprinzip bezeichnet”修改为“die er noch ganz offen als ein rationales Ordnungsprinzip bezeichnet”。

⑩ 微积分是由莱布尼茨(和牛顿)首次以严格的科学方式建立起来的。

⑪ 关于“思想对客观性的态度”这种说法,见第十一讲注释⑧。

⑫ “通往对象的自由”这个惯用语在黑格尔那里无法得到证实。参见第八讲注释⑪。

⑬ 在《斐德若篇》关于爱的本质的第二次谈话中,苏格拉底将爱规定为一种神圣的疯狂。(Vgl. *Phaidros* 243 e10 ff.中译参阅柏拉图:《柏拉图全集》第二卷,第 156—157 页。)当那些心向哲学的人在感性可知觉的世界中看到最美好的形态时,这种神圣的疯狂在他们身上唤起了“最高尚的热情”[αὕτη πασῶν τῶν ἐνθουσιάσεων ἀρίστη/haútē pasṓn tōn enthousiáseōn arístē](*Phaidros* 249 e1. 中译参阅柏拉图:《柏拉图全集》第二卷,第 164 页。),因为这让他们回忆起美的理念,而他们不朽的理性灵魂在与肉体结合之前曾经直接地看到过这些理念。阿多诺在接下来的研讨班的美学讲座中详细地解释了《斐德若篇》这段话的背景。(Vgl. NaS IV · 3, S.139—169.)

第十五讲

（1958 年 7 月 15 日）

女士们，先生们： 216

我们在上一讲讨论了笛卡尔的要求，即思维过程不应该遗漏任何一个阶段，并且我试图向诸位指出，恰恰是在什么意义上，笛卡尔的公理与辩证思维的程序互不相容。此外，对此的反对意见绝不是首先由黑格尔提出来的，而是首先由法国著名的复辟哲学家迈斯特提出来的，[①]迈斯特在模仿老年培根对假象的批判（假象学说[②]随后在 18 世纪得到复兴）时谈到了“等级的假象”（idole d'échelle）[③]，也就是阶梯的假象，即人们仅需一步一步地活动，思想不能飞跃，这基本上意味着思想本身不能跑到前面，它真正说来不能带来任何它本来就没有的东西。人们几乎可以说，在“飞矢悖论”[④]的意义上，前后一贯的笛卡尔式的诫命，即在自身中完全连续的、无间隙的思维，必然导致纯粹的同义反复。但是，这在我看来似乎没有那么重要，尽管从客观的方面来看，它似乎相当有力地为批判单纯阶梯式的思维奠定了基础。毋宁说，辩证法（至少是我相信可以被理解的辩证法，以及被仔细审查后由黑格尔本人本刚好在《精神现象学》当中处理的辩证法）反抗的环节，乃是思维的强制性特征。在逻辑上的强制概念——无所遗漏的操作，在该操作中根本

没有留下其他选择的可能性(Ausweichmöglichkeit)——和人们在心理
217 学上用“强迫症”概念来描述的东西——即被迫服从某种规矩并被束缚于秩序,没有能力拥有任何自由的人——之间,在这两种强制概念,即单纯逻辑上的强制概念和具有程式化强制特征的强制概念之间,存在着一种异常强大的亲和性,正如路德维希·托马的戏剧《小亲戚》[5][我小时候曾经看过这部戏,它给我留下了难忘的印象,在这部戏当中,一个来自大霍伊巴赫(Großheubach)的火车站长出人意料地拜访了他学术圈的亲戚,这对夫妇正想为自己的小女儿寻觅一个如意郎君,而且他们作出了最徒劳的努力来摆脱这个小资产阶级的亲戚,以免他用某种方法危害到上等的婚礼计划,但火车站长是根本无法被劝阻的,因为他反复强调,一切都必须处在正确的“范畴”当中]中所描述的那样。这个把一切都归入固定范畴的人物形象一直让我难以忘怀,甚至到后来,当我读到康德和康德那里的范畴演绎[6]时,我也没能成功地将来自大霍伊巴赫火车站长的画面完全从脑海中抹去。究竟是康德的错,还是我自己的错,我先搁一搁。

无论如何,这里面存在着辩证思维的某种义务,这种义务可能在很大程度上促成了我们刚才详细讨论的那种反对意见。也就是说,思维的义务就在于某种流动性(Mobilität),也就是说,思想有义务不让自己被严格地固定在一个地方,有义务不让自己被逼迫和停留在一个地方,在这里总是能正好发现被选取的对象或者论证。这一点在我还远远没有把对辩证法的考虑、对辩证哲学的考虑事实上同我自己的思维实践
218 彻底地结合起来(就像我希望自己逐渐成功地做到的那样)的时候,就已经变得非常清楚了;当时我已经发表了大量音乐理论的作品[7],我突然意识到,这些音乐理论的考虑,在当时受制于内在性的法则,受制于内在的法则,特别是受制于技术批判法则,由此同时也受制于行家狭隘性的某种危险,几乎可以说,听命于专科学校,正如一个维也纳的朋友[8]后来对我说的某种严格技术上内在的分析,在他看来这真正说来

始终像是人们在霍拉克音乐学院看待艺术的方式，这是一所非常严格和迂腐的学校，但它的特点是在维也纳任何可能的地区都设有分校。[9]所以我想摆脱用霍拉克音乐学院风格的思维危险，所以着手进行一项实验，一项反思和考察音乐的实验，我将其称为“来自外部的音乐”[10]，虽然是从字面和转喻的意义上说的；所以，我首先曾是这样从字面意义上去理解听音乐的，不是在歌剧院或者音乐厅听音乐，而是如果有人忘记在中场休息结束后立即返回包厢，然后从外面听到这些喧嚣——这喧嚣从外面告诉我们的东西——那么歌剧听上去是什么样子的；我有一种感觉，音乐的一种风格、一个侧面出现了，人们通常没有看到的一种风格或者一个侧面，而且更普遍地说，我领悟到，只有当人们同时在某种程度上从外部，而不仅仅从内部看到一个现象的时候，也就是说，只有当人们在他所处的社会环境内部看到一个现象的时候，他才能对这个现象说出些什么。[11]为了服从著名的“模糊的冲动”[12]，我当时并没有致力于将外部考察和内部考察简单地结合起来，并从中产生出两者所谓的综合，毋宁说，我隐约地意识到，这两种考察事物的方式是相互 219
隶属的，彼此之间存在着某种张力，但另一方面它们却没有彼此融合，当我谈论起思想相对于现象的流动性的时候，我的意思真正说来恰好是这样的，即人们不仅必须从内部出发，根据它自己的要求、它自己的起源、它自己的合规则性来看待这个现象，而且又必须从外部出发，也就是在它所处的功能性的语境、它转向人的一面、它在人类生活中所具有的意义来看待这个现象。我在这里只是想提请大家注意，某件享有最高尊严的艺术作品，它自在地根本不是意识形态，而实际上——用黑格尔的话说——是真理的表现形式[13]，但通过它在主流文化事业中承担的角色，仍然可以成为意识形态，这完全是可以想象的，确实也是非常有可能的，那么诸位或许会看到，某种程度上相互独立地遵循这两种看待事物的方式，即内在地和超越地看待事物的方式，是很有道理的，只不过要相信，如果思想足够深入这两个方面，它们的关系毕竟会得到证明——我必须承认，这种信任迄今为止还没有被从我身上夺走。思想的这种双重性，也就是必须同时在事物当中和事物之外的特征，顺便提一下，这也是黑格尔《精神现象学》所追求的方法——，这种双重性本身就表达了辩证思想的某些本质内容，而且正是出于这个原因，而不是为了概观（Aperçu），我今天才首先引入了思维流动性的这种观点。因为辩证思维意味着持续不断地努力把普遍物和特殊物，此时此地的东
220 西和它们的概念放在一起，但仍然要注意到这些环节之间并不存在直接的、无中介的同一性，而是彼此分离的。

现在我将会说，不同于单纯归纳或者单纯演绎的思维程序，我称之为思想流动性的东西在辩证认识论上的准确位置确切说乃是如下努力，即通过思想时而停留在自己身边，时而超越自身这个事实，最终把从外部而来的认识主体和事物本身的运动放在一起——这种东西必然包含在辩证的方法本身之中。如果人们对这些事物进行区分，如果人们不去争求两者纯然的同一性，而毋宁说是这两个属类在某种程度上一起交替，如果这种交替完全是辩证思维的色彩，那么这与其说来它只会用一种方式进行思维的艺术家的责任（Konto），不如说改变的色彩实际上正是辩证法本身的色彩，是将同一性和非同一性合二为一的那种思维的色彩。但很清楚，我想说，我刚才如此可疑地（如此具有诱惑性因而也如此可疑）向诸位描述的东西恰好针对的是这个方面——很明显，正是针对这个方面才激起了最强烈的反对意见。当有人说，这是一种只留给那些特别有资格的人的特权思维时，人们却不能轻易地把它转化为一种普遍具有约束力的方法，那么这仍然是我曾描述的最无害的反对意见形式。对思想流动性更广泛的怀疑是认为，这种思维真正说来是一种逃避责任的思维，它在某种程度上是一种鲵鱼状的（molchhaftes）或者蝾螈状的（salamanderhaftes）思维*，一旦从手上滑落就无

* 在此作者用鲵鱼或者蝾螈这类细长而黏滑的、不易把捉的动物来比喻流动性思维的狡猾和不可靠。——中译者注

法再逮到，由此从关于真和假的简明区分中溜走了。在我们所进行的 221
有关真与假原则性考察的意义上，对此首先必须说，即便我像刚才那样直截了当地表达的东西，真正说来也不会与辩证法的概念那么不相容，因为事实上个别判断在其孤立性当中既不是绝对的真，也不是绝对的假，而真理真正说来无非是穿过个别判断的虚假性的道路。但尽管如此，考虑到哲学和科学同时总也是人们之间，群体、国家、阶级、民族等之间权力斗争中的一个环节，在这点上首先产生某种怀疑当然是正当的，也就是说，如果人们只占有足够的流动性，如果人们不因此顽固地把自己捆绑在这里谈到的论证上，而是离开它，那么他就会像古代辩证法家苏格拉底所指责的那样，倾向于“τὸν ἥττω λόγον κρείττω ποιεῖν [ton hḗtō lógon kreíttō poieín]”，也就是说，倾向于“强词夺理”[14]，就像一个摔跤手凭借其灵活性和敏捷性[击败]一个四肢发达、头脑简单的对手，或者像一个巧言善辩的人在思想的竞赛中骗走农夫的牲口。我已经预先指出的[15]、针对辩证法中诡辩要素的这种古老的反对意见不能被轻视，辩证法的退化，特别是从辩证法的个别论证退化到这种单纯的抽身(Sich-Entziehen)当然完全不能被否认。人们将会一再遇到这样的情况，思维上的争论越是分化，进行得越不那么顽固，自身越是占据更多变量，就必定越是会失去传统的严格性，从而在越来越大的程度上陷入我刚才向诸位概述的危险当中。而恰恰是以非常高水平的方式
展示出来的哲学讨论，通常会在很特别的程度上暴露在这种危险当中。 222
首先我要说的是，为了摆脱这个问题，黑格尔所要求的通往客体的自由[16]实际上是必要的，也就是说，一般来讲，一种哲学，尤其是批判性的哲学，只有在反思自身时，甚至是在它不想保持为正确的意义上反思自身时，才是合法的。人们几乎可以用时兴的夸张手法(Überspitztheit)说，这个要求是一般思想真理性的一个标准，即它放弃了保持为正确这种东西，并在某种程度上将自己置入错误之中，但置入的方式却是使拥有正确性的东西本身转化为其狭隘性和局限性。

但仅此还不够，毋宁说我相信，这里出现的东西事实上就是我在几次讲课之前或许以有点悖论和意外的方式向在座诸位描述的辩证法中的实证主义要素[17]——顺便说一句，本雅明在他《德意志悲苦剧的起源》“序言”中的对归纳法的拯救当中，也以某种方式强调了这个要素。[18]在我看来，针对思想流动性所包含的“过渡到另一种范畴”（μετάβασις εἰς ἄλλο γένος [metábasis eis állo génos]）[19]的慢性危险的解毒剂，就是一种提供确定对象的例外的责任。因此，如果人们讨论的是特定的认识论问题，那么我会说，如果人们通过指出某种被批判的动机在相关思维的总体性中拥有良好的、有用的、体面的或者积极的功能来驾驭这种讨论，那将会是一种错误的论证或者错误的辩证法，毋宁说人们实际上必须首先已经停留在这个认识论的问题本身之上。辩证法超越
223 逻辑学和认识论行家的狭隘性的道路就是，人们不满足于简单地指出某种被批评的定理：“嗬！他在这里犯了一个思维错误，他使自己卷入矛盾之中，所以整个过程毫无用处。”毋宁说下一步就是指出，为什么在这种思维的星丛之内，与这方面相关的矛盾或者错误是不可避免的，这些矛盾或者错误本身以何种方式被相关思维的特征所激发，由此在思维的总体性之内，它们在多大程度上恰恰以其虚假性、以其矛盾性被证明是有意义的。

真正说来，这些就是人们在辩证思维的训练中一般能够学到的最重要的东西。恰恰是这种辩证思维，它不从任何僵化的概念、僵化的体系和僵化的被给予性出发，而是在很大程度上被要求投身于事物本身，如果与普通科学和通常的思维习惯相比，它没有更宽松地对待个别对象的责任，而是更严肃地对待它，如果它因此以比一般传统思维所允许的大得多的严肃态度沉浸在个别问题当中，那么它事实上才能真正避免那种相对主义、非约束性以及有害的灵活性。

如果诸位在这个地方问我如何进行，如何实现这项目标的规则，那么诸位会让我感到惭愧，因为我不能给诸位提供这样一条普遍的规则，

事实上那将是对辩证思维的一种过分要求(Das-dialektische-Denken-Überfordern)。我唯一能告诉诸位的是,对于辩证思维必须渗透进去的每个确定的事物,都会由此生发出一种自我反省,即人们是否在此驻留足够长的时间,是否长久地考察过它,直至它本身开始生存,或者人们在面对个别性的时候,是否以某种方式满足于单纯传统的铸模 224
(Abguß),满足于已经事先被给予的概念。只有当人们在自己职权(Zuständigkeit)的层面上完全以这种方式面对个别对象时,一般来说才有可能合法地把握其对这个领域——例如,认识论和政治、社会、道德的整体构想之间的联系——的超越;如果人们不这样做的话,辩证法就会陷入世界观上的空洞说教,或者外行意义上的思维定势(Drauflos-denken)。

我借此机会提请诸位注意,我并不是想要说服诸位,使诸位相信辩证法可以说是一种最好的思维方法。"辩证思维就是最好的"——这是一句口号,却不是真理。当然,就像任何其他思维一样,辩证思维当然也会被滥用于世界上所有能想到的胡说八道,如果它在这个层面上拥有一个优势,那么我认为这个优势就在于,正是这样一种流动性和永久反省的方法,也许包含了一个环节,这个环节使它对这种滥用或者传统思维的愚蠢保持了比一般情况下更大的清醒和怀疑。辩证法在这点上遇到的怀疑,即对思维流动性的普遍怀疑,本身有其社会的依据。首先,这种流动的思维通常被混同于相对主义,混同于不允许存在任何固定的和确定的东西(Nichts-Festes-und-Bestimmtes-Stehenlassen),而没有看到这条思维的轨迹真正说来恰恰是通过更加严肃地对待固定的和确定的东西而进行的。这恰好就是辩证法在如下意义上被反对的领域,即辩证法是某种无基础的东西(Bodenloses),人们在这里没有什么固定的东西可以抓住,或者说,它是这样一种思维,这种思维真正说来总是获取,而非给予;在此,肯定性的东西在某种程度上已经被无声地 225
设定了,思想真正说来不必沉湎于它的事物,而要履行一项心理学上的功能,把人放置在坚实的土地上或者温暖人心,像温暖心灵的文学(die Literatur der Herzenswärmer)那样。事实上,人们一般称之为“世界观”的东西,以及那哲学思想实际上无法足够着重地与之分离的东西,与心灵鸡汤的领域本身仍然有着最为密切的关系,即便这些心灵鸡汤在内容上带有佛教悲观主义的色彩。在此这并不碍事。要求哲学在这种意义上给出某些东西,从一开始就是一个错误的要求。确切说,人们必须给哲学提供某种东西,即所有事物,他整个的意识,并且我们必须参与某种成问题的投机活动,即在这种情况下人们根本取不回他们真正从哲学中期望的东西来作为人们为此而付出的回报。

当然,这种判断是基于如下事实,一般来说——我在作一个社会学上的说明——定居的、本地的部分居民必须为普遍合理性的进步买单,这种合理性正日益动摇着人们和思想那种单纯的自然依附性,因此,在某种程度上,人类和思维的农业部门必须为这种进步买单,因此这部分人倾向于这样做,他们不是将进步的思想本身激进化到他们也会为自己赢得公正的地步,而是将罪责归咎于这种流动性的原则,好像农民的贫穷是那些用少得可怜的货物来骗取他们那少得可怜的钱财的商贩的错一样。我不知道,一般的哲学家是否时至今日还是这样的小商贩,但
226 是我相信,如果我们哲学家承认我们身上有些小商贩的血统,要比我们把自己装扮成老圣贤好得多,他们栖身山林,俨然有隐士之姿,但德加说得好,他们知道下一班火车什么时候开。⑳

关于无基础的概念就说这么多。可以说思维必须有一个坚实的基础,人们在任何情况下都不能脱离这个基础,这种假设本身就包含了我们试图批判的绝对第一者的被给予性和第一者的优先权的预设。辩证法思想必须正视这一动机。对哲学,至少是今天的哲学来说,不存在任何基础,就好像当代社会不能再从其所谓的自然基础(Grundlage)来理解一样,就像当代社会不再由农业来决定一样,毋宁说真理本身就是运动着的真理,在其中人们称之为起源的环节,虽然必定也作为环节(古

老的环节、记忆的环节,不管诸位喜欢怎样称呼它)而出现,但无论如何
也不是那种在形而上学上、道德上或者逻辑上应该被归结为更高实体
性的东西。一种思维的核心(在一种思维当中真正实质性的东西,只有
通过它,一种思维才能证明自身是真实的,而不是单纯的闲言碎语),这
个核心不是某种它毫不动摇地站立于其上的基础,也不是一个以物性
的方式从中裁掉的论题,人们可以指着它说:“请别客气,这就是它的立
场,这就是它所代表的,这就是它的意向,这就是它的立场,它没有别的
话可说了,愿上帝保佑它。”[21]这些都是关于哲学内容的表象,而这些表
象真正说来已经被良心的约束、被人们被迫承认的色彩所赢得,其中一
般已经隐含着,真正说来只有思想才是负责的和真实的,某个机构或者 227
委员会将会伺机对说出该思想的人追责,换句话说:这其中真正包含了
对那种思想自由环节的否定,而唯有这种自由才形成了哲学上概念运
动的氛围。毋宁说,一种思维的内核或者实质是思想被从中汲取出来
的潜在的力量之源,但通过思想散落在诸对象之上的光本身不是一个
对象物(Gegenständliches),不是一种现在人们真正可以在其上宣誓的
可被捕捉之物(dingfest zu Machendes)。还有“等级的假象”,其真实性
最终可能基于如下事实:这里要求思想似乎应该在它的每个瞬间,都能
够对它所立足的基础、对构成其内容的这个物性内核是什么作出说
明——而不是看到这个实质性的环节是站在它背后的东西,是一种力
量之源而非某个论题,更非某种通过单纯的控制来加以掌握或者揣摩
的东西。我不想在这里不公正地对待控制的概念,我相信诸位已经看
到,我在这里试图为诸位展开的辩证法的观念,实际上确实不能等同于
一种狂野脱缰的思维(einer wildgewordenen Drauflosdenkerei),后者忘
记了作为控制的批判哲学所制定的东西。辩证思维更无法做到这一
点,因为它本身真正说来是批判性思想的结果,这种结果是一种已经增
强到极端自我意识的哲学批判。但我想提请诸位注意一个事实——确
切说这再次提醒我们,我们在这里努力争取的哲学概念并不是孤立的、

专业的概念，毋宁说它应该对诸位自己的生活工作有某种意义——，我
想提请诸位注意，这个控制的概念，精神控制的概念，这个对辩证来说
发挥着如此重要的作用的概念，本身已经发生了非常显著的变化。最
228 初，控制，确切说对所有事物可能的控制，也就是对所有分享一般理性
的人的控制，想要把思想从教条式的管束中解放出来，它想要或者应该
防止人们受到单纯的断言的愚弄；它首先针对的是与神迹有关的神学
推理的核心部分，对此经验或者理性控制的可能性已经被重点引用。
然而如今，理智控制的概念在很大程度上——我不想说绝对，但在很大
程度上——已经颠倒了它的功能。如今，这个概念导致如下后果：不一
致的思想——也就是不容易被认识的阶梯过程（den Stufengang der
Erkenntnis）转化的思想，亦即转化为曾被给定的思想——和不能被大
家随意和随时理解的思想，在某种程度上是不应该被思考的。认识的
连续性原则基本上会导致如下后果：真正说来，在向某种新事物无限小
的过渡中，熟知的东西只是以不同的变式被反复思考，而这样一来，恰
恰是真理和认识的那些断裂（Bruchstellen）被否定掉了，这些断裂根植
于世界本身的断裂之中，并形成了一般真正的认识的对象。冒着与认
识的某种“民主的”游戏规则发生某种矛盾的风险，我或许可以在这里
说，即使在思想中，在“知识的总和”（universitas litterarum）* 中，在学
者的理想国中，仿佛每个人至少在其专业领域内必须检视他的每种想
法，并且如果一种精神成就的真理或者尊严是根据同行对有关成就所
表达的积极鉴定意见的数量来评判的话，这在我看来是很成问题的，因
229 为作为真理标准而真正被诉诸的意识，就其自身而言是一种已经被社
会适应机制预设的意识，而这种意识在很多情况下恰恰倾向于切断思

* “知识的总和”，德国教育家洪堡的办学理念。威廉·冯·洪堡（Wilhelm von Humboldt，1767—1835）认为现代大学是“知识的总和”，应该崇尚学术自由，致力于知识及学术的探究，而非务实人才的培育。一说“知识的总和”后来成了德国柏林洪堡大学的校训。——中译者注

想中真正本质性的东西——但人们并不能保证,不一致的思想必定是真理,因为正是通过这种已经变得普遍的思维控制,所有不符合它的东西都会重新趋向于离经叛道、荒诞不经,[并且]在极端情况下,就像原本天赋异禀、最近去世的精神分析学家威尔海姆·赖希[22]那样,最终趋向于妄想症甚至是眩晕症。在当前的情形下,人们确实发现自己处于一个日益严重的二律背反当中,即一方面思想在盲目重复已经存在和已经熟知的东西中耗尽了自己,也就是在一致性中耗尽了自己;另一方面,由于摆脱了控制,思想有可能陷入实际上变得不可控制并转变为妄想体系的危险之中。在我们今天生活的众多领域中,都可以观察到某人精神分裂、集体精神分裂的症状,这种倾向当然不是最无害的和应得的,所以我愿意相信,它值得格外认真地对待。

与此相对,新的东西真正说来总是黑格尔所描述的质的飞跃[23],但现在不是飞跃性思维意义上的质的飞跃,而是通过真正坚持面对对象本身所带来的质的飞跃。而由于这种质的飞跃被如此描述,它无论如何也必然是一个对立面,即采取新的或者其他立场的极端对立面。当我说到思想的流动性时,并且如果诸位愿意,当我为这种流动性辩护的时候,我也许必须对此进行补充,以使这种非常容易遭受攻击的思想免 230
遭误解,也就是说,我用"思想的流动性"所指的东西不是通常所谓立场的转变,而它描述的是,思想起点(Einsatzpunkte)本身反思性的转变取决于这些思想是否必须参照个体所处的环境或者个体本身。但在我看来,哲学的本质——我相信,自黑格尔以来,重要的哲学家们真正说来在这点上恰恰是一致的——恰恰在于,它刚好摒弃了在流行的哲学世界观的表象中盛行的立场概念,而代替这种从外部代入的立场的,实际上正是那种事物运动的强制,这种事物也就是在笛卡尔那关于从一个点到另一个点的逐级进展的学说中所思考的东西。思想的运动、思想的动态环节也包含在我曾批判过的那个笛卡尔的公理当中。我在这里只是为了避免指出这一积极方面,因为我认为这几乎是不言自明的。

笛卡尔无疑也意识到，认识真正说来是一个过程，而不是一个单纯的直接察觉(Gewahrwerden)。只不过他自己——这才是真正资产阶级的东西，在我看来，这其实才是不真实的东西——只能在僵化和静止的东西的图像中把握他所看到和构想出来的思想运动，而这里所使用的迈斯特曾经嘲笑过的阶梯的符号本身，正是动态自身仿佛以流动的形式出现的标志；动态如此这般地出现，仿佛它本身就是一种物性的东西、息止的东西(Stillstehendes)，此外也是一种将动态冻结为本身静态的东西(Statisches)，这种静态的东西总是以最奇怪的方式铭刻在自赫拉
231 克利特起直到黑格尔这些动态论代表的哲学本身之中，如果辩证法真正说来必须在一个决定性的地方超越黑格尔，那么这个地方应该就是我已描述如上的这个点。

注释

① 约瑟夫·德·迈斯特(Joseph Marie Comte de Maistre，1753—1821)。

② 弗兰西斯·培根(见第十三讲注释②)用科学“伟大的复兴”(Instauratio magna)的总标题提出为现代自然科学奠基的计划，这个计划用实验和发现的经验取代了对自然的单纯观察。这个计划的一部分是《新工具》，培根从一开始就对传统进行了激进的批判：迄今为止，人类精神出于其被培根称之为“假象”的偏见而阻碍了自己对自然的科学认识。培根区分了四种类型的偏见：种族的假象(idola tribus)，它对人类倾向于将自身看成自然的标准负有责任；洞穴的假象(idola specus)，它来自教育或者环境；市场的假象(idola fori)，它是人们通过使用语言而产生的假象；以及剧场的假象(idola theatri)，培根用它来描述对传统观念教条式的坚持。——最初，教父哲学家们用“假象”来描述对异教神的崇拜。

③ 培根在他“伟大的复兴”(见本讲注释②)中试图建立的新的、归纳性的认识概念，除其他外，是以从经验到科学的最高命题要经历几个阶段所进行的指示为根据的。迈斯特用“等级的假象”(idole d'échelle)这个表述将培根具有批判意义的假象概念跟培根自己的阶梯式归纳理论对立起来。阿多诺在《启蒙辩证法》中已经提到迈斯特的这个说法(vgl. GS 3，S.23.中译参阅霍克海默、阿道尔诺：《启蒙辩证法》，渠敬东，曹卫东译，上海人民出版社 2006 年版，第 4 页。)，也在那里给出了证据。(Vgl. Joseph de Maistre，*Les soirées de Saint-Pétersbourg*. $5^{\text{ième}}$ entretien. *OEuvres Complètes*，Lyon 1891，Bd. 4，S.256.)

④ 芝诺的论证如下：一支飞矢在每个时间点都必定占据一个确定的空间值，这

个空间值正好与飞矢一样大。然而,这意味着飞矢在这个时间点上是静止的;因为它不能在一个没有活动余地的地方移动。但是,如果它在飞行的某一点上不能移动,也就不能在其他任何一点上移动。因此,飞矢不动,并且运动是不可能的。——因此,如果思想只是应当永远从一个阶梯向另一个阶梯地运动而不飞跃,那它真正说来根本就没有运动,而只是永远在复制已经拥有的思想(它处在这个位置上),从而产生出同义反复。

⑤ Vgl. Ludwig Thoma, *Die kleinen Verwandten. Lustspiel in einem Aufzug*; in: Ludwig Thoma, *Brautschau*, *Dichters Ehrentag*, *Die kleinen Verwandten. 3 Einakter*, München 1916.

⑥ 阿多诺在这里想到的可能是“纯粹知性概念的演绎”,这是康德《纯粹理性批判》第一部分的核心。[Vgl. Von der Deduktion der reinen Verstandesbegriffe; in: Kant, *Kritik der reinen Vernunft*, a. a. O. (s. Anm. 49), S. 126—191. 中译参阅康德:《纯粹理性批判》,第 79—133 页。]

⑦ 阿多诺在 1928—1933 年间写了很多音乐会和歌剧评论,并担任《破晓》(*Anbruchs*)音乐通讯的主编。见本讲注释⑩。

⑧ 无法确定这位维也纳朋友的身份。

⑨ 爱德华·霍拉克(1838—1893)于 1867 年在维也纳创立了这所以他名字命名的私立音乐学校;霍拉克音乐学校在 1904 年被升级为音乐学院。

⑩ Theodor W. Adorno, Motive IV: Musik von außen; in: *Anbruch* 11 (1929), Heft 9/10, S.335—338. (Vgl. GS 18, S.18 f.)

⑪ 在这里,阿多诺再次采取了“内在批判”的思想,他在第四讲中已经谈到过这一点;见本书第 40—42 页。

⑫ “天主[对梅非斯特说]:
好吧,那就交给了你!
去勾引这个灵魂脱离本源,
你抓得住他,那就让你
带他一同走你的路线,
将来你总要承认而感到羞愧:
善人虽受模糊的冲动驱使,
总会意识到正确的道路。”[Johann Wolfgang Goethe, *Faust. Eine Tragödie*, v. 323—329; in: Goethe, *Sämtliche Werke*, a. a.O. (s. Anm. 7), Bd. 6.1: Johann Wolfgang Goethe, *Weimarer Klassik 1798-1806 I*, hrsg. von Victor Lange, München 1986, S.544. 中译参见歌德:《浮士德》,钱春绮译,上海译文出版社 2013 年版,第 6 页。]

⑬ “真理的表现形式”这个惯用语并不完全符合黑格尔的语言习惯。黑格尔关于艺术作品提出的问题是,它在多大程度上适合成为理念、绝对者或者精神充分的表现形式。在这个意义上,(艺术)美是“理念的感性显现”[Hegel, *Werke*, a. a. O. (s. Anm. 8), Bd. 13: *Vorlesungen über die üsthetik I*, S. 151. 中译参见黑格尔:《美学》,朱光潜译,商务印书馆 1979 年版,第 142

页。]对黑格尔来说——在严格的意义上——只有古希腊古典主义的艺术作品才是真实的，因为在这些作品中，理念(或者概念)和感性形态是直接等同的。然而，与此同时，这种直接的同一性对黑格尔来说也有其缺陷，即它只是感性—直接的，也就是说，它还没有被有意识地认识到。但是，由于只有意识到自身的理念的实现才是真正真实的东西，对黑格尔来说"用感性形式来表现真理，还不是真正适合心灵的表现方式"(Ebd., S. 144.中译参见黑格尔:《美学》，第133页)。而着眼于他的时代，黑格尔说:"我们现在已不再把艺术看作体现真实的最高方式。"(Ebd., S. 141.中译参见黑格尔:《美学》，第131页。)

⑭ 希腊文也可以译为"使较弱的命题(或者论证)变得更强";随后演变成"强词夺理"的表达形式。柏拉图曾批判性地用它来描述诡辩术的力量;但这也成为针对苏格拉底的指控之一:"非但如此，有闲青年和富家子弟竟自动追随我。喜见许多人被我考问，时常模仿我，也去考问人家，我想，他们也发现许多人自以为智，其实寡智或不智。结果，被考问的人不恨他们，却埋怨我，骂道:'苏格拉底最可恶，他把青年引诱坏了。'若有人问:'如何引诱青年，做了什么，教了什么?'他们又说不出，他们茫然不知所以，偏要装明白，便信口说些易于中伤所有爱智求知者的话，如'天上地下无不钻研'啰、'不信神''强词夺理'，等等。"(*Apologie* 23 c2—d7.中译参见柏拉图:《游叙弗伦、苏格拉底的申辩、克力同》，商务印书馆1983年版，第58页。)

⑮ 见本书第1页。

⑯ 见第八讲注释⑪。

⑰ 见本书第154—155页。

⑱ 本雅明在他关于悲苦剧的著作的"序言"中批判了艺术史中用以表现诸现象的归纳程序的传统形态，正如其批判了演绎。未被还原的个体——也就是一个归纳的环节——只有通过诉诸区别于概念的理念才能得到拯救:"对艺术形式是不可能做出演绎式阐发的，由此规则作为批判机制也就失效了(但它仍然是艺术传授的一种机制)，在这种不可能与失效中也就奠定了一种富于成果的怀疑的基础。这种怀疑可以比做思想的深度喘息，在这喘息之后，思想可以悠然忘我于最细微处，而毫无任何忧愁之迹。因为在观察深入艺术的作品与形式以探测其内涵时，往往都是在谈论最细微处。以消耗他人财物的那种草率手法来对待艺术品，这种急切是因袭成法者固有的，与庸俗之辈的热情相差无几。而真正的冥思则与之相反，对于这种冥思，对演绎方法的拒斥则伴以一种不断扩充的，日益热切的对现象的回溯。这些现象绝不会陷入始终是某种阴郁惊诧的对象这一困境，只要对这些现象的表现同时也就是对理念的表现，而且现象的个体也在表现中得到了拯救。"[Benjamin, *Gesammelte Schriften*, a. a. O. (s. Anm. 26), Bd. 1 · 1, S.225.中译参见本雅明:《德意志悲苦剧的起源》，李双志、苏伟译，北京师范大学出版社2013年版，第25页。]

⑲ 继亚里士多德之后，人们用"过渡到另一种类/范畴"这个术语来描述论证中

的错误,即从一个专业领域的概念跳跃到另一个专业领域的概念。(vgl. Aristoteles, *Anal*. post. I, 7, 75a38 f)因此,在“先验辩证论”中与第四个二律背反相关的部分,康德将“μετάβασις εἰς ἄλλο γένος”说成是论证中一个错误的“跳跃”,其中陈述了一系列感性现象超验的第一因,因而从经验性的偶然性概念(意味着因果链条的无限性)的适用范围到偶然性的理智概念的秩序(有限的因果链条被归于这个概念)进行了非法的“过渡”或者“飞越”。[Vgl. Kant, *Kritik der reinen Vernunft*, a. a.O.(s. Anm.49), S. 468.中文参见康德:《纯粹理性批判》A461/B489,第293页及以上。]

⑳ 在有关《文学笔记》中(vgl. GS 11, S. 120),阿多诺为瓦莱里的说法提供了如下证据:Paul Valéry, Tanz, *Zeichnung und Degas*. Übertragen von Werner Zemp, Berlin, Frankfurt a.M., o. J. (1951), S. 129.另一个译本在如下语境中给出了这段引文:“在一个社会中,人们称颂莫罗的隐退生活,有人认为这才是一种真正的隐士生活。‘是的’,德加同意,‘但这是一个知道火车发车时刻表的隐士生活’。”(Hans Graber, *Edgar Degas nach eigenen und fremden Zeugnissen*, Basel 1942, S.102 f.)

㉑ “这就是我的立场,我没有别的话可说了,愿上帝保佑我,阿门。”据说,路德在1521年4月18日沃尔姆的议会上以这句话结束了他的辩护演说(在这场辩护演说中路德拒绝收回自己的教义)。这段引文的可信性存在争议。根据议会记录,最终只有“上帝保佑我,阿门”得到了证实。(Vgl. *Deutsche Reichsakten unter Kaiser Karl V.*, hrsg. von A. Wrede, Bd. 2, Nr. 80, Gotha 1896.)

㉒ 威尔海姆·赖希(1897—1957),精神病学家、精神分析学家、性学家和社会学家。赖希在23岁的时候就已经在维也纳从事精神分析工作,他由于综合马克思主义和精神分析学的努力而被视为弗洛伊德马克思主义的创始人。在1933年的《法西斯主义大众心理学》中,他试图将法西斯主义解释为一种大众神经症,它是由父权制家庭中对本能专制的压抑而造成的。这些关于法西斯特征的论文致使他同年被开除出德国共产党,并于次年(1934年)被逐出国际精神分析协会。20世纪30年代,在逃离法西斯主义国度的过程中,赖希途径丹麦、挪威,最后来到了美国社会研究新学院(纽约),在那里赖希的性格分析被一种生物学导向的理论所取代,其核心是假设一种特殊的能源,假设一种器官(Orgon)作为真正构成人类生命的东西(Orgonomie)。该理论几乎在所有地方都遭到禁止。1955年美国对人体工效学(orgonomisch)研究和治疗形式的司法禁令最终导致赖希被判处两年监禁,他本人也于1957年在监禁期间去世。

㉓ 质的飞跃,或者从量变到质变是黑格尔辩证法理论的核心角色之一。在《精神现象学》“序言”当中,黑格尔为了描述持续发展和飞跃的关系而选取的表述已经很有名了:“此外,不难看到,我们的时代是一个新时期的降生和过渡的时代。精神已经跟它旧日的定在与表象世界决裂,立足于使它们葬入过去的概念并着手于自身的改造工作。精神虽然从来没有静止不动,而

永远是在前进运动中被理解的。但是犹如在长期无声无息的孕育之后，孩子的第一声啼哭才把过去仅仅是逐渐增长过程的那种渐变性打断——一个质的飞跃——从而生出一个小孩来那样，形成着的精神也是慢慢地静悄悄地向着它新的形态发展成熟，一块一块地拆除了它的旧有世界的结构，只有通过个别的征兆才暗示着旧世界的摇摇欲坠；在持存的东西里蔓延着那种轻浮和无聊，那种对未知的东西的不确定的预感，全都预示着有某种别的东西正在到来。可是这种逐渐的、并不曾改变整个面貌的崩裂溃散，突然为日出所中断，升起的太阳就如闪电般一下子树立起了新世界的形相。"[Hegel, *Werke*, a. a.O.(s. Anm.8), Bd. 3: *Phänomenologie des Geistes*, S. 18 f.中译参见黑格尔:《精神现象学》,第 7 页。]

第十六讲

（1958 年 7 月 17 日）

女士们，先生们： 232

今天我想谈谈笛卡尔最后一个公设以及它跟辩证法的关系，即完备性的公设以及由此产生的体系问题，这个问题在我们迄今为止对辩证法所作的考察中被忽略掉了，尽管毫无疑问，如果人们要非常严格、非常严肃地详细对待整体力量的思想，那么至少从黑格尔的辩证法构想来看，体系作为真理最终但唯一保障的思想就是不可或缺的。我想至少现在提请诸位注意我在上一讲不得不非常严肃地处理的问题，也就是如若体系的概念真变得成问题的话，辩证法的概念看上去究竟是什么样子的问题，对于这个问题我绝没有什么灵丹妙药提供给诸位。笛卡尔这些公理的第四条，最后的规则是："在任何情况之下，都要尽量全面地考察，尽量普遍地复查，做到确信毫无遗漏。"[①] 现在，我相信，如果诸位想让自己明明白白地弄清楚，在唯理论的名下应该去理解的真正是什么，如果诸位想要生动地回忆起，首先在康德对唯理论所作的批判中曾被刻画为唯理论的独断要素的那个环节[②]，那么诸位实际上就可以在一个螺蛳壳道场里非常具体地贯彻笛卡尔的这个命题，而不必用所谓哲学基本流派的普遍特征来加以搪塞。因为，这个要求包含了

一个首先是相当独断的，而且实际上根本无法理解的预设。也就是这
233 样一个预设：为了事实上拥有被笛卡尔认作有约束力的知识之真正标准的那种完备性，诸位就要能够确保必须考虑和使用的诸要素在事实上是完全熟知的。然而，这个预设事实上只适用于非常特定的条件，其中最明显的是数学的条件。在这里我不想迷失在数学的基础问题上。我相信，在此期间，特别是自引入集合论（Mengenrechnung）以来，数学上的事情早就不再那么简单了——可以说，即便从数学上来讲，这个完备性的公理只能被隐含地假定到可以用确定的杂多性加以计算的程度。除此之外，还必须说，一般而言，一种认识只有在以下情况才能依照这个程序进行：要么这种认识保证除了那个完备性公理所操控的要素之外，没有更多的要素被添附其中；要么这种认识可以说任意地用一个决定来切断更多要素的添附，从而从一开始就满足于业已存在的秩序。换句话说：如果诸位把这个完备性的公理应用到它在其中得到构想的狭窄的数学领域之外，那么真正说来诸位所处理的是这种认识的物化，其意义正是我或许也可以用这个例子向诸位解释的，因为我们毕竟已经相当频繁地使用了物化这个概念：因为在认识对象和认识本身之间还被塞进了第三种东西，在某种意义上还被塞进了一种秩序，一种主体任意地印刻在事物身上的原则，一种可以说是图式主义（Schematismus），它打断了直接的经验，打断了认识与其对象本身的直接关联，如果诸位
234 愿意，它真正说来是停止了这种关联。因此，只有从一开始就通过任意的认识行为决定，到此为止，而不应该再继续认识下去，真正说来这个完备性的原则，这个明显与全面的体系性原则直接等同的原则才会按照有意义的方式得到应用，就好像这其中只有通过这个思维经济行为*已准备好的材料才能建立起这样一种秩序。如果诸位不作这样的限制，诸位也就不会去考察这种完备性，那么事实上完备性的公理就变

* 源于经验批判主义的用语“思维经济原则”，为经验批判主义者马赫和阿芬纳留斯等人提出和主张。——中译者注

成了一个单纯的教条,也就是说,它被预设为绝对有效的,即精神、认知着的意识本身以某种程度上几乎得说神奇的方式可以确信,它用以建立其统一性的所有要素,认识必须包含于自身的所有要素,事实上也是完备地和连续地被给予的。

如果诸位愿意,可以把后康德时代德国唯心主义的努力,甚至自相矛盾地将黑格尔本人的努力视为解决这个两难困境的尝试,人们把接近知识的质料——也就是说,我们不能轻易地确定它就是体系的可用之物——本身也从意识中演绎出来,[从而]试图从意识中演绎出这种秩序随后真正应该发生的情况,来应对这种非同寻常的困难;因此,在某种意义上,激进的德国唯心主义将客体性完全消解到主体性,严格说将存在者完全消解到精神的绝对性当中的意图,将恰恰在这个体系性的动机中得到辩护;这个动机事实上就是那个笛卡尔在这里以单纯教条的方式约定了的动机:某种程度上通过认识的建构、通过认识论本身的奠基来加以辩护的那种完备性,也就是在某种程度上把认识本身规 235
定为完全独立于外部事物的东西,规定为出于简单的根据将一切都纳入自身的东西,因为真正说来是它从自身中产生出一切,然而只有当认识的总概念本身无非是被认识之物的总概念,那么真正说来这个困难(这里实际上是从斯库拉驶向卡律布狄斯)才会出现,也就是表明认识的意义在根本上就是我们真正认识的东西;换句话说:这种事实上被严格执行的同一性,是否真正说来并没有将整个知识转化为单一的同义反复,并且由于它真正说来只是在重复自己,而恰恰忽略了它真正摆放在自己面前的东西,即忽略了对某种与它自身并不相同一的东西的认识。正如我已经向诸位表明的那样,黑格尔也试图通过主张每一个别环节中的非同一性,主张主体和客体的不相—融合(Nicht-ineinander-Aufgehen)来解决这个问题,而现在恰恰是这种矛盾,即判断同其事物的不相融合,必然使主张这种同一性的个别判断落空,成为推动个别判断超越自身并最终真正构成某种包罗万象的体系的引擎。③

我现在不想进一步深究这种思想，而宁愿告诉诸位，批判地意识到在此被设定出来的那些问题的辩证思维必须如何进行，如果人们不教条式地约定认识诸要素的完备性的话。因为一方面，如果我们不知道已经被给予我们的东西是否不断遇到新的认识要素——每个对象本身
236 都有无限的方面，以至于根本不需要添加新的东西，毋宁说事物本身每时每刻都呈现出无限的新的东西——我们就不能保证我们认识的完备性；另一方面，如果我们不想在没有概念的情况下行事，如果我们不想总是简单乏味地以经验的方式屈服于新事物，从而真正说来不想放弃任何知识的话，我们应该如何行事。现在，我要说的是，人们不应该追求知识的完备性，但是另一方面，显然人们也不应该将个别的认识行为当作自身静止的，因而某种程度上这样一种与整体没有联系的东西孤立起来。而辩证法可以说是——请原谅我这种不严谨的表述——一种策略或者一个活动(Veranstaltung)，一种尝试，通过这种尝试，在这个问题中向诸位描述的"圆的方"(die Quadratur des Zirkels)这个难题或许最终可以得到解决，正如整个辩证法真正说来是这样一种尝试，它不是通过简单地保持不动，而是通过自我展开，在自身的诸要素中向前移动，来解决非同一性当中的同一性这个悖论的。因而我要说的是，哲学思维的任务真正说来是创建模式，而不是包罗一切并被无所遗漏的妄想所引诱，顺便说，这种妄想跟我在上一讲中给诸位介绍的那种按部就班、绝对连续的小资产阶级的迂腐观念密切相关。真正重要的是，哲学要去建构模式，在我上次这样表述的时候，我告诉诸位，一种哲学或者思维的实质并不在于其所谓的论题或者个别陈述，而在于站在这种思维背后、散落在每种个别的对象性环节上的光源，那么这将同时适用于
237 我此刻要对诸位说的话，也就是说，这个光源，这一束光事实上散落在它所强调的那些个别的、特定的对象身上——在这里，如果诸位愿意的话，事实上与实证主义同源——却是以如下方式进行的，以至于接下来这光线也从这种特定的被认识之物中散落出来，并被反射到所有其他

存在的对象身上。我几乎可以说,相对于论断单纯有限的正确性而言,哲学真理性的一个标准就是,它能够将多少光从特定的被认识之物传播到其他被认识之物上,将多少光从这个认识的力量中心扯进认识的功能本身。在我看来,这种让光亮从特定的认识中闪耀出来,而不是仅仅将其归入或多或少以行政部门为模式的上位概念的意图,对哲学思维来说才是关键的。

指出如下这点,并非徒然无益,即我在这里对诸位说过的、对在座的某些人或许显得有些冒失的东西,某种意义上说已出现在上一代两个最具影响力的思想家的认识论中,他们也以某种方式想到了这一点,即一方面人们不能用传统意义上的体系概念来应付,但另一方面把个别物单纯地归入普遍概念之下,也就是对每个被给予物进行单纯的分类,也是不够的。我由此想到了两位思想家,就他们的影响力和他们明确表达的立场而言,他们俩彼此之间并没有多少关系,但我也许可以在这里探讨一下他们的学说,以便向诸位指出,我在这里以一种相当极端的方式重新向诸位表达的东西,并不是某种从天而降的冲动,而是在当代思维形态中非常明确地(至少作为一种潜能)预先形成的东西。一方
面,我指的是马克斯·韦伯的"理想型"概念,另一方面,我指的是由埃 238
德蒙德·胡塞尔宣扬的本质概念,这个概念随后从现象学领域扩展到了质料性内容的领域。马克斯·韦伯的理想型概念的确是一种没有体系[也能说得过去]的尝试——马克斯·韦伯并没有体系;在他的《经济与社会》的整个学说中,你根本不会遇到一个具有决定性意义的一般"社会"的普遍概念。尽管如此,马克斯·韦伯仍然认为有必要超越单纯孤立科学的个别论断,并且仅是他的理解概念就已经是一个反实证主义的概念,这点也饱受其他社会学家的批评[4],因为理解某物的确已经意味着不让一个事实停留为这样一个事实,停留为一个单纯的事实,而是我通过理解这个事实,即在其中规定一种意义,使这个事实对另外一个事实,对它本身所不是的东西变得透明。现在,马克斯·韦伯引入

了理想型这个特别的概念，这个概念应该具备如下功能：以某种非常具体的方式描述特殊物所处的普遍情况，却并不在此主张这种关系事实上发生了；毋宁说，它应该是一种单纯启发性的工具，个别的现象、某种个别的经济，应该根据资本主义的理想型来衡量，并由此在概念上被重新规整起来。而当理想型完成了这种秩序并有可能被事实性驳倒之后，它就像席勒著名的摩尔那样完成了他的职责——他就可以走了⑤，他被抛弃了；而理想型的数量原则上是无限的，因为在马克斯·韦伯那里，我愿意有多少理想型就可以形成多少；这里的目标只是组织的科学实践目标。⑥诸位完全可以在这里看到他如何尝试使用一种与我在这
239 里向诸位介绍的模式概念非常接近的思维类型的。只是由于韦伯从根本上有一个实证主义的观点，也就是说，由于在韦伯那里普遍对于特殊来说最终无非是一种特征统一性的缩写，而根本没有看到普遍本质性地存在于特殊当中，正如原则上我们在这里试图从认识论上来理解它一样——这束光线，也就是对这种现象中的真正本质是什么的认识，成为一种单纯的辅助性操作，在这种操作中真正说来根本就没有任何信任被树立起来，这种操作完全是某种没有什么实质的东西，因为它的对象，具有决定性意义的普遍性本身，应该是某种没有什么实质的东西，因而它也就被再次没收了。换句话说：作为一个有所负载的认识论范畴的模式概念，又立即被马克斯·韦伯放弃了，因为他的认识模式本身是一个前辩证法的模式，一个传统逻辑的模式。

某种类似的东西——如果诸位愿意的话——存在于埃德蒙德·胡塞尔的现象学当中，至少在这一点上正是如此，此外现象学还有无数不能在该语境下得到处理的其他侧面。也就是说，如果胡塞尔认为，通过忽略一个个别对象中的那些某种程度上偶然的要素，我就能在这个对象中看出它纯粹的本质，它的实质(Quidditas)，使之成为其真正之所是的东西，而不需要求助于这种类型的诸对象的多样性并且剥夺掉它们共同的东西，那么胡塞尔真正说来也同样完全正确地注意到，导致个别

物被照亮,实际上在其本质性中去把握它、在其所是中去把握它的概念,与秩序的概念不是同一个概念,在这个秩序的概念之下的一系列对象被理解为单纯形式的统一。只不过和马克斯·韦伯一样,胡塞尔也在辩证法决定性的步骤上退缩了,因为他仍然停留在对传统逻辑的遵 240
循上,因为他将我从个别物中看到的东西——也就是为我照亮的本质,个别对象展露在我面前的模式——按照事物(der Sache nach)重新理解为无非是个别对象的普遍概念。除个别对象可以在其下得到理解的普遍概念以外,胡塞尔没有其他对本质本身的观念,他的意思只是说在一种类似于模式的认识方式中,这个普遍物会在特殊物中向我显现出来,但是他完全在普通分类逻辑的意义上理解这种普遍性,由此在他自己的本质学说上陷入了极大的困难,因为恰恰是这个外延逻辑上的普遍物,也就是个别环节被带入其中的秩序等级概念,现在当然不是我能从个别物身上看出来的东西。

如果诸位想一想我在这里试图向诸位暗示的这个模式的概念——也就是试图让个别环节闪耀出投射到他物身上的光亮,如果诸位进一步思维这个概念,就会立刻将它认作哲学真正意欲拟定的这些模式必然的规定;我必须向诸位承认,我本人在哲学上所做的一切,我发表的每一个字,真正说来都不是试图完备地处理一个领域,而是拟定一些如此这般的光亮从中落入整个领域的模式,由此整个领域以某种方式得到修订或者规定;真正说来,我在自己的尝试中很严格地遵循这些模式概念,无论它们是否可能有某种用处;当然,这个模式概念只有兑现了不被孤立这个要求,只有实际上也超出自身,亦即以某种方式兑现了在 241
这里被照亮的特殊物也是普遍物这个主张,才有其意义。而兑现这个特别的、特殊的知识对其普遍性的主张这个问题——我会说——是辩证思维当下真正面对的特殊的认识问题。但是这个环节,也就是个别的模式并不是毫无联系的,不像人们在批评现象学时所说的那样,就跟小图片一样,也不像人们针对马克斯·韦伯的理想型可能会说的那样,处于相互孤立的境地[7]，然而这个环节不能通过人们将这些个别的模式归入一个诸如世界观或者一般的立场的上位概念，或者将它们统握为所谓体系性之物，将它们添附到一个体系当中来得到实现。我将会说，这种沟通并不是让所有东西协调一致，而毋宁说是挖掘地下通道，或者，如果有可能的话，这些地下通道的大门向每种个别的认识敞开，使这些模式——我几乎想说——在地下相互关联，而秩序思维的任意性却没有将这种关联强加给它们；但反过来，这种关联必须顺应事物本身的复杂性，这种复杂性是某种思维者真正说来无能为力的东西，我几乎可以说，它现在是真理进一步的标准，是一种对认识丰富性和约束性的检验，以便确定个别模式的这种沟通仿佛是从它本身当中产生出来的，还是必须从表面上产生出来。如果我曾经在某处写到过，对可信的作品的检验是，它的引文像诱饵那样仿佛是其自身发出召唤，诱使作品
242 走向它们，那么我在那里想要描述的正是这个事态。[8]所以我会说，思维的关联、模式知识的关联，真正说来完成了人们在旧时代曾经求之于体系的东西，这种关联更具有迷宫的特征，而不是体系的特征。我曾经表述过一个命题，我相信诸位中间那些就这件事做过阅读的人一定会对这个命题有所不满，或者对之反复思忖，这个命题就是：唯独那些对自身一无所知的思想才是真实的[9]，而且诸位很容易会说："好吧，人们从这种哲学中可以看出，它其实是一种并不理解自身的哲学。"我不想剥夺任何人在这个概念上的乐趣，但我想在这里非常准确地表达我此刻试图呈现给诸位的东西，我恳请诸位把我呈现给你们的东西看成对那个命题的一种解释。或许诸位也会从中看到，这样的命题并不是一种概念，尽管它们可能显得像是这样，而毋宁说它仅仅是一些要点(Pointen)，它们在这些思想的连续性内部有其确切的位置。因此，我想说的是，真正说来只有那些出于其本身的重力而与其他思想进行交流的思想才是真实的，而那些被带到表面的概念，并由此被分类和归入一个抽象的普遍概念的概念，某种程度上从一开始就将自己规定为某

种普遍物的一个单纯的“特例”或者单纯的例子，由此当然正是那种使一种认识成为真正的认识的精华迷失了。

为了至少用文学中的一个类比向诸位表明，我所说的认识的这种独特的迷宫般的特征(今天在我看来，该特征对这样一种一般的认识，因此对既是有联系的，又是不成体系的知识来说是必不可少的)是什么意思，我相信卡夫卡的小说，或者卡夫卡全集在这一点上真正说来具有 243
非常准确的认识论功能，顺便说一句，如我可以在这里向诸位当中对文学感兴趣的人指出，卡夫卡的作品由于其根本上的寓言式特征，真正说来根本不符合艺术作品的概念。也就是说，如果诸位用心去读卡夫卡，那将无法摆脱这样一种感觉：所有这些长篇小说和短篇小说在某种意义上是相互沟通的，而这并不是因为它背后人格性的统一性，甚至并不是因为情绪——必须为卡夫卡说句公道话，他的作品中真正说来根本没有诸如情绪这回事——甚至并不是因为世界观的内容，因为这些小说要比它想要从自身说出的一种世界观的内容更为重要——继布罗德先生和舒普斯先生之后，人们以这种方式对卡夫卡的瞎扯[10]，可能都是胡说八道——，毋宁说在现实性当中，更多的情况是，一个本身真正说来是一以贯之的、以一种奇怪的方式相互关联和明确表达的，却避开了任何统一性概念的世界，实际上是以所有可能的面目出现的，这种思维随后一再返回到这些面目当中。此外，只有通过这种迷宫式的要素，认识一般来说才能掌握生活当中无限的东西，而不是把它割裂开来，也不是盲目地服从于它，这一般来说构成了伟大小说形式的冲动之一。如果人们想写某种类似于逻辑学的东西，一种伟大小说的认识理论(上帝知道这将会是一项重要的任务)，那么人们就可以在巴尔扎克[11]的作品中找到某种非常类似于我在卡夫卡这里所描述的迷宫式的个人间的交流。如果我可以提到我们时代一位完全不同的作家，那么我会说，海米 244
托·多德勒作品的整个结构都被这种迷宫式的特征所主导。[12]允许我再补充一句，这种迷宫式的特征本质上跟既是真正的对象，同时也是认识主体本身真正建构的社会结构相关，因为事实上我们的确生活在一个一切都在功能语境中与其他事物交流的社会中，但这个沟通的语境本身在某种意义上却是非理性的，也就是说，根本不是透明的，而毋宁说从特定的强制当中凸显出来，在这种强制中某物结识他物，而不需要整体的上位概念，这个整体将服从于它的那个体系，现在真正说来是明白的和公开的。因此我会说，思想如果不在其普遍规定性的意义上去反思自身，就必然被驱策超越自己，并且真正说来几乎总是因为想要把自己还原成它的普遍概念而失去其真正的含义。我曾经在本系列课程中另一个地方告诉过诸位对直觉概念各式各样的批判。[13] 如果一闪之念的概念想说的东西超越了某种思想单纯的主观特征，也就是如果“冒出来的念头”不仅仅是指某种突然想到的东西，那我将会说，一闪之念真正说来恰好总是意味着这个环节，在这里一种思想不是由其抽象的上位概念带来的，毋宁说它，我想说，是作为与具体对象有关的个别物同时指向自身之外并释放出力量的，这股力量现在使这些个别环节在它们的皮下结构（真正说来是隐匿的结构）中相互关联。

我现在转向体系的概念，笛卡尔的完备性公理真正说来指的就是
245 这个概念。首先，我想对诸位说，为了使关于体系概念的讨论达到它真正现时性的形态，体系的哲学思想本身在其结构方面已经发生了决定性的历史变化。我相信，致力于研究体系概念本身的变化将会是一项回报丰厚的工作。我不想从亚当和夏娃开始，而是想把自己限定在近代哲学上，也就是限定在自康德以来的哲学史上。如此看来，体系的概念首先应该做的无非是在面对诸存在者纷沓而至的多样性、非理性、偶在性和不可渗透性的时候坚持统一性的环节；而这种统一性的最低限度，就像这种思想统一性存在的最低限度一样，在面对这种纷沓而至的偶在性时坚守自身，这在康德那里恰好意味着体系。在继康德之后的伟大哲学，并且正是在发展到最激进程度的黑格尔哲学中（我们这个系列课程必然尽可能地在主题上着眼于黑格尔哲学），现在的情况是，体

系的要求在这方面得到了不可估量的扩展,也就是说,实际上这里最终试图从纯粹的概念中,换句话说,从精神中发展出一般所是的东西的全部的丰富性,发展出诸存在者本身的丰富性;由于它⑭被放置在与精神的同一性当中,由于精神从自身中产生出一切,由于它在某种程度上也拥有自己名下的一切,由于它是所有它所是的东西的主人,而一切恰恰都同那个完备的、没有任何遗漏的教条处于联系当中,正如笛卡尔已经假定的那样。只有到那时(真正说来,这也是后康德哲学巨大的冲动之一),这种联系才不再是这样一种物性的联系,不像它在笛卡尔那里根据确定的数学的图式(Schema der mathematischen definiten Mathematik)所假设的那样,毋宁说届时这种联系与整体的自身生成相反;也就 246
是说,这个体系是完备的,因为它不再让所有存在的东西都协调一致,而是试图通过从其本身出发,从康德统一性的要点出发,也就是从统觉的综合出发的方法来真正产生出一切,所以体系真正说来是生产性的、自我确知的精神的总概念,是真理性自家的王国,正如黑格尔哲学所说那样。⑮现在,如果人们完全可以出于某种理由谈论资产阶级思想的一种倒退运动,一种后退运动,那么同样适用于体系的概念本身,也就是说,这种同一性要求在后黑格尔思想史上一度遭到瓦解,在此之后,体系的概念——我差点说——江河日下,即它又变成一种单纯的秩序图式。那么系统(Sytematik)无非就是力求尽可能完备地进行分类,不遗漏任何东西,最后,正如当下情形的特点那样,哲学体系或者个别科学的体系真正说来事实上几乎可以说成了行政计划、程序计划的某种模具,因而成了一个图式,在这个图式中,所有可能发生在这样一个思维官僚身上的事情都会找到自己的位置,从而合乎秩序地得到处理。在下一讲中,我们将探讨这种发展,特别是由此给辩证法带来的疑难,哲学上的疑难,在这方面我们还要首先探讨非常流行的"参照系"概念。

注释

① Descartes, *Abhandlung über die Methode*, a. a.O.(s. Anm.199), S. 15.中译参见笛卡尔:《谈谈方法》,第 16 页。

② 康德批判理性主义,因为这种理性主义是以沃尔夫形而上学的形态呈现给他的,后者在以下意义上是教条主义的:"那种要依照理性早已运用的原则、单从概念(哲学概念)中来推进某种纯粹知识而从不调查理性达到这些知识的方式和权利的谵妄。所以独断论就是纯粹理性没有预先批判它自身的能力的独断处理方式。"[*Kant*, *Kritik der reinen Vernunft*, a. a.O. (s. Anm.49), S. 31.中译参见康德:《纯粹理性批判》,第 19 页。]

③ 见第二十讲注释⑨。

④ 在其他地方,阿多诺将对韦伯"理解"概念的这种批判归结为经验社会研究的代表。"整个经验社会研究不仅将矛头指向社会哲学的思辨,也将矛头指向旧有的,甚至已经在很大程度上以经验为导向的社会学的核心范畴,例如使用了'理解'概念的社会学。"(Vgl. Adorno, *Empirische Sozialforschung*, GS 9・2, S. 327—360; hier S. 357.)卡尔・曼海姆(见第十八讲,注释⑨)也是在美国实证主义社会学的影响下,在社会学研究中确立起他对概念形成的看法,与韦伯的理解理论(以及历史辩证法)相对立。(Vgl. Adorno, *Neue wertfreie Soziologie*, GS 20・1, S.16.)

⑤ "摩尔(准备下场)。摩尔已经完成了他的工作,摩尔可以离开了。(下场)" (Friedrich Schiller, *Die Verschwörung des Fiesco zu Genua*, 3. Aufzug, 4. Auftritt; in: Friedrich Schiller, *Sämtliche Werke*, Erster Band: *Gedichte*, *Dramen I*, hrsg. von Gerhard Fricke und Herbert Göpfert, Darmstadt 1984, S.704)——在这句话的引文形态中,将"工作"替换为"职责"是很常见的。

⑥ "在抽象的经济理论中,我们面对着人们通常称作为历史现象'理念'的那种综合的例子。这类理念为我们提供了在交换经济的社会组织、自由竞争和严格合理行动情况下商品市场过程的理想图像。这种思想图像将历史活动的某些关系和事件联结到一个自身无矛盾的世界之上,而这个世界是由设想出来的各种联系组成的,这种构想在内容上包含着乌托邦的特征,这种乌托邦是通过在思想中强化实在中的某些因素而获得的。它与经验地给定的生活事实的关系仅仅在于:凡在由这种抽象的结构所描述的那种关系,也就是依赖于'市场'的各种事件被发现或被推测到实际上在某种程度上发挥作用的地方,我们就能够根据理想类型、根据实际情况来说明这种关系的特征,使它易于理解。这种做法的可能性对于启示和描述价值都是不可或缺的。"韦伯以资本主义文化的理想型或者理念为例,继续说道:"现在可能的情况是,或者毋宁说我们必须承认为确实的情况是,总是有许许多多的、的确是相当大量的这类乌托邦被勾画出来,其中任何一个都不与其他的乌托邦相类似,没有哪一个能真正在经验实在中作为社会状况实际

有效的秩序而被观察到。但是,其中每一个都声称自己是对资本主义文化'观念'的描述,而且即使其中任何一个都能够提出这样的要求、也只限于在它们已经从实在获取了某些其性质富有意义的特征,并把它们安排在一个统一的理想图像的范围之内。"[Max Weber, Die ›Objektivität‹ sozialwissenschaftlicher und sozialpolitischer Erkenntnis, a. a.O.(s. Anm.144), S. 190 und S. 192.中译参见马克斯・韦伯:《社会科学方法论》,第 45 页、第 47 页。]

⑦ 阿多诺本人在他《认识论元批判》的"自然博物标本室"一节进行了这种批判。(Vgl. GS 5, S. 219 bis 221.中译参阅阿多诺:《认识论元批判》,第 190—191 页。)

⑧《最低限度的道德》在"镜子背后"一节中写道:"正确书写的文本就像蜘蛛网络:紧密、同心、透明、纺成细丝、牢固。它们把空中的一切生物都吸引到自己里面来。那些匆匆掠过的隐喻成了它们营养丰富的猎物。主题向它们飞来。一个概念的正确性可以通过它是否使一个引语召唤出另一个引语来判断。"(GS 4, S.97.中译参见阿多诺:《最低限度的道德》,第 91 页。)

⑨《最低限度的道德》在"字母组合"一节中说道:"唯独那些对自身一无所知的思想才是真实的。"(GS 4, S. 218.中译参阅阿多诺:《最低限度道德》,第 230 页。)

⑩ 马克斯・布罗德(1884—1968),作家、翻译家和作曲家。布罗德是弗朗茨・卡夫卡的朋友之一,也是他的遗物管理人,并且出版了一系列卡夫卡的著作。(Vgl. u. a. Max Brod, *Franz Kafka*, Prag 1937; ders., *Franz Kafkas: Glauben und Lehre*, München 1948.)——汉斯・约阿希姆・舒普斯(1909—1980)在《历史转折点的信仰》(»Der Glaube an der Zeitenwende«, 1936)等作品中评论了卡夫卡。在根据布罗德和舒普斯的文献对卡夫卡作品进行的解释中,不同的、有时矛盾的立场的阐述,可以在以下文章中找到:Julius Schoeps, *Im Streit um Kafka und das Judentum*, Königstein/Ts. 1985。

⑪ 奥诺雷・德・巴尔扎克(1799—1850)想通过他(未完成的)小说选集(Romanzyklus)《人间喜剧》(dt.: *Die menschliche Komödie*, München 1971—72)来塑造那个时代法国的社会群像。这九十一部小说通过不同故事主人公的频繁回归而相互联系在一起。

⑫ 海米托・冯・多德勒(1896—1966)凭借小说《斯特鲁德霍夫梯道,或梅尔策和年代的深度》(»Die Strudlhofstiege oder Melzer und die Tiefe der Jahre«, 1951)和《恶魔:根据盖伦霍夫科委会编年史》(»Die Dämonen. Nach der Chronik des Sektionsrates Geyrenhoff«, 1956)晚至 20 世纪 50 年代才被承认为一名作家。两部小说中的第一部,就其内在的结构而言,就已经是由许多独立的情节的组合而成的,这些情节不是通过一个主要情节,而是通过一个地点——斯特鲁德霍夫楼梯——被联系起来的;通过《恶魔》中一个主角的回归,这些小说也被相互联系起来。

⑬ 见本书第126—127页。

⑭ 将“er”修改为“es”。

⑮ 阿多诺在这里想到的字面表述，在《精神现象学》当中并非在精神阶段才被列入，而是在自我意识阶段就出现了：“所以，伴随着自我意识我们现在就跨进真理自家的王国了。”[Hegel, *Werke*, a. a.O.(s. Anm.8), Bd. 3: *Phänomenologie des Geistes*, S. 138.中译参见黑格尔：《精神现象学》，第110页。]——在美学中也可以找到跟“精神家园”类似(更确切说也与阿多诺所说的“生产”相关)并且同样著名的词句：“正式的史诗既然第一次以诗的形式表现一个民族的朴素的意识，它在本质上就应该属于这样一个中间时代：一方面一个民族从浑沌状态中醒觉过来，精神已有力量去创造自己的世界，而且感到能自由自在地生活在这种世界里；但是另一方面，凡是到后来成为固定的宗教教条或政治道德的法律都还只是些很灵活的或流动的思想信仰，民族信仰和个人信仰还未分裂，意志和情感也还未分裂。”[Hegel, *Werke*, a. a.O.(s. Anm.8), Bd. 15: *Vorlesungen über die Ästhetik III*, S.332.黑格尔：《美学》(第三卷 下册)，第109页。]

第十七讲

（1958年7月22日）

女士们，先生们： 247

上一讲我已经开始告诉诸位一些关于辩证法对待体系的态度。由此我把适用于一般辩证方法真正核心的问题保留在最后几讲，这个问题就是：如果人们放弃了体系的概念，他们还能否坚持一般辩证法的理念。这个问题异常严肃和困难，没有人会将这个问题看成是预先决定的；我自己也不这样认为。但首先，我更愿意根据哲学体系中出现的问题，继续和诸位一起探讨辩证法对体系概念的态度。我想提请诸位注意，在上一讲中我就曾提请诸位注意过，自笛卡尔以来，体系的概念真正说来一直是西方哲学理性主义诸哲学流派的标志，在康德试图从一个统一性的点上发展出最低限度的绝对有效和必然的见解时，它第一次隆重登场；因为在康德那里，统一性的概念和体系的概念恰恰是等值的，也就是说，体系学（Systematik）在康德那里真正说来无非就是证明意识统一性，以及意识的被给予性（或者意识的事实）与这样一种统一性的关系。随后，后一康德的唯心主义试图超越康德，以某种更严格的方式，即通过对这种自足体系学的概念与从外部来到我们面前的有限的、偶然的杂多性的表象之间的不可和解性的洞见，将体系的概念提升

248 为总体性，也就是说，以完全内在的方式，或者没有断裂的方式从思想中发展出整个现实性，一切都概莫能外。而黑格尔的辩证法体系恰恰就是这样一种天才的尝试，即不仅试图从意识中推导出不属于意识的东西，即偶然的和有限的东西，甚至还试图将偶然性的形式本身规定为必然性的一个环节。

这个体系的概念在19世纪从两个方面陷入声名狼藉的境地，即一方面来自实证的自然科学，它首先摆脱了黑格尔和谢林自然哲学的先天建构，而这种发展最终也将那最低限度的先天性拖进批判的漩涡，而这种最低限度的先天性仍然被保存在康德的范畴表或者原理体系当中。另一方面，体系概念已经被取向于历史和生命范畴的哲学弄得声名狼藉，后者强调体系的逻辑结构和所谓非理性的事实(即本身不能被强调为可被还原为意识的事实)不相容性——某种意义上说这种发展从叔本华就已经开始了，但他对体系概念的态度却一直是模糊的。[①]后来，这种批判在尼采关于构造体系是不诚实的行为这个颇具影响力的箴言中达到顶峰。[②]随后，官方的学院哲学发现自己在体系概念上处于某种尴尬和棘手的境地，也就是说，一方面，它们不想放弃哲学是科学的女王这个想法，不想牺牲成功地将一切知识、一切科学都结合在一个统一的观点之下，或者有可能将之建构出来的想法，但另一方面，它们
249 当然也无法抵御从这两极出发对体系概念所进行的集中的批判，这就产生了诸如狄尔泰哲学这样非常综合而复杂的折中方案，狄尔泰哲学可以被描述为扣除体系概念后对黑格尔的一种实证主义的世俗化。其他人则试图重新将体系概念缩减到它在康德那里的适度范围，并在这个过程中去琢磨它，使之也能够将现代自然科学纳入自身之中。这是马堡学派，是海尔曼·柯亨和保罗·纳托普[③]竭力寻求的解决方案；而其他新康德主义流派[④]，如文德尔班和海因里希·李凯尔特的西南学派，最终试图淡化体系概念，把它置于最普遍的原则之下，使之事实上变成了一种外壳。

真正说来,人们可以从一般体系概念的历史中看出现代形而上学的衰落,或者可以更好地说,看出现代形而上学的崛起和随后的衰落。这种思维迂回上升到黑格尔的高度,最终重新回落到折中主义或者适度的建构。在这方面,李凯尔特的学说别具特色,他和生命哲学进行了论战,并为其献上一部批判性的著作[5],然而却被非理性主义吓坏了,他宣称,一个体系必须像一所房子,一个完全活生生的人(在此他提到歌德的名字)可以住在里面[6]——至少已经是一个非常狡猾的表述,因为在这个表述中体系宣称自己在某种意义上仅仅是它所容纳的内容的外壳,因此已经放弃了真正把整体把握为一个整体的要求,并实际上满足于单纯的秩序思维。这样人们就会认为,体系概念已经被悄无声息地埋葬了,人们已经将体系缩减到了那完全形式的领域,即纯粹逻辑学 250
领域,在那里它可以没有矛盾地进行下去。正如事实上在逻辑实证主义那里,对绝对严格、简明的逻辑体系(即真正意义上的演绎体系)的要求,以一种截然无关的方式与经验主义相对立,后者以一种更加激进和现代化的形式恰恰同样被推向其极端。然而值得注意的是,尽管有这段特别的历史,体系的概念显然没有丧失它的吸引力,并且尽管今天去着手创作哲学体系的哲学家从一开始就沦为笑柄——因为人们会认为,只有不了解世界的人,才会产生能在这样一个捕蝶网中捕获整个世界的观念——尽管如此,体系的概念某种意义上依然存在。

或许我可以借此提请诸位注意,任何一种精神历史的表象(不仅是精神的历史表象,而且是实在的历史表象),如果认为历史上遭到谴责的形式也会随着这种谴责而消失,那就太过无害了。确切来说,在整体现有的非理性当中,这些就其自身的主张而言实际上已经完成了的、事实上早已过时了的形式仍然以某种方式继续存在,但——几乎可以说——现在以一种腐烂的方式继续存在,就像一种有毒的物质,萦绕在变化了的世界当中,并在那里造成一切可能的灾祸。为什么对体系概念非常严格的批判最终未能真正从世界上消解体系的概念,消解体系,

特别是消解对体系的需求，针对这个问题，人们在历史辩证法中一般能
251 给出非常好的，或者如果你愿意的话，非常坏的理由。因此，仍然存在某种类似于体系的东西，尽管它是以一种顺从的(resigniert)形态存在的，无论是作为一种顶层组织(Dachorganisation)，现在最普遍的科学命题在某种程度上都应该在其中被联合起来，还是相反，作为一种基础，其他一切东西现在都应该安全无虞地建立于其上。

我相信，我已经向诸位充分地解释了，整体或者总体性的概念，正如它在辩证法当中发挥的作用那样，根据其自身的意义和本质，与这个整体的表象是不相容的，不管后者被解释成最高的还是最低的普遍物。但是，在我看来，恰恰在当前的形势下，特定的体系构造仍然对倾向于严格科学的人产生出一种吸引力，因此我们应该不失良机地对新式的体系概念说点什么。恰恰是实证主义者呼吁一种思维方式，这种思维方式某种程度上允许他们安置一切，给一切东西以其位置，而不需要真正确定一个理论。但是人们几乎可以说，任何理论上的建构力量越是不能真正有效地决定个别环节——因而个别发现之间的精神纽带本身消失得越快——就越需要出现这样一种抽象的安全感，所有东西都能以某种方式被接纳进这种安全感当中，而就此根本没有一种概念、把握(Begreifens)、理解和意义的真正的环节归于这种总体性和接纳；毋宁说，这些最新式的体系真正说来实际上无非是秩序图式，它通过下述情况理应是可能的这一点来得到衡量：用它们来捕捉所有东西，不得有任何遗漏，没有任何存在的东西不会在这些体系之中找到它的抽屉*。

* 这里有一个上下文的语境，阿多诺在前文中对柏格森批判道："这真是一个奇特的悖论：恰恰是柏格森不知疲倦地谴责用范畴和秩序概念来划分事物，用小盒子或者单纯分门别类的、成型的、机械的概念来思维，而同一个柏格森现在却反过来把他认为是正确的那种知识打包塞进一个小盒子里，并把它看成是仿佛与知识过程的总体性完全分离的东西。"所以阿多诺认为，万物都能被分门别类，进而被规整为科学体系的部分，这是近代机械思维的表现。形象点说，就是把事物依据范畴分类，像中药材那样塞进一个个的小抽屉。——中译者注

我相信，如今从这种体系性或者伪体系性的构造中产生的吸引力不是
偶然的，而是与今天的世界被人们在一个新的和——我想说——消极 252
的意义上经验为一个封闭的世界有关。但这不是中世纪鼎盛时期的哲
学中的那个封闭的世界(在这个世界中，天启的教条与最进步的意识状
态被设定为一体)，而毋宁说是如下意义上的封闭世界，真正说来在可
能经验方面存在的一切，都是被人们事先经验过的或者被视为社会已
经预先形成的东西，在一种严肃的或者沉重的意义上，新的经验其实被
排除在外，从经济上讲，世界倾向于退回到简单的再生产，让扩大的再
生产趋于萎缩——这种倾向至少作为一种倾向，事实上为当今众多经
济学家所证实。[7] 因此，真正说来——可以说——这是一个经验的世
界，在这个世界当中，不再有诸如边界之类的东西，不再有任何不可理
解的东西，在这个世界当中，一切都事先被人们知觉为已经预先规整的
东西，而在这种新情况下产生的对体系学的需求，真正说来无非就是要
找到与事先印刻在诸存在者身上的那种预先规整性(也就是通过“世界
的官僚化”[8] 的现象，通过被管理的世界的现象印刻在诸存在者身上的
那种规整性)相称的概念形式。这些最新式的体系的特点是，它们真正
说来表现了某种强有力的程序秩序或者进程规划，在这些秩序或者规
划当中，一切都像已经计划好了的行政进程一样找到自己的位置，并且
在这些体系当中真正说来根本没有超越性的空间；而那些伟大的体系
真正说来正是从中获得了它们的冲动，相对于个别东西和事实东西的
意识的超越性、精神的超越性，以及神圣精神的世俗化，现在则转变成 253
内在性，[因此它们]试图将甚至本身不是精神的东西仍然当作精神性
的东西去加以把握，当作比它本身更多的东西去加以把握。旧体系的
这种倾向，即通过将其纳入总体性而赋予单纯的存在者以某种意义的
做法，现在已经完全消失了，真正说来它只涉及某个庞大的官僚计划，
然后将一切都囊括在这个计划之下，在那里决定性的标准真正说来是
将其中发生的一切无缝衔接起来的想法。

因此这些体系与自费希特以来就规定着哲学的辩证法草案完全相反；它们追求的乃是纯粹的无矛盾性，而只要这种无矛盾性不是由经验内容保障的，它就会被转移到单纯的方法论当中，也就是转移到单纯的程序当中。也就是说，范畴应该这样被选择出来：在使用这些范畴的不同科学之间存在着一个无缝的连续性。尽管如此，我首先想到的是塔尔科特·帕森斯的体系，即社会的结构—功能理论⑨，该理论目前不仅作为事实研究的顶层组织在美国发挥着异常重要的作用，而且，如果我没弄错的话，它在欧洲也逐渐开始产生影响。在这里，关键的方法论观念是拟定一个范畴体系，人们通过这个体系可以真正理解所谓人类科学领域的一切个别科学，也可以通过同一个范畴体系或多或少地理解广义的社会科学。他明确地对心理学和社会学提出这样的要求，不难证明社会学和经济学也被提出了某种类似的要求，例如社会学的功能
254 标准和非功能标准真正说来本质上取自凯恩斯的经济学。⑩与此相对，批判性地说——我认为在这里批判性地提请诸位注意这些事情是很重要的，因为我相信对当下的意识来说没有什么要比虚假的安全感更危险，我相信如今的诱惑与其说是冒险不如说是安全——因此我认为，就此可以对诸位说出以下的话⑪：这种帕森斯学说的一个论点恰恰是，人们不得不提出一些范畴，现代心理学（也被看成是分析的深蕴心理学）和社会学借助于这些范畴某种程度上可以被带入同一个公式当中。虽然作为一个严谨的学者，他对心理学和社会学之间不容易存在连续性的事实作了说明——众所周知，马克斯·韦伯已经遭到过这种反对，尽管韦伯反复声称他的社会学不是心理学⑫，但却从未能够以一种真正有约束力的方式将他的理解概念与心理上的移情概念区分开来——，但我相信，在一个对抗性的社会当中，说社会所依据的法则和个体所依据的法则有很大的分歧，这要激进得多。这就意味着，从内容上说，正如马克斯·韦伯和塔尔科特·帕森斯在很大程度上也承认的那样，社会法则是在交换过程当中形成的目的合理性，而现在我们在本真意义

上描述为心理学领域的东西,处理的恰恰是人类活动范围内不能进入这种合理性当中的那些东西。如果不避讳陈词滥调,人们可以毫不矫枉过正地说,那么简言之心理学总是与不合理的现象有关,因此换句话说:心理学跟出现在个人逃避整个社会合理性(这种合理性毕竟不是一 255
种完整的和令人满意的合理性)要求的地方的所有现象有关,并在自身中发展出意义与此相反的征候关联和情结。换句话说:出于社会发展本身的理由,也就是基于如下一个简单的事实,即社会建立在不断地把牺牲和拒绝强加于个人这个基础之上,而真正说来却不对人们的这些牺牲和拒绝(社会承诺会对这些牺牲和拒绝进行真正合理的补偿)进行实际的补偿——从社会本身中的这种充满矛盾的结构可以得出,个别个体的性质和个别个体在其下把握到的法则,与在其下社会的总体性作为整体而存在的法则——几乎可以说——是相反的。如果人们不去解决和具体地规定心理学和社会学法则的对立性,而是以这样一种方式来抽象它们,即最终保留一个更高的、第三方的普遍者,它对社会学领域和心理学领域都具有约束力,那么就会得出某种完全被冲淡和抽象的东西,它既不会公正对待社会学具体的需求,也不会公正对待心理学的需求。因此,在这种类型的秩序体系当中,对概念形成连续性的要求从一开始就受到最严重的损害,因为它从一开始就把自己置于诸环节内容性结构的对立面,或者它从根本上必须处理的内容的结构的对立面。

因此,诸位可以在这种批判当中再次发现我们辩证法的动机,我们已经通过这些考察对该动机有了一个总体的把握,即相对于单纯主观的理性、方法以及仅仅由主体强加的形式,我们必须使客观性作为一个独立的环节而发挥作用,并且每种范畴的形式,现在如果不是在规整理 256
性分类的或者其他逻辑需要上形成的,恰如其在诸对象的自在存在上形成的,那么真正说来就会由此而违背真理。这就是当今这些体系形成的特点——并且我想预测这些特点很快就会在更大范围内出现,即被管理的世界在某种程度上将会越来越多地反映自身，也会反映在一种管理的逻辑或者管理的形而上学当中——这些构造的特殊之处就在于，它们宣称一种奇怪的中立性；这种中立性在帕森斯的体系中就表现为，某种社会结构唯一的标准，也就是社会结构真实性或者不真实性、合法性或者不合法性的唯一标准，真正说来就是“功能性”或者“功能性障碍”的概念；也就是说，唯一的问题是这样的社会秩序是否运转正常，而运转正常与否的默认标准就是，这样的秩序维系着自己的生命力，它保持存在，即使这件事的发生以最可怕的牺牲为代价，即使这样一个体系性的社会秩序的自身-维持（Sich-selbst-Erhalten）以人类自身的利益为代价。因此，某种程度上重要的只是同一性的逻辑形式，重要的只是这种类型的结构在它自己的概念中维系自身，并通过体系与自身的这种同一性（不考虑它真正说来跟什么有关，也就是说不考虑包括在里面的人），这里表面上保持的中立性就变成一种单纯的假象；也就是说，这种表面上仅仅是秩序思维的思维，变成了对每种现存秩序的辩护，而完全不关心这种秩序现在与人类的利益有什么关系。这种中立思维的和
257 谐倾向，即通过其范畴形式使矛盾消失不见，从而就有利于对现存之物的辩护，也就是说，事实上普遍存在的社会矛盾并没有被纳入这种思维当中，并且最重要的是将现存之物当作现存之物来加以辩护，充其量是就这样一个现存的东西如何继续维持正常运转给出建议，而没有看到恰恰是那些被范畴体系忽略的矛盾，现在被驱赶到体系之外并可能通往另外一种体系。我或许可以在此说明，一般来说流行的实证主义思想相对于一种或多或少与任意的价值体系或者立场有关的思维而言，本身就是一种欺骗，因为根本不存在所谓的中立思维，而通常来说，适用的规则是，恰恰是这种思维对其事物所谓的中立性，通过它单纯的形式，也就是通过统一的方法论的体系化的形式，导致了对现存事物的辩护，也就是它本身就具有一种辩护的特征，一种——如果诸位愿意——真正说来是保守的特征。因此，我想说的是，要对思维绝对的中立性概

念进行批判,正如反过来讲,也要对立场思维的概念进行批判,我们已经从黑格尔那里获悉了这些不太友好的意见。⑬

就此而言,我想就体系概念的那种形态说几句,在西方先进的实证主义思维的形态当中,我们恰恰是在社会科学当中反复碰到这个概念形态,当人们考虑整体的建构而不仅仅是个别事实的确证时,也会被反复要求使用这个概念形态。这就是被美国人称为“参照系”(frame of reference)的著名概念,人们或许最容易用德语的“参考系”(Bezugssys- 258
tems)或者“坐标系”(Koordinatensystems)概念来描述这个概念,个别事实必须与之相关。因此,正是在实证主义事实研究的范围内,我们反复碰到参照系的问题,并且人们反复被告诫必须有一个参照系,在多数情况下,这正是参照系呈现给实证主义的方式,似乎人们现在有了这样一个跟搜集和整理的事实相关的参照系,就意味着人们摆脱了单纯的材料堆积,摆脱了单纯的资料搜集,而且在这种归纳的过程中,在把整个事实编排进这个参照系的过程当中,就能真正发现精神的或者科学的功绩。我认为,这种观念是没有根据的。在我看来,仿佛通过参照系的思想,存在于事实和思想之间连续性,或者恰恰是它们之间的那种关联——我曾试图至少在辩证法范畴内向诸位作出一点澄清——真正说来被蒸发成了技术上的一体化(Gleichschaltung),或者变成一种教条式的固定观点。非常独特的是,一般来说,当这样一个参照系被要求的时候,它真正说来根本不应该合法化自身,也就是说,根本不需要它为自身辩护,无论这种辩护来自理论,还是来自它所涉及的质料,毋宁说,人们应该只在某种程度上有一个参照系,这样人们就可以以某种方式在这个参照系中接纳各自搜集的事实。因此,辩证法,即事实质料和所谓的参照系(概念)之间的联系真正说来被打断了,从而有利于一种单纯的向范畴之下的归属。就此而言,我认为这并不是最糟糕的,真正令人担忧的是,这种参照系本身具有任意性的特点,也就是说,人们仿佛 259
被敦促去思考一些这种类型的秩序图式,尽可能多地适应其中并具有某种形式逻辑优雅的优势，但真正说来它本身并不是从一种理论中派生出来的，也不是从对象的概念中派生出来的，而是人们根本上也完全可以用另外一种方式来替换的。从字面意义上讲，它实际上正是一种理智上的行政行为，一种如同在官僚制中那样在精神的官僚制中被强加的程序图式，而真正说来并没有在事情本身中合法化自身。因此，通常来说，各种类型官僚主义作风的干部(Apparatschiks)、懂得如何申请基金的备忘录作者，以及那些尽可能机敏地提出他们所谓的理念以便获得金钱或者地位的人，通常都在这方面天赋异禀，即把跟他们有关的个别物安置这样的参照系当中，从而给人留下这样的印象：在这里被理解的就是整体，在这里所从事的就是整体，而真正说来它只不过跟一种陈述的图式，而非事物本身的图式有关。很明显，正因为它应该将一切安置在自身之内并在自身之下处理一切，这种类型的图式必然是僵化的和形式主义的。

然而在我看来，除此之外，参照系的思想还有一个非常危险的方面。也就是说，正因为这样的参照系现在与抽象的、现成的、事实性的、与在其下被把握事实相比是有形的和可掌握的事物，所以它成为一种信条，而不管它是多么的空洞和虚无。如果有人在与社会学同事的讨论中遇到这样的问题：“你的参照系是什么?”那么通常几乎可以肯定，
260 它背后的意思是：“那么坦白说吧，你究竟有什么理论思想，并且作为你对社会看法的参考系，难道你真的不认为，也许有些思想作为你关于社会观点的参照系，并不符合这个社会本身的图式，反而有可能危害它?”社会的物化或者一般来说哲学理解的物化，是为参照系的概念所固有的，所以同时具有非常确切的社会功能。它有助于人们捕捉每种思维，将其固定在作为其基础的僵化的参照系当中，然后可以很容易地被贴上当今拣选出来现有的世界观，或者，正如人们喜欢说的那样，意识形态的标签——而这似乎是它真正的危险所在。非常有意思的是，在这里体系剩下来的唯一功能真正说来是形式上的安全性，因此这里的体

系真正说来不应该再像唯心主义草案的时代那样,意味着思维在任何地方都是在家的,思维通过世界回到自身、回到精神的王国[14],而是意味着它某种程度上能够躲进一个概念秩序当中得到庇护,只要它在此体系中足够机灵,能够决定合适的参照系,相对而言就会少生事端。而且我相信,如果当今糟糕的形而上学和糟糕的科学逻辑以一种近乎恶魔的方式契合在一起,那么没有任何地方可以像这里一样准确地看出这一点,也就是说,参照系可以说是新的庇护状态的科学形态,其价值也与此相当。

我相信,我已经就此向诸位展示了,在我看来辩证思维在当前形势下所面临的某种现时性(Aktualität)。诸位的确可以说,根据我在这一讲的开始向诸位勾勒的那种发展,辩证思维真正说来也已跌入谷底,它 261
的思辨环节和所有落入批判的事物真正说来都会指向辩证法本身,我在这里也不想粉饰什么。在思维的"技术"发展的意义上,在思维的流水线的意义上,辩证法事实上是落后的,用类似于瓦莱里的话来说,与穿着白大褂摆弄着他闪闪发光的工具,而不弄脏双手的实验员相比,一个诗人的做法是落后的。[15]但我认为,辩证法恰恰在其时代错位的特点上,如果诸位愿意的话,在面对实在性压倒性的趋势下的无能为力中,才能指出同今天日渐盛行的连续的、流线型的、范畴的形式相比的那种非真理的环节,这种环节正是因为思维不再了解任何边界,某种程度上也不再存在任何外在于那致命的内在性的东西,才真正说来在现有的科学运作框架内也不再能得到认识。换句话说:在我看来,只有通过辩证思维来称呼被宰制的世界才是可能的,即使被宰制的世界极有可能吞并一切,并且在一段不可预知的时间中,我在这里试图给诸位的某些模式的思维也会在它的至上权力前面消遁。但是我相信,这也属于历史辩证法,在某种情况下恰恰是时代错位的东西,比起那些根据自己表面的东西,即在被给定的装置内运作的意义上,可能理当具有更大的现时性。

注释

① 在叔本华(1788—1860)的形而上学当中,世界和自我,正如它们在表象中被理智建构为因果联系的、在时空中个体化的现象那样,是基于一种不可分割的永恒意志。这个某种程度上占据了康德"自在之物"位置的意志是非理性的,并且它努力走向生命的客观性和事实性要先行于通过理智对世界的理性建构。

② "内在性关联作为绝对自足的、无所不包的关联,必然总是体系,无论它是否明确地从意识的统一性中演绎出来。因此本质上,尼采对'第一哲学'的不信任也必然是针对建立体系者的:'我对所有建立体系者充满疑虑,并且对他们退避三舍。建立体系的愿望不是正直的。'"(*Zur Metakritik der Erkenntnistheorie*, GS 5, S.35.中译参见阿多诺:《认识论元批判》,第 23 页。)尼采的这句话出自《偶像的黄昏》"格言与箭"第 26 节。(Vgl. Friedrich Nietzsche, *Werke*, hrsg. von Karl Schlechta, Bd. 3: *Jenseits von Gut und Böse*, *Götzendämmerung* u. a., München 1969, S.392[II/946])

③ 马堡学派:由赫尔曼·柯亨(1842—1918)和保罗·纳托普(1854—1924)创立的新康德主义学派。

④ 西南学派:由威廉·文德尔班(1848—1915)创立,海因里希·李凯尔特(1863—1936)继续推动的新康德主义学派。

⑤ Heinrich Rickert, *Die Philosophie des Lebens. Darstellung und Kritik der philosophischen Modeströmungen unserer Zeit*, Tübingen 1920.

⑥ 赫尔曼·格洛克纳为海因里希·李凯尔特的遗著集所作的"序言"中写道:"或许海因里希·李凯尔特超越时空的意义正在于,他只允许体系的创立者(他当然也是体系的创立者)做必要的事情。他当然多次说过,他根本没法设想一个没有体系的哲学家。在这方面,他感觉自己跟费希特、谢林和黑格尔心灵一致。作为一个哲学家,他也想建造一所房子:耐用,但宜居,对以后增加的任何新课题保持开放。一所这样的房子,诸如歌德那样'完整的'人在其中拥有足够的空间。他几乎不关心这样的房子是否,以及在多大程度上可以建立在永恒的基础上这样的问题。"(Heinrich Rickert, *Unmittelbarkeit und Sinndeutung. Aufsätze zur Ausgestaltung des Systems der Philosophie*, hrsg. von Hermann Glockner, Tübingen 1939, S. XII f.)海因里希·李凯尔特本人在《生命哲学》的一个地方解释了在什么意义上体系的思想可以在房子(区别于单纯的住房)的形象中得到体现。[Vgl. Rickert, *Die Philosophie des Lebens*, a. a.O.(s. Anm.262), S. 153.]

⑦ 在录音转抄中,这个地方注明"换磁带"。我们无法判断是否由此在文本上出现了缺失。

⑧ 阿多诺在这里可能指的是布鲁诺·里齐的书:《苏联:集体官僚主义——世界的官僚化》,约瑟夫·绍德克曾在《社会研究杂志》上对这本自费出版的匿名著作作过评论。(Vgl. *Studies in Philosophy and Social Science*, published by the Institute of Social Research, New York 1941, Vol. IX[1941], No. 2, S.336—340, insbes. S. 338 f.)

⑨ 将“Structure and Functional Theory of Society”修改为“Structure-Functional Theory of Society”。Vgl. Talcott Parsons, *The Social System*, Glencoe 1951。

⑩ 约翰·梅纳德·凯恩斯(1883—1946),英国经济学家、政治家和数学家。凯恩斯提出了宏观经济周期理论,并且针对新古典主义提出的均衡理论(Gleichgewichtstheorie),主张政府干预经济周期的政策,以保障就业水平和经济发展。

⑪ 录音转抄注明,阿多诺在这里提到了他早先的论文《论社会学和心理学的关系》(Zum Verhältnis von Soziologie und Psychologie),这篇论文已于1955年发表在《法兰克福社会学辑刊》第一卷,阿多诺在那里对帕森斯的理论进行了详细的批判。关于帕森斯,参见其文章:»Psychoanalysis and the Social Structure«; in: *The Psychoanalytic Quarterly*, Vol. XIX, 1950, No. 3, S.371 ff.

⑫ Vgl. Max Weber, Über einige Kategorien der verstehenden Soziologie (1913), Kapitel II: Verhältnis zur Psychologie; in: Max Weber, *Gesammelte Aufsätze zur Wissenschaftslehre*, Tübingen 1922, S. 408—414.

⑬ 见本书第96—97页和第203—204页。

⑭ 关于“精神的王国”,见第十六讲注释⑮。

⑮ 在《文学笔记》的《作为总督的艺术家》一文中,阿多诺详细地引用了瓦莱里那段话:“瓦莱里以不掺杂任何意识形态成分的苛刻(没有任何社会理论家能比他更无情),表达了这样的艺术作品与当今盛行的物质生产的社会条件之间的矛盾。就像一百多年前德国的卡尔·古斯塔夫·约赫曼一样,他指责艺术本身的复古主义:‘有时我会想,艺术家的作品是一种非常原始的艺术;艺术家本人是某种幸存下来的东西;他属于一个正处于消失中的劳动者或者工匠阶层,他使用高度个人化的方法和经验从事家庭手工劳动;他生活在其工具熟悉的混乱摆放中,对周围的环境视而不见,只看到他想要看到的东西;残破的锅碗瓢盆、家用的废铜烂铁和其他多余的针头线脑都能为其所用……这种状况会否改变?或许有朝一日,我们会在这个很大程度上还在跟依赖于偶然性的工具打交道的古怪的存在者的地方,看到严格穿着白大褂、戴着橡胶手套的一位先生,在他的绘画实验室里,遵守严格的时间表,使用严密的专业仪器和精选的工具:一切都照他的计划施行,一切都留待特定的用途。’”(GS 11, S.121 f.)引文来自:Paul Valéry, Tanz, *Zeichnung und Degas*, a. a.O.[s. Anm.239], S. 33 f.

第十八讲

（1958 年 7 月 24 日）

262 女士们，先生们：

上一讲以我试图向诸位指出辩证思维和当今流行的行政思维在哪方面存在矛盾而结束。如果我今天继续跟诸位谈谈摆在辩证法面前的一个困难，或许我会由此触及当前意识中受行政思维影响最为显著的环节。我指的是赤裸裸的二选一的思维，某种程度上根据问卷的形式的思维，或者是如下这种思维，即它随后在极权主义国家中要求人们出示护照，以便区分他们是雅利安人还是非雅利安人、无产者还是非无产者、思想正确者还是持不同政见者，或者诸如此类的思维；而人类在我们生活的这个世界中的命运，在很大程度上取决于此类尽可能固定地界定的阶级中的分类，正如就所有可能的范畴形式而言，也就是就真正说来是源于行政部门并被强加给人的、随后直接成为人类实在生活中的权力的——也就是变成可怕的权力——所有可能的单纯秩序形式而言，今天所发生的乃是唯心主义关于思维和存在之同一性的论题的一种可怕的、讽刺性的实现。这正是这样一种思维，它根据某个德国卡巴莱*艺

* 卡巴莱(Kabarett)是一种盛行于欧洲的具有喜剧、歌曲、舞蹈及话剧等元素的娱乐表演。表演场地主要为设有舞台的餐厅或夜总会，观众围绕着餐台享用美食并观看表演。此类表演场地本身也可称为卡巴莱。——中译者注

术家曾经创造的一句话来描述自己的特征:“你是反对,还是支持?”[1]而且当诸位自己参加政治讨论时,几乎总会遇到这样的习惯,即强迫人们毫不含糊地说出他支持或者反对什么。今天如此受欢迎的参与 263
概念在多大程度上与这种二选一中的思维直接等同,我暂时不讨论这个问题。我时常怀疑情况就是如此。当然,这种行政思维在德国有特殊的背景,极有可能跟德国的新教传统有关,正如辩证思维应该反对德国的情况——其特点是行政和内在性的奇怪的结合;真正来说,这时至今日仍然需要得到正确的分析,并且由于这一单纯的事实,进入这种构造的内在性概念就发现自己受到了最严重的损害。无论如何我都清楚地记得,即使在孩提时代,我也强烈地抵制“不与我相合的,就是敌我的。”[2]这句话。虽然在我看来,这正是因为在道德的借口下,也就是在人们不应该暧昧不清而必须进行决断这个借口下,人们被迫作出某种选择或者决定,而这些选择或者决定实际上根本不是来自决定的概念所呼唤的自主思维的机关,而是被人以一种他律的方式从外部预先规定出来。人们在某种意义上别无选择,只能在一张货样清单和[另一张货样清单之间,也就是]在两个这种类型的选项之间作出决定,并且作为其基础的决定之自由的概念,真正说来从一开始就因为人们面对[3]的这些可能性而被否定掉了。因此这基本上是一种他律的思维习惯,它作为唯一可能的思维方式在这里以各种各样的借口被强加给我们,正如保罗·蒂利希在二十五年前就已经非常迫切地指出的那样[4], 264
今天普遍存在的思维的倒退或许可以被很好地描述为退回到极端的他律。

然而,辩证法在这点上现在为思维提供的特殊困难是,它本身并没有陷入非此即彼(Entweder-Oder)的反面,也就是说,辩证理论和辩证思维并不是亦此亦彼(Sowohl-als-Auch)。我相信,诸位在这里可以非常清楚地看到辩证思维的困难,同时也是辩证思维的烦恼,它既不是一个非此即彼的选择(即在被给定的替代性选项之间的选择),也不是一个亦此亦彼的选择(即对相互冲突的可能性进行某种权衡,随后在某种程度上求取中庸之道)。源自黑格尔的辩证法的历史命运是,它在其核心概念即中介概念上,恰恰是在我刚才向诸位提及的意义上被人们误解了,也就是说,人们一度认为辩证思维真正说来是那种认为每种事物既有好的一面也有错误的一面的思维,辩证法最终以这种方式被卷入顺从主义意识(konformistischen Bewußtseins)的普遍混乱之中,并与那善意的相对主义和解,后者声称每种事物都有可取之处,但也有对立面,一切存在的东西都有其好的方面和坏的方面。现在我根本不想否认,辩证法的思考方法试图公正地对待其诸对象的复杂性,也包含着这种在其中它本身也葆有某些人性的动机,因为这种亦此亦彼至少否定了这样的要求,即意识在面对是其所是的东西时,现在某种程度上必须行使一种法官的职能,并将诸对象区分为绵羊和山羊。但是如果人们
265 承认了辩证思维的这个动机,那就不能放过另一个动机,即人们用“中介”来描述的东西并不是横亘在两个极端之间的中间道路,而是(虽然在我看来,在这种背景下,这才是决定性的因素)辩证思想本身只有通过它的极端才能走向与它不相同一的环节,因此如果我可以从运动学上(phoronomisch)来表达的话,辩证法的中介不是诸对立面之间的中间者,真正说来是只有通过走进极端才产生的,而在极端本身当中人们通过将它向外驱向极限,它本身的对立面才会被觉察到,正如我在这一讲的开始部分已试图当作一个逻辑结构与诸位探讨的那样。

今天,我对此谈的不是辩证法在这种穿越极端的运动中的逻辑方面,而是(如果我可以这么说的话)思维道德的方面,也就是说,我谈论的是,例如当人们描绘一种先进现象的历史局限或者一般的可疑性时,那么接下来不可能发生如下情况,即把一个更温和的、适度的东西描述得比高阶的或者先进的东西更好,毋宁说人们会被迫通过批判将那些可疑的环节进一步推向其矫正,使有关现象进行自身反思,如果可能的话使它们比以前的情况更纯粹、更连贯地塑造自身,[以便使它]以这种

方式来达到这种矫正。坦率而言,我有一点自卖自夸(*pro domo*),因为这反复发生在我身上,即我在自己的美学作品中感到不得不对某些先锋派的现象进行批判的地方,一般来说都会遇到一股恼人的欢呼,而 266
在我先锋派的朋友那里遇到的则是一种失望,仿佛我现在也在某种程度上变得理性了,开始拥护"到此为止,不再前进"这个命题,而我认为这完全是非辩证法的命题。⑤世界上没有任何力量可以阻止批判性的思想,如果辩证法本身在它的某些动机中,例如在对所谓"反思性思维"的批判中,曾经停止了投身于批判性的反思,那么这事实上是它的原罪,也恰恰是那个环节导致人们不能在黑格尔的辩证法上裹足不前。⑥但是,如果批判性的思想现在抓住了本身就很先进的现象,这并不意味着人们针对它而呼唤熟知物的平均人类理性,而只能意味着人们随后试图通过敦促它不断推动自己的原则,来矫正我们所处理的现象的不足之处。换句话说,或者表达得更实质(inhaltlicher)一点:如果人们反复遇到启蒙辩证法,也就是这类合理性的辩证法,以至于他必须确定在启蒙的道路上,在启蒙的轨迹上还横亘着的所有牺牲和不公,那么这不能也不应该意味着人们背离这种启蒙重走回头路,不意味着人们开辟了某种非理性的自然保护区,毋宁说它只不过可以并且应该意味着启蒙遗留下来的这些创伤,同时也总是在某种程度上表明启蒙本身仍然是片面的和不够启蒙的那些环节,只有通过坚持不懈地继续追求其原则,这些创伤或许才能得到治愈。

从而,这就是我们应该说的辩证法的特殊立场,它实际上是很难把握的,尤其是非常难以始终不渝地加以持有的立场,这种立场的辩证法是如下这种思维,即它既不用赤裸裸的二选一来思维,也不以廉价的方 267
式在任何意义上去调和这个二选一。我想至少可以用一个模式向诸位展示这点。如果我像刚才那样笼统地告诉诸位,那么这对诸位来说就显而易见,至少诸位当中一直跟随我到这里的人现在就会很清楚;但在具体的思维当中,特别是在具体的方法论的争论当中,诸位总会遇到这样的事实，即这比抽象地听起来要困难得多。例如，在德国，人们在社会科学的方法问题上有一种二元思维，这似乎是一种几乎难以根除的顽疾。一方面，存在这样一部分人，他们说："的确，人们必须彻底地以社会—经验的方式来思维，以历史的方式思维，某种程度上说绝不能有任何固定的东西，因为一切固定的东西都通过对运动的东西的洞见而被相对化。"另一方面，存在一部分人支持下述观点，即每一门人文科学或者每一门关于人类的科学，都应该着眼于"一套"价值，人们妥善地称之为，取向于"一系列"的价值，这可以粗略地翻译成，固定的价值，即所谓永恒的价值。我最近有幸在慕尼黑作过一个关于"个体与社会"的报告⑦，一个我相信是社会学出身的助教告诫我，要么我必须以彻底的社会学方式进行思维，要么我必须有一种人类学的思维，若非如此就根本行不通。与此相对，如果人们像我在此所做的这样，试图讨论某种复杂的和差异化的结构，即辩证法的结构，那么通常存在这样一种倾向，正好将这种思维结构轻易地归于相对主义的历史主义，或者归于如下这
268 种思维，即对它来说最终根本不存在一种真理的概念。如果我在这次讲座中只成功地做到一件事，就是宣布诸位那里的这种归入（Zuordnung）、这个等同是无效的，从而让我现在好像只能作为一个论题陈述给诸位的东西变得可信，我就会很高兴：我对帕累托⑧或者他的仿效者曼海姆⑨式的相对主义社会学家们和对当今人类学本体论（无论是由舍勒、海德格尔还是盖伦提出来的）的感觉完全相同，都持截然相反的意见；而我在这里试图为诸位拟定的思维模式，真正说来正是不承认这种二选一的思维模式。也就是说，辩证法理论坚持真理的理念。一种辩证法，如果它不把真理的尺度同样严格地应用于每种个别的认识，直到这种个别的认识在它身上溶解，那么它从一开始就会在某种程度上缺乏力量，而如果没有这种力量的话，辩证法的过程就根本没法得到掌握。而在对不真实的东西的洞见当中，即在批判性的动机（真正说来是辩证法决定性的东西）当中，存在着作为其必要条件的真理的理念。进

行批判而不由此确定所描述的东西本身的非真实性,这是极其不近情理的事情。但另一方面,这个现在在此起作用的真理概念并不是某种现象彼岸的东西。对当代二分法意识(dichotome Bewußtsein)来说,这恰恰是真正的困难之所在——本真地去把握整个辩证法所涉及的东西:一方面,在这个批判的环节,在继续向前驱进的思维的环节,真理的动机被不容拒绝地和不可或缺地设定和指认出来,但另一方面,真理并没有被设想为一种现象彼岸的物化的东西、固定的东西,毋宁说真理是在诸现象的生命本身中被寻求的,因此个别现象在自身方面、在其本身的一致性方面受到质疑,并正因此而被判定为不真实的。

让我这样来说吧,根据与神学的言说方式的类比,正像存在一种否 269
定的神学[10]一样,辩证法的真理概念是一种否定性的真理概念。如果说斯宾诺莎已经教导我们的著名命题,即"真理是检验它自身和谬误的试金石"(verum index sui et falsi)[11],那么我们对此会说,"谬误是检验它自身和真理的试金石"(falsum index sui et veri)[12],也就是说,不存在一个肯定的、有形的、物性的真理概念,后者只会在事物和事物的秩序的直接同一性的要求当中得到保障。但是另一方面,对不真实性的洞见赖以生存的力量当然正是真理的理念——只不过我们没有把这个理念本身当成一个既定的东西,毋宁说这个理念仿佛只是一个光源,规定了的否定、对确定的不真实东西的洞见真正说来从中发生了,正如《潘多拉》当中那句话(我最近把它放在一部作品的扉页当作题词)所表达的那样:"注定可见的是被照亮之物,而非光!"[13]因此换句话说,辩证法也不能接受起源和有效性之间的某种传统区分。辩证法既没有学会拥护某种极端的心理主义,也没有学会拥护任一出处的一般心理主义,即那种将每一种真理都局限于其起源,并且人们一旦发现真理是从哪里产生出来的,真理本身就会遭到褫夺的心理主义。在此,我在这里想明确引证尼采的认识,他非常正确地指责了传统的意识,这种意识教导我们起源的东西绝不可能是真实的,也就是说,除了它由以产生的地方以外，起源的东西在根本上绝不可能是其他东西。[14]但如果诸位接受我试图通过反对起源哲学向诸位发展出来的辩证思想，即已经起源的东西跟它由以产生的东西相比，事实上是一种质上不同的东西或者有可能
270 是质上不同的东西，那么认为一种精神内容的真理性仿佛通过起源就被摧毁了，这种信念仿佛也被宣告失去效力。但是反过来也是如此，一种不考虑包含着真理的生命的过程（在这个过程中，真理产生、毁灭并拥有自身内容）的真理假说，这样一种真理的假说跟它产生的东西相比，也就是有效性的绝对化跟起源相比，就像单纯起源的相对化一样是错误的。而在这点上，辩证的分析真正说来必须亲自摧毁它被牵连于其中的二选一，必须把这种二选一理解成单纯肤浅的，理解为物化思维的产物，而不是屈服于这种二选一。

类似的情况也适用于至少在这里粗略地、极其简短地触及的这个问题——当然，我在这里不可能向诸位提供对所有这些范畴的详细分析，某种程度上我只能在这里引入这些范畴，并试图从我们的一些基本考察出发去阐明它们——类似的情况也同样适用于所谓价值概念的整个复合体，这个复合体就其自身而言，只有当它的含义不再是实质性的，也就是说，只有当诸存在者给定的秩序被行政上僵化的概念所取代，然后作为规范或者价值甚至作为模范强加给人们时，才能真正进入哲学。一方面，由实证主义科学如此坚定地捍卫，并由马克斯·韦伯在认识论上加以表达的所谓价值中立的思想，在我看来是非常成问题的，因为如果诸位愿意，真假之间的区分本身就是一种价值区分。如果我
271 不以某种方式给出真相对于假的优先性，如果我不坚持某种真相对于假的优先权，那么思维客观性的那个概念本身也就失去了它的意义，而现在恰恰是价值中立的思想在吹嘘这种意义。但是另一方面，捍卫某些完全超越历史的价值，然后就像现在发生在舍勒[15]那里的那样，从外部给这些僵化的价值形态引入一个尺度，现在所有存在于内容方面的东西都通过该尺度得到衡量，这是如此独断的思维；[这]随即导致了时

代错位的思维,也就是说,诸如“约束”(Bindung)这类尺度被抽象地应用于社会情形和行为方式,而这些情形和方式在其自身的意义上一般来说根本无法再用它们来加以衡量了。因此,在这里,辩证法也绝没有在这些概念之间进行调解的任务。一种思维只有当它说出这句话的时候才是滑稽的:“的确,不存在永恒的价值,但是或许存在关系到每个时代的相对的价值,在每个时代中人们必须持守恰好适用于这个时代的相关价值。”我相信,我不需要再向诸位阐明这样一种程序的滑稽性,这种滑稽性并没有因为有无数的哲学真的相信它们能以这种方式处理好所谓的历史主义问题而减少。在我看来,这个问题的解决办法在于,对价值概念的分析本身恰恰导致了它的条件和它的不足,但反过来说,价值中立的概念在其严格的实施过程中也被证明是不可能的,因此在其生产的存在中理解这些范畴本身的思维并没有否定这些概念中的一个而支持另外一个,而是一般性地将自己提升到超越了这些二选一,虽然在这样做的时候,也试图在特定意义上把捉到那些规范性的环节,这些环节通常被价值概念以抽象和物化的形式加以把握。 272

我曾经告诉过诸位,尺度或者说辩证法为此看到的唯一可能性正是内在的。而且我相信,如果说在什么地方当代思维能学到黑格尔最具决定性的东西,也就是从黑格尔的要求中学到,思维不可从外部给事物带来一个尺度(尽管这是现今时代的一个标志),而是必须沉浸于事物本身并通过黑格尔所说的“单纯的袖手旁观”来从事物本身获得这个尺度[16],那么正是在这个地方。但是,如下事实中存在着辩证法的一个决定性的环节,即不是说辩证思维所处理的客体自在地就是未质化的(unqualifiziertes),只有当我们用范畴之网罩在它身上时,一般来说才能发现的规定性,毋宁说它本身也已经是一个被规定的东西,换句话说,恰恰就它作为被规定者面对我们的时候,其自身中既包含着思维,也包含着主体。换句话说:在这点上,辩证法本身有一个唯心主义的环节,即把主体性当作一个中介物来加以提示,即使人们对唯心主义从自身出发去理解或者产生世界的总要求持批判或者怀疑的态度，这个环节也必须得到坚持。但另一方面，这种观点却并不因此就是唯心主义的，因为刚才我作为主体性环节加以描述的环节在这里本身就被表述为一个单纯的环节，也因为主体性的基本概念本身被表述为一个抽象(Abstraktum)，一个从活生生的主体、活生生的人中抽象出来的概念，这些主体和人的思维属于诸对立面的规定性，还因为正是为了这种抽
273 象性、这种不真实性，如果诸位愿意的话，不再被转变成绝对化的东西，不再被转化成自在的存在者，因为主体必然以客体为中介，正如反过来说，客体也恰恰通过思维得到中介。

最后，请允许我在这个背景下再说一件事：对今天盛行的以二分法行事的思维习惯来说——也就是，一方面搜集事实，另一方面说："的确，但此外我们也需要一个价值体系，能让搜集到的事实关联于其上，因为否则的话我们将无法完成这些事实"——，这样一种二分法的思维——恰恰当它仍然以绝对主义和教条主义自居的时候——也被写入了偶然性和任意性的环节，即这样的环节：在此的评价，或者对这样一种思维来说，恰恰是那种被认为要超出我必须处理的单纯被给予物的相对性和偶然性的东西，必然要关涉一种所谓的立场，并且这种立场的选取或者占据本身真正说来也因此被隐含地视为某种偶然的东西。例如，有一个我认识的人，他一方面作为科学家从事研究，但随后对别人客套说："是的，但我作为一个基督徒也必须用我的标准来衡量我不得不处理的这些事实。"或者就我来说："我作为社会主义者必须这样去衡量事实。"或者："我作为德国人。"或者不管作为什么也必须这样去衡量事实。此外，或许诸位从这个讲座中学到——女士们、先生们，如果我用这种粗鲁而平庸的思维忠告打扰到诸位，敬请谅解——对所有出现"我作为"的句子持某种怀疑态度。当诸位说出"我作为"的时候，诸位自己通常就已经将诸位通过"我—作为"这个形式而准备宣称其为绝对真理的那个真理相对化了，从而就在某种程度上达不到自身的意图。

此外,诸位在确认,诸位可能在确认那种社会的思维精神分裂症,它将 274
人们割裂开来,将人们的意识割裂成作为科学家的意识,作为国家公民的意识,作为基督徒的意识,作为私人的意识,作为职员的意识,以及作为天晓得什么东西的意识。我很清楚这一点,我向诸位描述的这些社会的精神分裂症的现象本身,当然根植于我们职业生活的功能化,并最终根植于今天被普遍接受的经济趋势,因此它在某种程度上不能通过单纯的意志行为、单纯的哲学谕令得到改变。因此我对刚才传授给诸位的明智建议的效果没抱太多的幻想。尽管如此我还是认为,如果人们反思这些事物,如果人们不再天真地执行这些事物,而是将其纳入哲学批判的范围,就像我在这里试图做的那样,无论多么琐碎,[那么]就可以针对这些习惯取得某种进展;虽然在另一方面,我也再次——对于一个可怜的辩证法家来说,所剩下来的就是指出这个困难,也就是说,指出人们是否真正是思维四处碰壁的囚徒——清楚地认识到这一点,对现在必须进行认识活动的完全没有分裂的人,甚至完整的人的呼吁,也存在某种无能为力之处,通常来说,一个专家对他所了解的事物的洞见——这涉及诗歌和医学,要高明于一个保留着完整人性的人的洞见,因为后者从未真正进入个别事物的学科之中。

总而言之,辩证法拒绝灵丹妙药。我已经用抽象的方式多次告诉过诸位这点。我相信,我今天已经用几个模式向诸位阐明了,事实上辩证法必须提供的药方是多么少,甚至它一个药方都不可提供,并且我相
信,只有那些真正从一开始就放弃思维提供给他们某种东西这个想法 275
的人——就像人们所说的那样,而是想提供给思维某种东西(也就是提供给他们本身)的人,一般来说才会是参与辩证法当中的人。对其他任何人,我将迫切地建议其坚持传统的思维方式,这种思维方式不仅被普遍认可,而且还使人获得一种惬意的安全性(Sicherheit),一般来说任何参与辩证法的事物的人都必须抛弃这种安全性。

现在,当我谈到这种放弃,谈到这种对通常的可靠性(Sekurität)的

放弃时，那么我就借此来到辩证法对流行逻辑形式的态度这个问题上，我现在或许也必须就此向诸位说点什么。在这里起作用的最重要的东西是定义。奇怪的是，虽然康德、黑格尔和尼采这些伟大的哲学家们都最为强调拒绝定义的概念，但内在于科学当中的思维实践却在无数领域——就是说，绝不仅仅在自然科学领域，而且也在诸如法学或者当代理论的、数理国民经济学，或者在数目众多的“连字符—哲学”*（就像人们所说的那样），也就是与逻辑主义（logistisch）有某种关联的哲学当中——仍然信誓旦旦地坚持定义，即认为只要把一个概念定义得整洁牢靠，就可以说解除了所有的后顾之忧，并发现自己处于一个绝对安全的地带。这种安全性是一种幻觉，辩证法的任务之一就是去撼动那种定义性思维的幻觉。我想在这里非常简短地讨论一下定义的问题，然后接着再讨论其他一些基本的逻辑形式问题，希望这至少能够有助于
276 诸位在本身的具体思维中回忆起其中的某些内容。“定义”无异于用概念来规定概念。令人惊讶的是，这种用概念来规定概念的程序在今天被普遍地、完全不加反思地视为具有约束力的，只不过一般来说人们并没有意识到，他们在这样做的时候本身就已经陷入一种无限的倒退，这将恰恰有损于他们希望占有的那种安全性。除此之外，我在这里还想提请大家注意一个基本的逻辑事实（诸位所有人都应该熟悉这个事实，但有一部分人或许并不太熟悉它），即人们原则上可以用两种方式来规定概念，要么通过其他概念，要么——这里出于教学法的原因，我完全站在传统逻辑的立场上——通过指明事实构成诸要件（Tatbestände），随后用概念来加以概括。而根据传统的逻辑情况恰恰是这样的，每个概念在被还原为概念的时候，最后仍然需要一种最终的实现，即人们直接指涉的相关概念所指的事态。因此，告诉诸位一件最简单的事，诸位

---

* 此处阿多诺在影射海德格尔哲学。海德格尔常常为了表达思想，将德语的一些复合词拆开，例如“走向我们”（Auf-uns-Zukommen）、集（Ge-Stell）、洞察（Vor-Sicht）等。——中译者注

不能定义“红色”的概念,却可以通过将红色的不同色差摆在诸位想要解释给他听的人面前,来指出“红色”这个概念意味着什么,然后在知觉心理学可能性的范围内,敦促他们在红色的概念下抓住所有这些对红色个别知觉的共同环节。换句话说:人们可以定义诸概念,也可以——正如人们在认识论里说的那样——“直指地”(deiktisch)规定这些概念,恰恰在这两种情况下,通常的定义概念有其局限性。在今天盛行的定义的优先地位当中存在着一种复古主义(Archaismus),一种倒退到批判之前的那种思维,而那批判首先得到的结论就是,没有任何真理可以仅仅从概念当中简明地推导出来,这就是说,真理是要被应验的。但 277
是,这给辩证法对定义自身的实践的态度带来一系列后果,我想留待下次和诸位探讨。

注释

① 阿多诺在这里可能指的是马塞勒斯·席费尔 1932 年的作品香颂《他们支持? 还是反对?》(米沙·斯波利安斯基谱曲)。作品的第一段写道:“我们小镇有件新事物:/报纸和戏剧,/问问那些听戏的、读报的,/根据他们最近的意见! /人们想知道,极其关键:/他们在政治上温和还是激进? /他们是否喜欢无意义地谩骂/关于政府事务? /他们反对? 还是赞成? ——仅仅在这个意义上:/他们能做得更好吗? /他们能——偏偏是他们——做得更好吗? /他们赞成? 还是反对? /他们赞成? 还是反对? /他们为什么反对? /他们为什么赞成? /为什么,如果他们反对,/他们反对吗? /在我看来他们反对,/在我看来,他们赞成! /但是他们为什么反对,他们为什么赞成?”[Zitiert nach: Martin Trageser, *Es liegt in der Luft eine Sachlichkeit. Die Zwanziger Jahre im Spiegel des Werks von Marcellus Schiffer* (1892—1932), Berlin 2007, S.313 f.]中译者注:香颂(Chanson,又译为尚松),法语意为歌曲,特指法国世俗歌曲。香颂最早可以追溯到 12 世纪法国的吟游诗人,传唱骑士的爱情,当代香颂主要是在酒吧咖啡馆流行的复古怀旧的小资情调的歌曲,大约源于 1900 年“法国美好时代”(Belle Epoque)。

② Matthäus 12, 30.中译参阅《圣经·新约》,中国基督教协会 1998 年版,第 15 页。

③ 将“präsentiert”修改为“konfrontier”。

④ “如果今天欧洲的发展以回归新的和旧的异质性为标志,这只能引起我强烈的抗议,即使我认识到这种发展注定是不可避免之事。”(Paul Tillich, *Ge-*

sammelte Werke, hrsg. von Renate Albrecht, Bd. 12: *Begegnungen. Paul Tillich über sich selbst und andere*, Stuttgart 1971, S. 26 f.)

⑤ 阿多诺在这里指的是与海因茨-克劳斯·梅兹格的长期争论,这最终导致两人之间题为《最近的音乐——进步还是倒退》(»Jüngste Musik—Fortschritt oder Rückbildung«)的广播谈话,该谈话在讲座不久之前,即1958年2月19日在西德电台播出。此前,阿多诺于1954年4月28日首先在南德意志广播电台发表了题为《新音乐的老化》(Das Altern der neuen Musik)的广播稿vgl. GS 14, S. 143—167,而海因茨-克劳斯·梅兹格的回应《新音乐哲学的老化》(»Das Altern der Philosophie der neuen Musik«)则于1958年发表在《音列》(*die Reihe*)杂志第4卷,《青年作曲家》(Junge Komponisten),第64—80页。阿多诺和梅兹格之间的广播谈话被刊登在 Heinz-Klaus Metzger, *Musik wozu. Literatur zu Noten*, hrsg. von Rainer Riehn, Frankfurt a. M. 1980, S.90—104。

⑥ 见第五讲注释⑤和第十讲注释④。

⑦ 关于"个体与社会"的讲座,见第三讲注释⑨。——阿多诺在不久之前,即1958年5月23日,已经在慕尼黑作过同样的讲座,也是即兴讲座,因此其形态可能跟在巴德瑙海姆的讲座有着明显的不同。

⑧ 维尔弗雷多·帕累托(1848—1923),瑞士国民经济学家,为了确定他眼中最近社会中不合理的经济和社会力量,以及附着其上的意识形态,帕累托根据数学模式发展出了一种科学的方法,以便同历史唯物主义划清界限。关于阿多诺对帕累托的批判,vgl. *Beitrag zur Ideologienlehre*, in: GS 8, S.457—477。

⑨ 卡尔·曼海姆(1893—1974),社会学家,1933年之前都在美茵河畔法兰克福大学担任教授,知识社会学的奠基人。

⑩ 人们将如下这种宗教传统描述为"否定神学",根据这种传统,上帝在其超越性和卓越性上不能通过肯定性的规定来适当地加以描述,而只能通过在否定所有可能性陈述的过程中获得其不可言说性的经验。否定神学的概念可以追溯至伪狄奥尼修斯(Dionysios Areopagita,约公元5世纪),他试图将基督教教义和柏拉图哲学整合起来。因此,否定神学一方面可以延伸到《圣经》的传统,在那里否定神学可以与"未知的上帝"的保罗-福音以及《旧约》当中不可崇拜偶像的诫命联系起来,另一方面可以追溯至柏拉图的哲学。特别是柏拉图《巴门尼德篇》的第一个立场,即所有范畴上的规定都逐渐被"绝对的一"所否定,已经被新柏拉图主义者跟柏拉图关于"高于实在的东西"(Staat 509 b5.中译参阅柏拉图:《理想国》,郭斌和、张明竹译,商务印书馆1986年版,第267页。)的善的理念的学说关联起来,从而被重新思辨地解释为一种否定—神学的上帝概念。

⑪ "真理是检验它自身和谬误的试金石。"(Baruch de Spinoza, *Briefwechsel*, Übersetzung und Anmerkungen von Carl Gebhardt, Hamburg 1977, 76. Brief [an Albert Burgh], S. 286.)

⑫ “谬误是检验它自身和真理的试金石”。

⑬ “普罗米修斯:……但厄俄斯正在势不可挡地竭力争求,/像少女一样,跳跃着;从她满载的手中,/散落下紫色的花朵！在每朵云彩的边缘/它们丰富地展开,绽放、变幻,多姿多彩！/她迷人地出现,永远令人愉悦;/温柔地让尘世凡人孱弱的双眼适应,/以免赫利俄斯的箭镞弄瞎我的后裔,/注定可见的是被照亮之物,而非光!”[Johann Wolfgang Goethe, *Pandora. Ein Festspiel*, v. 950—957; in: Goethe, *Sämtliche Werke*, a. a. O.(s. Anm.7), Bd. 9: *Epoche der Wahlverwandschaften 1807—1814*, hrsg. von Christoph Siegrist u. a., München und Wien 1987, S. 189.]——厄俄斯是黎明(女神),赫利俄斯是太阳神或者太阳。阿多诺曾将这首诗的最后一行当作题记置于他《作为形式的论说文》(vgl. GS 11, S.9—33, hier S. 9)一文的开头。

⑭ 在《认识论元批判》“导言”的一个段落中,阿多诺引用了《偶像的黄昏》中“哲学中的‘理性’”一节的第四句箴言,尼采在那里说道:“哲学家的另一种特异体质危险性同样不小:这就是混淆始末。他们把那最后到来的东西——可惜！因为那根本就不该到来！——把那些‘最高的概念’,这就是那些最普遍、最空洞的概念,现实那蒸发着的最后的雾气,作为开端设置在开端。这又是他们进行崇拜的表达方式:高级的东西不允许从低级的东西里长出,根本不允许长成……教诲就是:所有第一等级的东西,必须是其自身的原因(causa sui)。来源于其他被视为异议,视为价值的不可靠。”[Nietzsche, *Werke*, a. a.O.(s. Anm.259), Bd. 3, S.404 f.(II/958 f.)中译参见尼采:《偶像的黄昏》,卫茂平译,华东师范大学出版社2007年版,第57页。]

⑮ 在他最后完成的讲座“社会学导论”中,阿多诺在一个平行的段落中提到了马克斯·舍勒的《知识社会学的问题》;in: *Gesammelte Werke*, Bd. 8: *Die Wissensformen und die Gesellschaft*, mit Zusätzen hrsg. von Maria Scheler, 2. durchgesehene Aufl., Bern, München 1960, S.15 bis 190.(Vgl. NaS IV, Bd. 15, S.134 und Anm.160)

⑯ 见第六讲,注释⑩。

第十九讲

（1958 年 7 月 29 日）

278 女士们，先生们：

在上一讲，我们开始着手处理定义的问题，诸位或许还记得，我曾首先提请诸位注意定义一个概念的两种可能方式之间的区别，即直指的方式（也就是通过提及概念所指的事物本身来下定义）和定义的(definitorisch)方式之间的区别。当然，这种区别隶属于传统的认识论范畴，诸位可能会有理由追问，在关于辩证法的讲座当中，如此基本的规定究竟在寻求什么，尽管我必须向诸位承认，有时候我对传统逻辑和认识论的预设并没有把握，那些致力于辩证法的人同样如此，以至于人们可以完全放弃这种附带性的重述。但无论这方面情况如何，我着手进行这种差异的研究，目的就是引导诸位去学习一系列真正辩证法的问题。因为的确很明显，向直指性规定的回溯只有在极少数的情况下才是可能的，一般来说才能实际地得到执行，而在更复杂的并且处于更大背景下的概念当中，这样一个指示(Hinweis)则是不可能的，不仅因为它将预设无限倒退，而且因为这里的量也[变成了][1]质。例如，如果人们不得不通过指示事物自身来表明，比方说，什么是阶级，或者什么是社会，而这两者确实是科学当中不可或缺的概念，那么人们就处于最

尴尬的境地,不仅是因为,为了最终向人们说明什么是阶级,需要一个 279
无限的中介过程,而且尤为重要和本质性的是,因为这些概念本身是被如此复杂地构造起来的,因为在这些概念本身当中范畴的环节如此占据上风,以至于对概念所指的事态的单纯指示根本达不到目的。而这些概念通常正是被哲学,特别是被黑格尔和尼采哲学指责的东西②,因为它们由此真正摆脱了定义,因为它们拥有一种历史性内容,这种内容可以说是不能被把捉到的,这种内容不能被轻易地扣减为任何其他概念,而又不就此放弃掉这些概念的一种规定性。真正说来,这总的来说正是在辩证思维和概念的关系当中提出的问题,——并且"定义"的整个复杂性很难跟"对概念的态度"的复杂性分离——因此一方面,概念不能轻易地发誓要有某一个内容,以至于它携带的其他一切东西都因此而被排除在概念之外,但尽管如此,概念还是有一种特殊的(sui generis)规定性。在这个视角下,诸位完全可以——诸位将会注意到,在这次讲课中,我总在尝试从新的角度向诸位介绍辩证法究竟是什么——把辩证法看成是思维进行的活动(Veranstaltung),恰恰在公正对待概念这种特有物(Eigentümlichen)的方法上,既不把它当作没有规定的和含混的东西,也不去通过定义的任意而简单地将它从概念身上切割掉。

此外,我想鼓励诸位对定义的程序本身持某种怀疑态度,这不仅出于认识论的理由(这些理由或许已经在讲座的过程中充分地凸显出来了),而且也出于道德的理由,如果诸位允许我"跨进到另一个种" 280
μετάβασις εἰς ἄλλο γένος[metábsis eis állo génos]* 的话。我总能注意

* μετάβασις εἰς ἄλλο γένος 这个表述最初源于亚里士多德《后分析篇·第一卷》"Οὐκ ἄρα ἔστιν ἐξ ἄλλου γένους μεταβάντα δεῖξαι, οἷον τὸ γεωμετρικὸν ἀριθμητικῇ." (Analytica posteriora: 1. Buch, Kap. 7, 75a 38),译为"从一个种跨进到另一个种不可能证明一个事实,例如通过算数证明几何命题"(中译参见亚里士多德:《亚里士多德全集》(第一卷),苗力田编,余纪元译,中国人民大学出版社 2006 年版,第 262 页)。所以 μετάβασις εἰς ἄλλο γένος 就是"跨进到另一个种"的意思。——中译者注

到，如果在讨论当中坚持说："人们在谈论这个概念之前必须首先给它下定义"，那么这里存在着一种在所谈论的概念面前仿佛要逃避责任的愿望，真正说来根据这种冲动，这种对概念进行定义的坚持实际上有一点诡辩的成分，它相信通过概念装置的操纵就可以真正逃避对事物的思考和在事物面前的责任。比方说，如果诸位对集中营的全部错综复杂的罪恶进行了讨论，随后这个讨论却因为以下原因被搁置起来，就是说："在讨论罪恶的概念之前，我们必须首先弄清楚，我们真正说来应该如何定义这个罪恶的概念。"那么针对奥斯维辛的事实就已经具有某种不可名状的愚蠢和恶毒的东西，也就是一种通过这种类型的、表面上的精神自由和科学的纯粹（通过这种自由和纯粹，人们才会获得对所指之物的基本判断）来玩弄事实本身的倾向。我认为，这就导向人们普遍和经常支持的观点，即只有通过定义才能赋予概念本身以一种意义，因此概念仿佛是一种主观任意的产物一样，真正说来并不能得到保持。当我们普遍用概念进行操作的时候，在这些概念当中作为模糊的联想视野出现在我们前面的东西，根本不是或者至少不完全是偶然的东西，也不是仅仅由主体建构起来的东西，而是也始终包含在概念本身当中的东西——当然不是明确地包含于其中，而是肯定有偏差的可能性，有出
281 现各种误解和主观解释的可能性——，但是如果认为我们所使用的每个概念都是白板，只是由于我们的定义才被转化为一个装饰丰富的桌面，这就是一个唯名论的错误。如果是这样的话，那么有意义的言说，甚至语言本身真正说来也根本不可能了；人们将会反复观察到，那些以科学家的权威（ex cathedra）说教的人，仍然绝不愿意相信另一种语言，好像这种语言已经自在地在其概念中被预先给定一种有意义的东西，并且这种有意义的东西已然内蕴其中了。

因此，概念总是已经给我们带来一些东西，而这些东西绝不是我们首先创造出来的，而是我们在语言本身当中仿佛必须服从的东西，这个环节通过定义的需要被压缩了。没有被定义的概念，也就是最初被采

纳的语词本身，就像我接受它那样，跟定义相比携带着那种它所意指的客观性更为充实的内容，而定义则为了安全性的假象的缘故，为了概念毫无疑问的可支配性的缘故，真正说来切断了它在自身中所包含的一切。概念的使用现在摆在辩证法面前的艺术或者任务是，保存这种在每个概念中所包含的东西，不去切断它，不以任意的设定(Setzungen)或者固定(Festlegungen)来掩盖它，但同时要将它提升到意识当中，使它真正从歧义性或者糟糕的含糊性当中凸显出来。然而，这并不是通过定义发生的，而是通过概念所跨进的星丛而发生的。由此我们再次联系到了业已指出的那个结论，即一般来说真理的概念并没有在与任何认识的个别环节的对立中得到应有的重视，任何个别认识都不能履行其全部的真理，毋宁说真理和个别认识两者是相互参照的。

我认为，我可以通过一个相对简单的经验来向诸位说明我在这里
的意思，我在一篇关于论说文(Essay)的文章[3]中也提到了这一点，顺 282
便说一句，这篇文章恰恰在这里是相当适合的。我指的情况是，一个人想要学习外语，却不参与正规学校教育的磨炼。我相信，这样的人通常会以某种巨大的热情阅读外语文本，其中可能只有一定数量的概念是他熟悉和了解的，例如助动词[或者]其他一系列形象的表达。但是，当他把某个词最终读了三十遍之后，那么这个词将会在它出现的上下文当中变得明晰起来，他最终能够推断出这个词的含义，但在这样做的时候他大概也能觉察到这个词更大的丰富性，也就是觉察到它在变换着的星丛当中所经历那种变化，而如果他只是在字典中查找有关语词的话，这种变化一般来说他就无法觉察到。诸位只需要进行这样的实验：在字典中查找任一个概念，然后在同义词字典中查找同一个概念，看看这个概念在自身中包含的所有意思，以及它在自身中不直接包含什么，看看这些概念的生命究竟在它们的星丛当中而非其孤立性当中发挥了多大作用。但是另一方面，当然必须要说，尽管概念通过它跨入的变换的星丛才真正找到它的规定性，而在这种星丛的变换中它的生命才真

正显示出来，即概念在此同时也在变化，也就是说，每个概念在每个新地方所具有的位值，如果不涉及来自单纯物的世界的相对原始和未加分化的标志，就等于对概念在其他地方所具有的意义的篡改。而在我
283 看来，在跟语言的正确关系当中，真正重要的地方在于人们同时拥有如下两者：一方面，人们通过对概念正确的洞见，我几乎想说，通过在概念面前的坚持尽可能准确地认识到它的含义，但与此同时人们也将概念所遭受的改变纳入意识，因此人们将概念理解成一种同时在自身中得到规定的东西和在自身中变化的东西。这些概念虽然不是任意的东西，但是当我们获得这些概念的时候，它们已经拥有了一个固定的内核，某种意义上它们的变化是在与这个固定内核的联系中发生的，但同时它们并没有一个静态的内容，而是在自身中就形成一个过程。真正说来每个概念在自身中都是一个动态的东西，而任务真正在于人们以某种方式正确地对待这种动态，而在很多情况下，语言将不得不作为概念使用的典范而起作用。

诸位不要理解错了：我在这里对诸位说的对定义的批判，既不应该导致概念的任意——因为我向诸位概述的恰恰是一种尝试，我想说的是，以一种比通过单纯定义而发生的更有约束力的方式来理解概念本身——，我也无意让诸位诋毁定义本身。我想——我知道这种想法一旦被提出来，就很容易变成禁忌规范（Tabu-vorschriften）和一盏红灯——，我现在绝不想让诸位对任何定义④感到害怕，不仅是因为我担心，倘若诸位是律师或者经济学家，就会在诸位的研讨班上陷入严重的困境，对此我并不想承担责任。我完全相信，在哲学当中——也就是在一种坚决要求的哲学当中——定义可以出现，甚至必须出现。但我想
284 说的是，这些定义跟在科学研究框架下通常要求的口头定义是完全不同的类型，在科学研究的框架下，通过科学实现出来的事物的物化要优先于事物本身。

为简明起见而同时又不遭受怀疑，或许我可以给诸位举一个我自

己曾在《最低限度的道德》中用到的定义(我恰恰认为这个例子特别重要),它也许能在我这里为诸位所讲的思考的意义上向诸位指出,在定义下我现在真正设想的东西是什么。也就是一个简短的箴言:艺术是"从谎言中提炼真理的魔法"[5]。这样的定义肯定不会告诉一个不知道什么是艺术作品的人——我们假设有一个所谓不懂艺术的人,众所周知,即使不存在懂艺术的人,也不存在不懂艺术的人——什么是艺术作品,如果他不是已经知道的话;如果在他心里不是有一大堆的想法已然跟艺术概念联结起来并引领一种生活的话,那么这个定义对他肯定不会有更多帮助。[6]

[也就是说,如果人们]想要澄清什么是艺术,[而对艺术没有任何想法,然后听到这样的说法:][7]"的确,艺术是从谎言中提炼真理的魔法",那么这样的定义就将人们置于悲惨的困境了。尽管如此,如果我没弄错的话,我想说这种定义在更高的意义上超越了某种通行的艺术定义,后者将艺术定义为一个直观的构造物,是从以直接的、实践的目的的世界中被凸显出来的,但同时又被经验为有意义的或者某种类似的东西,这是因为这种定义在某种程度上让已经有想法的人明白,使那些要素以这样的方式凝结起来,而不仅仅是静态地或者二维地规定艺 285
术作品是什么,现在,艺术作品真正应该是什么的内在过程性和动态性的本质变得清晰了;而我现在要说的是,其他静态的定义(比如我向诸位提出的这个定义,它或许并不是一个特别笨拙的定义)有一个缺陷,就是在这些定义中,如果人们完全清楚无用和有用的存在物在一个由功利塑造的世界中的辩证法,那么诸如"被褫夺的直接目的"这样的环节真正说来只能被把握和言说;只有当人们接纳了这样的环节,[这些定义]才能真正变得有意义。与此类似,例如瓦尔特·本雅明对命运的定义,命运是生者的一种罪责关联[8],这个定义对一个人来说当然[没有更多帮助],比如说他还不知道命运的环节,不知道命运所固有的盲目必然性的环节和威胁性环节,不知道联结的环节——所有这些事物

也早已以某种方式被考虑到了，它们便像围绕一块磁铁那样围着这样的定义排列起来。我会说，定义的意义，哲学定义的意义，也就是在一种更高的精神意义上的定义的意义，真正说来是为了制造这样的磁场，而不是为了终止概念；也就是说，这些定义实际上是为了释放出存在于概念自身当中潜在的生命（这生命以力的形式贮藏在概念当中），并让它们作为力场真正分娩出来。就此而言，如果辩证法的一般任务是把作为单纯的物性而出现的被给予的东西、存在的东西、定在的东西转化成一种力场，那么人们完全可以在更高的意义上将[定义][9]描述为辩证思维出色的（par excellence）工具，或许辩证思维之所以对定义的庸
286 俗使用特别敏感，只是因为在这里哲学真正本该正当地以之结束的东西被糟蹋了，因为真正说来只能是结果和过程本身的东西，被以一种亵渎的方式置于开端了。

我也许可以作如下补充：这些定义——对之我想请诸位敏锐地反思，并且关于它们我想向诸位指出，它们不是偶然出现在辩证法作家的著作当中，而是涉及他们构想本身的某种本质性的东西——的一个本质性的环节，这些定义的一个特定的标志，也就是简化（Verkürzung）；真正来说它们的本质如下，即这些定义通过简明扼要的表述与它们在自身中所陈述的过程的广泛的活生生的东西形成特定的对立；真正说来它们所包含的这种矛盾，也就是无限宽泛之物和无限尖锐之物之间的矛盾，仿佛这种辩证的定义执行其照明功能的火焰，因而这些定义本身是根本不能被照单全收（*à* la lettre zu nehmen）的，就好像它们是单纯的概念规定一样；毋宁说，人们在这些定义当中——我几乎想说——必须确信隐含讽刺的微小环节，该环节正在于，最广泛的内容在这里也已经根据单纯的形式被削尖为一个本质上将其狭窄化的陈述，但是在此这个陈述的狭窄化本身现在却并不会被视为整个事物，毋宁说这种削尖本身在此的目的不过是，指出存在于事物当中的潜在的生命。

因此，辩证定义的风格理想将会是一种塔西佗式的风格[10]理想，这

种定义的类型相较于单纯的概念规定,在研究计划的某种概念的手工可操作性的意义上极具[优势]。通常意义上的定义类型,就像在今天特别兴盛的那种定义类型一样,是所谓操作性的定义类型。尽管我不 287
认为在这次讲座中我的任务是着手探讨我们这个时代的实证主义逻辑学,但我还是想就操作性定义说几句,也正是对诸位中的社会学家说几句。就是说,如果人们用任何接近自然科学程序的、物性的方法工作,就不能简单地放弃通常意义上的定义。而我在这里向诸位说这些的目的,不是要让诸位戒断这种必然的倾向,而是要敦促诸位进行反思,使诸位不要把这种程序[这个程序在个别科学的游戏规则中完全可能有其"理智的位置"τόπος νοητικὸς (tópos noētikós)⑪]绝对化,而且不要把它和真理的来源混为一谈。一个操作性定义是这样的定义,在其中一个概念是通过人们针对特定的质料来确保概念所进行的操作来得到规定的。因此,如果诸位必须进行——很遗憾——一项有关社会偏见的研究,那将进入这样的境地:为诸位的调查对象呈出大概十个命题,从这些问题的背景、它们的整体性,通过量化的方法对偏见的发生可能进行推断,然后诸位把偏见简单地定义为有关句子答案的计算处理中的一个数值,这样,某个对特定句子中的态度出现了数值+5的人被认为是一个有偏见的人,而某个出现了数值为-5的人则被认为是一个没有偏见的人。诸位当然由此实现了诸位的研究手段而不会陷入任何麻烦,也就是说,当诸位受到批评的时候,总是可以诉诸这样的事实,即诸位在这样的研究当中对"偏见"的理解无非是以这种方式在数学上规定的事态。

但我现在想说的是,这种程序会在更高的意义上受到批判,而我想 288
至少给诸位提供一些批判的动机。一个定义在哲学理解上的意义必定是这样的,通过对一个概念的规定,正如我喜欢说的那样,一束光被投射下来了,透过这束光,人们仿佛看到,到底是什么东西真正构成了这个概念的生命,到底是什么东西真正伫立在这个概念背后。换句话说:

一个真正的、生产性的定义必定是一个综合的定义，它必定给已经在概念中被给定的东西添加一些新东西，将它与还没有被想到的新东西联系起来，并且正借助于这种关联让人们已经知道的东西开口说话。这个综合的环节在操作性定义中原则上被切割掉了，事实上操作性定义无非是[……][12]，或者直截了当地说，真正说来是一个同语反复，也就是说，它仅仅是通过它本身规定这个手段而得到规定的，因此真正说来除了它被应用于其上东西以外，这个操作性的定义根本什么都没有说出来。[13]其次，必须要说，我在对定义的批判中已经跟诸位提到过的东西，也就是说，在这里概念被当作白板，亦即被当作某种从自身出发真正说来没有给我们带来什么的东西，而不是概念因此被我们放置在其规定的任意当中；如下这点的确[是]所有非—辩证哲学思维中最著名的悖论之一，即在这种非—辩证的科学思维当中，对所谓客观性的要求被推得越远，与此同时诸规定就越多地被证明为单纯主观的规定。对客观化的狂热真正说来总会导致如下事实，即所有客体应得的东西，或者客体是其重要组成部分的东西，都是从客体身上剥离下来，并在某种程度上被放进主体。另外，旧的实证主义（例如休谟的，或者也是马赫

289 的以及阿芬那留斯的教条）[14]也完全承认这一点，并且本身也有一种本质上浸染着主观色彩的认识论，而新近的实证主义恰恰以极其精湛的技巧否认了这个潜在的主观环节，却因此首先咎由自取地成了它的受害者。换句话说：如果诸位将“偏见”定义为对句子1、2、3以及4，并分别给出答案A、B、C和D的人的行为方式，那么这种解释只有在下述情况下才是有意义的，即如果诸位已经有一个超越这些句子的理论，除了那通过它定义才真正发生的量的关系，这个理论把构成定义的陈述也放到一个理论背景当中；也就是说，一种社会心理学的模式将会从人们中间发展出来，这些人正以这种方式而非其他方式进行反应，因为他们以一种特定类型的，但无论如何也是复杂的性格结构为基础。如果情况并非如此，那么诸位事实上错过了诸如“偏见”这样的概念的生

命,如果我们在这里想要随意使用这个概念,如果我们在这里谈论偏见,那么诸位真正说来根本没有切中"偏见"这个术语自在的含义。

我在这里向诸位说的问题绝不是无关紧要的,绝不是这样一种认识论上的微妙性(Subtilität),正如当我随后以超越其操作性定义的方式来使用被操作性定义的概念(这是经常发生的事,例如,《权威主义人格》恰恰在这点上也发生过同样的事[15])时,诸位或许可能认为的那样。也就是说,人们总是可以发现,当一个概念首先被操作性地定义了之后,那么——虽然我要说的不是一个思维上的错误,而是深蕴在这件事情上的必然性——它就会被强加给这种偏见的[刻度值]真正自在地意指的东西,而没有就此考虑到,操作性定义真正说来会排除超出由其界 290
定之物的任何一种使用。如果我们在《权威主义人格》[我并不太想把它(看成)辩证逻辑的样板]中以这种方式进行,那么它或许在必要时可以通过下述事实得到辩护,即在这里被用于操作性定义的个别陈述,例如充满偏见的性格,在相当程度上是被建立在融贯论(kohärenten Theorie)的基础之上的,因此这样的外推法可能是有意义的。然而,在我看来,在绝大多数类似的社会心理学研究中,情况是否真的如此,还是成问题的。

我曾告诉过诸位,真正说来定义的问题同辩证法对普遍概念的态度是等同的,它们是同一个问题。我由此想到了一个被反复提出来的针对辩证思维的反对意见,而且我相信这个意见仍然存在于诸位当中的一些人身上。诸位已经从这个讲座中,尤其是从对定义的批判中[学到],孤立的普遍概念真正说来是[不]被允许的,假使诸位实际上没有非常准确地理解这些冲动力,而是更多地坚持我曾对诸位说过的那些表面的东西,尽管我试图竭力阻止诸位这样做,但在诸位当中的一些人看来,好像现在这些概念在这里应该被简单地加以相对化似的。而诸位当中从这个前提出发的人,现在却非常轻巧地说:"的确,你总是抨击普遍概念,人们不能认为普遍概念是实存的,不能任意地限制它们,不能任意地确定它们,但你自己也总是需要这些普遍概念,你根本不能缺少这些普遍的概念,如果你想放弃它们,那么你就会——就像保罗·蒂
291 利希曾批评我的那样——除了'这儿、那儿'以外根本说不出任何东西,也根本无法以某种方式合法地作出全面的陈述或者在某个地方合法地作出有意义的陈述。"我想再强调一遍,辩证思维当然不能缺少普遍的和综合的概念,它甚至总是使用高度抽象的概念,甚至在诸如美国社会科学中实证主义的观点面前,辩证法都很容易被指责为用太粗糙、太普遍的概念进行操作,就是被指责为例如抓住社会"本身"这概念不放,而社会学的批判根本不允许有作为一个整体的社会"本身"的概念,而是建议只使用那些可以在经验上履现的概念,即在一定的中间范围内活动的概念,这些概念尽管相对于在它们之下被直接把握到的东西具有一定的理论力量,但是就它们自身而言似乎总是可以用其被给予性来充实,而不会在本质上,也就是在质上,超出这个范围。对此,我们应该说:整个争议不在于人们是否可以使用普遍概念。辩证法(固然)不是唯名论,但也绝非实在论,而是传统哲学的这两个论题都受到辩证法的批判,即相对于在其下得到把握的个别物来说概念是实质性的,还是个别物是实质性的东西,而概念只是单纯的"声息"(flatus vocis),单纯而空虚的一声回响、一缕青烟——这两种观念同样受到辩证法的批判,也就是说,概念性存在只有在跟特定的事实性存在相关的情况下才存在,反之事实性存在无非是通过认识被中介的存在,而认识现在除了被视为概念性的认识之外就绝不可能是其他任何方式的认识。这两个环节
292 中的任何一个都不能为了另一个而被撤销,毋宁说必须在它们必然的相互—参引—存在(Aufeinander-verwiesen-Sein)中去加以把握。尽管这两个环节应该被把握为相互分离的,不应该不加区分地相互等同,但是这两个环节也不能被绝对化——这就是我今天想对诸位说的这场争论的内容——[因此]这里的重点不是因为人们使用了某个普遍的概念就坚持说,由于人们说过 A,因为人们一般用概念来进行操作,所以现

在也要说B,这种说辞的理由在于:所有概念性的存在物最终都出现在一个[柏拉图式的理智世界(mundus intelligibilis)][16]当中,在那里对普遍概念的[讨论][17]要比对其他的、卑贱的东西的讨论得到一种本体论上的优势,因此如果人们使用这些概念,同时似乎也就有义务拥有一种本体论;因为,所有不是本体论的东西都将会是纯粹的唯名论,纯粹的“这儿,那儿”。恰恰是这种分歧,两种逻辑可能性的极端的这种不相关联的相互指涉,这种未经中介的相互指涉,正如今天在本体论学派和实证主义学派不相关联的并存特别强烈地表现出来的那样——恰恰是辩证思维真正应该加以克服的。而且,我们对概念所采取的立场,其任务既不在于通过把这些概念带入独立于任何存在者的最高的、最绝对的概念而将这些概念合法化,也不在于通过把这些概念融入被其把握为单纯铸件的东西之中来将它们合法化。毋宁说,哲学的任务在于,真正呈现出这些概念之间相互依存的关系、它们的差异性以及它们的统一性。这个B是被从A当中推断出来的,因此一般来说如果我使用普遍概念,那么我必须使用最高的普遍概念,我必须[以]那个[句子]“如果你说了A,那么你必定也会说B”[的方式]赋予其绝对的尊严——然而
在我看来,恰恰是思想的那个不自由的要素,才是辩证法真正有义务去 293
批判的东西。这在我看来似乎是思维那强制性特征的表现,说明如果一个思想朝一个方向运动,那么它就必须始终朝这个方向继续前进,以便最后捕捉到一个绝对者,而不是对这个运动本身的反思,这恰恰证明,并不存在这样一个绝对的第一者和这样一个绝对的最终者。但我想提请诸位注意的是,要在这一切中把握住,这些概念只有在我们不把它们理解成抽象过程的单纯产物,而是在我知道这些概念虽然[经过]历史的中介,但总是已经自在地意味着某种东西,并且它们必然作为这种已然—自在地—意味着—什么的东西(An-sich-schon-etwas-Meinende)而被关联的情况下,才能主张我曾对诸位说过的这种部分的实体性(Substantialität)。

我已经对现象学进行过大量的批评，也许是一种过于挑剔的批评。然而我今天想为现象学[正名]并提请诸位注意，如下这点是胡塞尔的功绩，也是胡塞尔的追随者们的功绩，即他们试图通过对概念的客观的意义分析，[然后]无论如何都致力于——不是[在主观的]建构中通过单纯的[直观才把意义]添加到概念中去，而是总是将它们[当作一种]已固有的东西[去加以把握]——从事实上去抓住这个环节。⑱但他们却显然在此陷入一个误区，那就是将这个概念内涵的客观的环节拜物化了，将这个环节静止化了，将之做成绝对自在的存在者，换言之就是说：他们并没有确保普遍和特殊的辩证法。[……]⑲

注释

① 录音转抄的推测。

② 黑格尔在《逻辑学》当中为他关于定义作为认识形式有限范围的观点提供了说明。尽管在“自我意识的合目的性”的产物和几何学诸对象的情况下，定义完全能说明事物的本性，但这并不适用于自然界和精神的具体客体。考虑到后者，定义（即对最接近的属和具体特征的说明）仍然是外在于事物的，例如，虽然人们可以通过耳垂将人类和所有其他生物进行区分，却并没有因此抓住人类的本质。[Vgl. Hegel, *Werke*, a. a. O. (s. Anm. 8), Bd. 6: *Wissenschaft der Logik II*, S. 512—519; s. auch S. 102.中译参阅黑格尔《逻辑学Ⅱ》，第411—416页，另见第78—79页。]这种对定义适用范围的批判性限制特别适用于像国家这样复杂的构造物，因此黑格尔在法哲学当中拒绝将法权定义为单纯形式的方法，并将其与哲学的——也就是辩证的——方法进行比较，认为后者是唯一合适的方法，因为只有哲学的方法才能将事物当作其必然的内在生成过程加以把握并陈述出来。[Vgl. Hegel, *Werke*, a. a. O. (s. Anm. 8), Bd. 7: *Grundlinien der Philosophie des Rechts*, § 2, S. 30—34.中译参阅黑格尔：《法哲学原理》，范扬、张企泰译，商务印书馆1961年版，第2—4页。]——有趣的是，尼采在相反的前提下得出了同样的结论，即历史现象的不可定义性：诸如“刑罚”(Strafe)这样的概念对尼采来说就是不可定义的，这并不是因为定义不涉及事物的历史本质，而是因为从历史的进程中追溯的事物发生的含义（它们的意义和目的）仅仅是外在的强加，并且作为一个本质上随意的必然的复数，最终凝结成一个不透明的统一体：“……刑罚迄今为止的历史，也就是体现各种不同目的的刑罚的使用史，最终将结晶为一种难以溶解、难以分析的单位。还必须强调的是，它根本不可能被定义。（现在已经不可能准确说出，刑罚究竟是

为了什么;所有以符号形式概括整个过程的概念都无法定义;可以加以定义的东西,只能是没有历史的东西。)”[Friedrich Nietzsche, *Zur Genealogie der Moral*; in: Nietzsche, *Werke*, a. a. O. (s. Anm. 259), Bd. 2, S. 266 (II 820). 中译参见尼采:《道德的谱系》,梁锡江译,华东师范大学出版社2015年版,第133—134页。]

③ Vgl. *Der Essay als Form*; in: GS 11, S. 9—33.

④ 录音转抄将“Begriff”修改为“Definition”。

⑤ *Kunst ist Magie, befreit von der Lüge, Wahrheit zu sein.*(GS 4, S. 253.中译参见阿多诺:《最低限度的道德》,第271页。)

⑥ 一个陌生的笔迹在第19次讲座的复印稿开头注明,这盘磁带从这个地方开始有时候很难理解。因此,从这里开始,录音转抄中接下来的部分出现了很多缺失和推测。编者仅在表示思想脉络明显中断的缺失处做了标记。这些推测或者被采纳,或者被其他推测取代。

⑦ 由于磁带更换,文本出现了缺失。

⑧ »Schicksal ist der Schuldzusammenhang von Lebendigem.« (Walter Benjamin, *Goethes Wahlverwandschaften*; in: Benjamin, *Gesammelte Schriften*, a. a. O. [s. Anm. 26], Bd. 1 • 1, hrsg. von Rolf Tiedemann und Hermann Schweppenhäuser, Frankfurt a. M. 1974, S. 138.中译本将这句话译为:“命运其实就是生者与罪过之间的关联。”中译参见瓦尔特·本雅明:《评歌德的〈亲和力〉》,王炳钧、刘晓译,北京师范大学出版社2016年版,第23页。)

⑨ 录音转抄将“Dialektik”修改为“Definition”。

⑩ “塔西佗式的风格”除了将句子浓缩为基本概念(通常是分词结构)外,还包括使用罕见的古老的语词以及创造的特殊语词。

⑪ τόπος νοητικὸs [tópos noētikós],希腊语。意为“理智之所”(intelligibler Ort),“精神实体的场所”(Ort geistiger Wesenheiten)。

⑫ 文本空缺视录音的难懂程度而定。

⑬ 录音转抄的最后三个句子标注了很多空位和问号,只有一个例外没有被编者采纳,因为在他眼里,这个部分在当前的形式下也有意义。

⑭ 将“Positivismus Jungscher, Marxscher und Avenariusscher Observanz”修改为“Humescher, oder auch Machscher und auch Avenariusscher Observanz”。——恩斯特·马赫(1838—1916)和理查德·阿芬那留斯(1843—1896)被视为经验批判主义的奠基者,他们试图通过对最终的、直接被给予的基本感官数据的描述来为客观科学奠定基础。

⑮ Vgl. *The Authoritarian Personality*. By T.W. Adorno, Else Frenkel-Brunswik, Daniel J. Levinson and William Morrow, in: *Studies in Prejudice*. Ed. by Max Horkheimer and Samuel H. Flowerman, Vol. 1, New York 1950; die von Adorno (mit-) verfaßten Abschnitte jetzt in: GS 9 • 1, S. 143—509.阿多诺在下文中提到的方法论问题在这本书导论的B节(方法论)中得到阐释(GS 9 • 1, S. 163—173)。

⑯ 文本缺失,编者的推测。

⑰ 文本缺失,编者的推测。

⑱ 由于存在缺失,该句子必须得到全面的重构。重构是依照《认识论元批判》中的一个平行的段落来进行的:“范畴直观的原初冲动,作为突破冲动,其指向已超出思维与存在之间的坏的同一性。胡塞尔认为,人们能够像明察算数命题那样直接明察一种‘事物状态’,处在这种观点背后的预感是,原则上,客观规律性的关联叠加在个别的理智进行之上,这种规律性应当摆脱意指的任意性,尽管胡塞尔将意指视为认识论分析的基础。胡塞尔觉察到,‘被明察的’事物状态不仅仅是单纯主观的思维产物。算数判断不仅存在于主观上进行的收敛(Kolligierung)。事物状态不仅是被生产出的,同时也是‘被发现的’。逻辑事物状态恰恰不能在其通过思维进行的构造中产生,也就是说,正是主体性与真理之间的非同一性促使胡塞尔建构了范畴直观。‘被直观的’观念事物状态不应当是单纯的思维产物。”(GS 5, S. 211 f.中译参见阿多诺:《认识论元批判》,第 185—186 页。)

⑲ 极有可能是文本缺失。

第二十讲

（1958 年 7 月 31 日）

女士们，先生们： 294

在上一讲，我们已经看到，辩证法一方面旨在对它的对象在概念上进行规定，并因此也跟传统哲学一样，将诸普遍概念带入一个背景关联之中；[但是它]① 另一方面，赋予诸概念一个特征，即跟传统的程序相对立，它拥有一种自由，因为辩证法知道自己恰恰不受定义的约束，而是受到事物和概念本身中生命的约束。那么，这种规定，只要它应当是一个非一定义的规定，就可以——我相信我已经告诉过诸位——仅仅通过形象化（Konfiguration），通过相互作用，也就是通过这些概念相互跨进对方才能出现。而恰恰通过这样一个事实，即诸概念真正说来只有在这种相互作用中才适当地规定自己，[不仅]② 任何个别概念的缺陷和不充分性在此表现出来，而且诸概念证明自身正是有关联的。因此，根据这种观点，在更高的意义上，根本不存在局部的个别真理这回事。现在，女士们、先生们，辩证法对普遍意识提出的是这样的苛求：真正说来根本不能假设个别的真理，毋宁说真理一般只存在于由此非常精确地得到规定的个别认识相互发现的星丛当中。这也许是一般辩证法对流行的思维提出的最严厉的苛求，或许也恰恰是这种辩证法的苛

求，受到了安全性需要最强烈的反抗，这种安全性需要以其落后的、倒
295 退的形式，一般而言对今天看待知识的态度来说，的确具有非同寻常的意义。

在不想也不能为诸位祛除这个迷障(Skandalon)的情况下，我认为诸位毕竟可以弄清楚，这与其说关系自我反思的哲学狂妄的要求，不如说哲学在这点上使一种表面上的自明性，一种思维的第二自然失效了，尽管这种第二自然现在已经在一个难以想象的漫长时期内变得习以为常。例如，人们在个别概念，然后在个别的最高普遍化以及最高的科学领域当中共享一个静止的和固定的真理，这个想法本身真正说来不过是社会分工向认识的投射，最后，如果诸位愿意，社会分工向形而上学的投射。也就是说，人们依据职业和特殊功能来对他们的生活进行分工的过程中必然被划分的个别认识(如果没有这些认识，诸如文明的进步本身这样的东西是根本不可想象的)，随后正被假设为局部的、自身静止的真理。这样看来，似乎个别领域连同它所属的概念装置本身就是一种存在物，尽管诸概念、知识领域以及最后，整个社会生产领域的关联作为一个整体，只是被做成这些个别环节相互协调的结果，首要的东西就此变成了次要的东西。也许并非巧合的是——我不知道这种哲学史事实是否曾被重点指出过，并得到它应有的重视，一种哲学，在其中局部的个别真理的要求，尤其是区别于所有其他概念的、被精心准备
296 和建立起来的概念及其定义的要求首次被重点提出的哲学，亦即柏拉图的哲学，正是这样一种哲学，在其中社会劳动分工的概念第一次作为国家哲学的一个规定而被重点突出出来，最终诸理念的秩序、诸概念本身的秩序，出现在与这种分工的直接关系当中，正像诸位打算在所谓柏拉图的心理学——“心理学”这个名字是很不本真的——中想要做的那样，将最高的灵魂能力划分成纯粹的概念，而这些概念又根据内在于劳动分工的城邦社会(Stadtgesellschaft)当中的职能而相互区分。[3] 相比之下，更古老的哲学，尤其是印度哲学，但也包括前苏格拉底形而上学，

都有个别概念和个别知识的各别性(Partikularität)环节,这些环节非常精确地包含在所有一般存在者相互依存的表象的形态当中。但是这个表象(在这种表象中当然有命运统一性的自然神话学思想,这个思想随后受到启蒙的批判并且这种批判在某种程度上是合情合理的,这个表象将自己表现为一种科学知识本身无法兑现的东西)已然瓦解,如今只能在思维的沙龙—形而上学(Salon-Metaphysiken)——例如赫尔曼·凯泽林那种类型的形而上学④——或者某种程度上同样也在诸如卡尔·古斯塔夫·荣格这种或多或少属于有教养的半吊子的领域的教义中苟延残喘,就像哲学堕落成沙龙里的闲话一样,一方面同它们的科学化形成关联,另一方面同它们在专职部门的转变形成关联。事实上,这些概念并没有[因为]它们在星丛中具有不同的含义而变得模糊,毋宁说它们作为孤立的东西恰恰是模糊的,而通过这种关联它们才真正找到其规定,也正是我上次在没有字典的情况下阅读外语小说的比喻 297
中试图让诸位稍微接近的那种位值的规定。

我曾使用过一个语言学领域的比喻,事后我相信这并不完全是偶然的。也就是说,诸位可以,或者说诸位在这点上应该认识到,对于哲学——或者,我更愿意称之为,在更老的、黑格尔式的语言使用的意义上可以被算作科学知识的那种知识——来说,陈述,也就是人们通常所说的语言,或者换一个令人讨厌的说法——"风格",并不是某种多少有些美学修养的哲学作家为了显示他们不同于遍地都是的不懂艺术的门外汉(Banausie)而在他们的思想当中添加的附属品,而事实上是一种意识到辩证程序的全部含义的后果,并因此对辩证法采取这种陈述的哲学在强调意义上所需的严肃态度的思维;因此,一种固定内容不会像在物性的个别科学中那样,被以一种方式表达出来,而正是为了内容上的稳固性,为了它与形式的可分离性,固定内容也可以用某种随机性和不负责任的方式来表达,而正是这个事实,即内容不是这般固定的,它只有通过其诸个别环节所跨进的语境——因此正是通过我试图给诸位提供一些表象的那个整体——才能找到它的规定,[需要强调的意义上的陈述。这种情况导致如下事实,即整体]本身必然成为事物的手段,成为认识的范畴,[它自身]表现为:一方面,通过语言表述总是切中个别所指的简洁和精确性,概念被尽可能准确地引入语境当中,但是另一
298 方面,通过对整体的建构,向下直至个别句子的语法建构,概念现在经历到这样一种规定,即某种程度上通过语言的媒介,诸概念通过其语境实现了我曾告诉过诸位的那种概念的具体化行动,这个行动真正说来是为概念注入生命的东西,定义想要把这生命的东西注入概念,而事实上却只是把它从概念当中驱赶出去。因此,换句话说:哲学,只要它不关注一种固定内容的传递,而是本身充满着事物在其概念上对自身的反映,就会被构成性地与陈述相结合。因此,如果应该得到严肃对待的哲学作家也至少像自叔本华(叔本华是第一个真正跨进这个哲学层面的人)以来那样严肃对待语言,那么这并不是一种突发奇想——我曾试图在关于《作为形式的论说文》的小短文中进一步阐明这点;正如反过来说,如果思想在其语言的形态当中枯萎的话,它就是衡量思想的僵化和内在辩证运动的停止的一个确切的尺度。比方说,诸位同样可以在舍勒身上发现这一点,在他那里不负责任且粗制滥造的草率给这种哲学本体论上的激情以谎言的惩戒,而在后来的卢卡奇那里,对表述在语言上的完全漠视正与那单纯的重复、那对僵化为教义学的学说内涵的单纯反映相称,而这教义学事实上也是适合于他的思维内容的。

如果我可以在这里就陈述的问题再跟诸位说一句,那么真正说来是这样的,即只有通过陈述,思想才会超越概念已经带来的那种在先被给予性(Vor-gegebenheit)。我曾试图向诸位指出,我使用的那些概念
299 本身已经具有一种内容,它们不是筹码,而是我必须以某种方式服从的东西。现在我通过将概念和陈述的阻力对置起来,通过这样一种方式来使用它们,即使它们准确地并且只表达我想用它们来表达的东西,由此我在某种程度上打破了这种它们已经带来的盲目的至上地位,并且

借此实现真正发生在概念意义未被澄清的单纯客观性和主观意图(这些概念的生命真正说来存在于这种主观的意图当中)之间的沟通。但是现在为语言陈述所特有的东西在于,那种发生在任何地方的陈述在强调的意义上捕捉到概念的主观性的干预,现在不再是一种巧合,不是某种程度上归因于个别个体、归因于其单纯品位的任意,而是本身就重新包含着客观性的环节,这个环节相对于概念僵化的、单纯被给予的客观性才真正通过主观性得到中介,亦即这样一种客观性,它首先在于概念必须始终尽可能准确地击中它应该击中的东西——这是陈述的一个基本功能——但除此之外,我作为一个陈述者,对我的对象提出的要求,就其自身而言根本不是我主观任意的要求,而真正说来是来自语言本身的纪律;因此,通过按照语言的假设行事,通过语言干预概念的可能性,我虽然在试图贯彻我的意图,但我这样做的方式却是,我在某种程度上同样也通过主体使客观性发挥作用,而这种客观性真正说来必定包含在严格的要求和语言的逻辑当中。我将会说,这就是陈述的认识论功能——我恳请诸位在这个意义上理解陈述——只有当人们已经 300
拥有事物时,只有当我们再三坚持,真正说来所有哲学问题在更高的意义上都是表述的问题时,那些定义才是真的。可以说,表述的问题是特殊的位置,是人们现在可以称之为主体和客体的辩证法真正贯彻在哲学活动自身当中的特殊地方。

我由此就来到了辩证法与一般逻辑形式的关系问题,关于这个问题,我想至少对诸位说几句。因为在处理定义和个别概念时,我们已经处理了其中一种基本的逻辑形式。另外两种基本类型,但愿诸位都知道,就是判断和推理。在这里,首先要给大家一个通行的规定——事实上,人们必须不时地使用定义,只有这样才能够同它们发生摩擦——,人们将哲学中[5]的判断理解为一种用语言加以表述的事实情况,针对这个事实情况的真假问题才能被有意义地提出来,而人们把推理理解为一个或者多个命题或者判断之间的关系,其有效性应当在于这些句子或者判断之间片面的依赖性。我相信——也许我可以在今天讲座结束时再讲一遍，以便让诸位中那些感到困惑的人稍微轻松一点——，人们也许可以把辩证思维不得不与之联系起来的基本事实状态，即基本的和简单的事实状态描述为：一方面，虽然在强调的意义上，没有判断——也就是说，没有传统语言中发生在主词、主词概念、谓词概念以及系词（也就是“是”）之间的综合（在那里，“A 是 B”是判断的基本形
301 式）——就没有认识，但是另一方面，判断本身或者每个个别的判断都是成问题的。这个矛盾或许充当了辩证思维最强烈的动机：如果人们不作判断，也就是说，如果人们不把某种被给予的东西纳入任何概念之下，那么某种类似于认识的东西就是不可能的；尤为重要的是，只有当人们凭借判断，把某种是其所是的东西与跟它本身不直接相同的其他东西联系起来时，也就是说，通过一种同一化（Identifikation）的行为，才能超越单纯的同语反复。我们只有通过将它们同一化，即将它们和我们同一化，也就是说，使其和我们相同一，在某种程度上将未知的东西变成我们已经知道的东西，才能占有诸对象，用黑格尔的话说，才能将这些对象引入“真理自家的王国”[6]。这也许是做哲学最痛苦的经验之一，即当他全部的激情、他全部的努力真正说来都是为了准确地表达那些人们还不知道的东西，那些还不存在的东西，那些尚未现成在手的东西，但其实他随后总是发现自己通过他使之等同的东西，也就是通过把新的东西还原为已知的东西、已经被给定的东西，来说出他想要表达的东西，从而使他意欲的每种理论都获得了那种暮气沉沉、江河日下和僵化的奇怪特征，而这些理论最终使每部哲学著作对必须写作它的人来说都成为一桩令人尴尬的事务——如果我没记错的话，诸位会发现，尼采在《善恶的彼岸》的最后一句箴言中非常有力地表达了这种经验。[7]

就此，我也已经预先说明了存在于判断当中的否定性环节。人们或许可以补充说，实际上这个否定性的环节本身现在也有一个相当准
302 确的逻辑位置，也就是说，即使在这里，在我们为了达到类似于真理的

东西、达到一般真理的理念而必须进行的这个简单的归纳行为当中,也存在一个不真实的东西。我们就此达成一致——如果我可以不揣冒昧地在我已经给出诸位这个定义之后这样假设的话——判断首先是一个一般真理可应用于其上的事实情况。然而,另一方面,只要诸位把它当成一个孤立的判断,那么在每个判断中也存在着双重的不真实性。当诸位说"A是B"的时候,那么这里必然总是意味着,一方面A被等同于一个在任何情况下都跟自己不完全相同的东西,毋宁说,A只是在某些环节属于这个东西,而在其他环节则区别于这个东西。否则,它将简单地停留在"A是A"而不是"A是B"这个命题上,但前者是一个单纯的分析命题,因而在强调的意义上根本不是判断。但是另一方面,被带入主词概念的谓词概念,光是凭借它跟我带到其下的个别东西(Einzelnen)相比具有无可比拟的巨大广度,也根本不能被完全等同于个别物(Einzelding)。从严格的意义上讲,个别物不能被等同于它的概念,而是隶属于这个概念。换句话说:诸位将会在这上面看到一个悖论,即形式(通过这个形式,真理的概念或者理念才会发生,而没有它谈论真理就根本没有任何意义——因为没有任何东西不采取断言的形式,也就是说,没有任何东西不是判断或者判断的总概念)才是真实的东西⑧,同时根据其自身的本质,[这种形式]必然受到不真实性的牵累;从这个角度看,辩证法真正说来无非是在真理的形式本身中去治愈这种不真实性的绝望的努力。因此,它真正说来是凭借自己不真实性的形式来抵达真理的努力。⑨

诸位也可以从主体和客体的角度来看待判断理论(关于判断理论, 303
我今天只能向诸位提出这个粗浅的意见),以此给它一个不同的说法。因为一方面,诸位正在进行哲学的传统语言中被描述为"综合"的东西,也就是说,诸位正在把诸环节相互联系起来并带到一起,而这些环节之前并没有以这种方式相互联结。综合而言,正是这种通过思维而发生的诸分离环节的相互联系,真正说来乃是判断中必要的主观方面。另一方面，对判断真理性的要求本身黏附着一个不可或缺的先决条件，即在有待判断的事态本身当中也有某种事实上自在地是协调的东西。因此，当诸位判断“二二得四”的时候，那么这种判断意义，即二乘以二等于四，如果意识没有通过进行这种乘法，从而将“二”这个概念与自己相乘而执行的那种综合，就不会存在。而另一方面，只有当事物中实际上存在二乘以二等于四这样的东西时，这个命题才是真的。现在，诸位可以说：“很好，那么我有两个环节，一方面我把某些东西带到一起，而另一方面两种事物已经彼此关联了；所以，正如现象学所说的那样，一方面是判断的单纯‘形式’，另一方面是判断的‘质料’，即在此被判断的事态本身。”但是，女士们、先生们——在这里，可以说我再次设法让诸位看到辩证法隐匿的生命——事情恰恰没有那么美好顺遂，因为诸位虽然能在如下意义上区分出判断的这两个环节，即诸位说：“如果这两个
304 环节不存在，那么判断就不存在，那么判断的真理性就不存在。”但同时，在进行这种区分的时候，诸位不能用手术刀将它们整齐地切分开来，诸位不能说：“这在判断中是单纯的形式，那在判断中是单纯的内容。”因为如果没有诸位作为主体来执行的那种综合，诸位对得到判断的、从而作为[判断]⑩基础的事态就根本没有任何意识。而另一方面，如果综合不能关联到这种事态，也就是如果它没有质料的支撑，那么综合本身就不会发生。换句话说：正如人们在现象学当中所说的那样，判断的主观的或者“意向的”(noetische)方面[和]⑪判断的客观的或者“意向相关项的”(noematische)方面恰恰不作为形式和内容而相互对立，而是通过彼此相互中介，因此，如果诸位愿意的话，主观和客观的辩证法，也就是主观和客观环节相互间的自我—生产，真正说来仍然能在诸如判断这样一个明显的形式逻辑的事实情况中找到。

女士们、先生们，在过去几分钟里我一直用一条腿站着，现在请允许我再对诸位说些有关辩证法和逻辑学关系的原则上的东西，它超越了我先前对诸位说过的东西，当时我向诸位指出辩证法处处以逻辑形

式的有效性为前提,但又必须以某种方式超越这种逻辑形式的有效性。也就是,诸位可以紧跟着说:"通过我们的范畴体系,通过我们笼络在逻辑范畴名下的那些范畴的结构,我们给整个世界罩上了一张网,而倘若没有这张网的话,我们对这个世界简直一无所知。"假使存在一种对真实的东西的直接意识,而这种意识却不会同时在自身中预设这张网,预设这种逻辑形式,那是无稽之谈;不难证明,即使是直觉主义最激进的 305
代表,如亨利·柏格森⑫,即便在单独处理他们的直觉的地方,也认为实际上这些直觉本身在延续着整个逻辑装置。但与此同时,我刚才在分析判断时试图一针见血地向诸位澄清的内容,也适用于一般情况下的所有逻辑中介:也就是说,跟事物的生命本身相比,这种逻辑装置是不充分的,就是说其不充分性不是在那些市侩之徒惯于在礼拜天夸夸其谈的那种空洞的意义上讲的,他们说逻辑强暴了世界,因此——也就是在礼拜天——才留给了感觉,毋宁说在更精确、更严格和更不善感的意义上,正是通过那逻辑学,我们一般说来才能认识世界,同时根据它自己的对象和意义,表明逻辑学也总是虚假的,也总是自相矛盾的。现在,辩证法恰恰掌握了我今天和诸位谈论的以及我在整个讲座中和诸位谈论的那些事实状态,辩证法通过反思这些事实状态,试图将它们本身提升到意识,它实际上是在寻求某种圆的方,一种闵希豪生的把戏*——顺便说一句,我想跟诸位承认,它是否能够成功,这是非常值得怀疑的,但尽管如此或许仍然表达了一般认识的唯一机会。因为辩证法是冲破逻辑的牢笼、冲破逻辑的强制特征的努力——实际上,社会的强制特征也类似地反映在逻辑当中,就像判断的原始形式或许就是死刑判决一样——但辩证法现在却不是以一种雄辩地、颇具古风的方

* 闵希豪生是德国童话故事中的人物,他是18世纪汉诺威地区的庄园主,出身名门望族,是个男爵。此人曾在俄国军队服役,参加过1735—1739年的俄土战争,回到德国后,便从自己的经历出发,运用夸张和幻想的手法,创作出一个又一个怪异的冒险故事。这些故事大都荒诞不经,以致后来人们把"闵希豪生"看成是爱吹牛的代名词。——中译者注

式冲破逻辑的，因为这样人们就相信可以通过这种方式追溯到作为直接实质之物和真实之物的前逻辑的东西，随后它就被交托给单纯的混
306 乱之物；毋宁说逻辑的进程得要靠它自己的手段来被打破，因此它应该通过下述方式来被打破，即逻辑，确切说具体到它所有的规定，是通过对它本身不足的意识而被打破的，同时它应该由于它自身力量的缘故而瓦解。而带来这种瓦解的那股力量，这种黑格尔意义上的概念的否定性力量，这种真正的批判性力量，实际上可能跟真理的概念本身是同一的。这是任何辩证法真正的内核，只要辩证法还被看成是一种哲学，同时又不总是被认为与实践有必然联系。因此，这种仿佛用逻辑本身的手段来弥补逻辑错误的努力，或者，如果诸位愿意的话，通过自然本身的破坏性统治的环节来帮助它走上正确的道路，首先是走上精神上正确的道路——我将会说，这才是一般辩证思维被激发出来的那种动机，而没有这种动机辩证思维就根本无法得到理解。就此，辩证法仿佛学会了使用黑格尔《逻辑学》意义上的那股对抗真理的力量，也就是不真实性的力量。这种逻辑手段对传统逻辑的瓦解，不是通过从外部批判这些逻辑手段，而是通过证明批判是内在的来导致的，也就是说，在每种情况下，根据它自身的尺度，都不存在真理。[13]

如果我可以刚好提示一下的话，类似的考虑也适用于推理的概念。我认为，对推理的辩证批判的重新表述，将会是新辩证逻辑的一个非常重要的任务。这个任务迄今为止真正说来还没有以我想到的形式被实现出来。奇怪的是，这种对推理行为批判的雏形（Rudimente）可以在现
307 象学当中找到，而真正说来现象学在很多方面都明显代表了资产阶级认识论中最先进的立场之一。现象学可以被理解为——我或许在《[认识论]元批判》中触及这个环节，但远远不是以必然的方式[14]进行的，正是出于这个原因，我现在还想就此提请诸位注意——，现象学在某种意义上其实也是对推理程序的批判。我将首先描述批判推理程序的动机的特征，就像它存在于现象学当中的那样。也就是说，虽然现象学犯下

一个错误,即它认为即使在实际上涉及论证的地方,也就是涉及推理的地方,也同样涉及直接的直观。在我看来,这个错误已经得到充分的证明,我认为再将它长久地坚持下去几乎是多余的。然而,支撑这一点的冲动无非是要表明,就某个切中其事物、适合其事物的特定认识而言,它与其他认识之间的关系不是早于或者晚于的关系,即不管是哪种类型的认识,真正说来都不是以单纯的推论、形式逻辑的结论的关系相互支撑。根据我曾告诉过诸位的对哲学中第一者的批判——或者也是对最终物的批判,两者可能是相关的——,人们或许也会说,在其优先性意义上、在其相互奠基的意义上,任何命题的等级制真正说来都不是很有说服力。如果诸位对此思考一下,推理的学说——如果诸位暂时不考虑归纳法——事实上本质上是一种形式逻辑的东西,也就是说,推理学说结果是表明不同的命题是如何相互包含的,那么大前提和小前提的等级制就变得倍加可疑。为什么被视为必然包含在彼此之中的任何一个命题对另一个命题应该享有绝对的优先权,这根本不该是被适当地看到的。就现象学曾试图给出描述*[以取代逻辑的]结论和论据而 308
言,它在没有明确意识到这点的情况下也表达了这样一个事实,即跟思想之间的星丛相比,论证具有某种组织(Veranstaltetes)和人为的东西,而去治愈这些东西真正说来处在哲学本身的任务当中。所以我将会说,一种公正对待其理念的哲学,虽然必须在批判的意义上使用论证[15],却不以论证为目的,毋宁说它以论证的破灭为目的。而格奥尔格·齐美尔的名言,即所有可以被证明的东西也可以被反驳,只有不可

* 这里的描述(Beschreibungen)指的应当是胡塞尔现象学的方法。胡塞尔追随布伦塔诺,认为现象学从描述(Beschreibung)而不是说明(Erklärung)出发。在《纯粹现象学通论:纯粹现象学和现象学哲学的观念 第 1 卷》(通称《大观念》)§60 中,胡塞尔将现象学描绘成一种“关于内在性意识形成的纯粹描述性本质理论”。这种理论既不打算进行因果性说明,也试图避免推理,而是聚焦于在直观中被直接给予的东西。现象学的目的在于以一种非归纳的方式描述经验,以关注主体在客体构成中的作用。(关于“描述”这个词条,参见德尔默·莫兰、约瑟夫·科恩:《胡塞尔词典》,李幼蒸译,中国人民大学出版社 2015 年版,第 53 页。)——中译者注

证明的东西才是不容辩驳的，真正说来具有比齐美尔本人当场所指的东西（即心理学的相对主义）有更严格的意义。[16]我在此提请诸位注意一下，如果通常在哲学著作中，论证（Argument）作为人们所谓“论题”之间单纯的中间概念显得是多么单薄、多么任意，甚至在康德那里，有多少为论证的特殊领域服务的东西，实际上却仅仅作为建筑术的桥梁，作为体系一致性的安排而出现，那么诸位很容易就会理解我用论证的破灭指的是什么。

这本质上又是——由此我回到了我今天真正为这节课设定的主题上——一个陈述的问题。如果我可以为自己说一句话，那么我将会说，我自己努力争取的某种紧密性和简洁性，不管取得了怎样可疑的成功，真正说来也具有如下意义，即现在不是要取消论证——人们不能这样做，诸位也可以在我自己的著作中指出一百个论证——而是为了从我已经尝试向诸位指出的那种原则性的动机中取消论题（These）或者论
309 断（Behauptung）与论证之间传统的区分，从而取消传统的推理形式。事实上，如果思想之间的关系不是一种等级，而是一个星丛，那么作为一种方法论要求，就必须从中推导出每种思想都同样接近中心点，因此不存在诸如桥梁概念、论题或者结论这样的东西，这些都是从中心点派生出来的，毋宁说每一个别命题既为论证的力量（也就是反思性思想的力量）所充实，又在另一方面用精确性的力量来切中事物本身，并且不能被思维兑现的理想，必定早已通过其形式真正表达出，哲学中不存在论断和证明，真理只有在一个整体（在这个整体中，每个词、每个句子和每个句法结构都要承担同其他结构相同的责任）的建构中才会表现出来。如果我曾对诸位说，辩证法在某种意义上说批判的乃是思维的迂腐，那么这可能就是一个例证。我认为，如果诸位严肃地进行辩证思维，那么诸位陈述的形式正在于此，即它在本质上放弃了任何论断的传统差异，对于诸位是否真正进行辩证的思维（也就是说，思想的内容和思想的实行是否达到了那种适宜于思想的同一化）来说，这些论断随后

被证明是一个很好的指标。

女士们、先生们,我知道这个讲座也许比其他任何讲座都要不完整,这恰恰因为,如果人们不是唯心主义者而要处理辩证法的话,这是完全不可避免的。因为辩证法,也就是一种涉及星丛、整体和关联的思维,但这种思维同时并不知道自己如何保证这个整体,因为它根本没有什么东西可以支配——[因此,这种思维不]像在黑格尔那里,主体和客体通过它们的过程最终是同一个东西——,这样一种哲学,当它自身得 310
到阐明的时候——即使有自由的、口头的即兴创作所带来的不充分性——除了凸显出零碎的特征(这也许是今天辩证思维唯一可能的特征)以外,什么也做不了;就此而言,我发现我对诸位说的这种不充分性,最后在某种程度上还有一种意识形态。但是,在最后没有至少给出诸位一些结论的情况下,我不想让诸位离开,我通过它把诸位扣住不放——也就是[通过]把诸位引向这样一个问题,即这种同一性的假设真正说来是否[完全可以被放弃],或者让我对诸位说:如果不去假设主体和客体最终彼此毕竟不是完全不同的[17],那么诸如一般认识究竟[是否]可能;或者如果我们在完成了的启蒙中禁止自己对这种可能性的任何思想,我们是否因此而禁止了自己的认识本身,并事实上连同启蒙退回到最幽暗的神话中去?这是我留给诸位去啃的一块硬骨头,但假期的确也很漫长,或许诸位在假期中能够啃掉这块硬骨头。此外,非常感谢诸位在这个经常需要跋山涉水*的讲座中专心听讲,衷心祝诸位假期愉快,无论如何我希望在下学期的美学讲座中再次看到诸位。[18]感谢大家。

注释

① 录音转抄缺失讲座开头,这里是由编者假设性地重构的,以与前一讲联系起来。

② 将"zugleich"修改为"nicht nur"。

---

* 指讲座思路崎岖不平。——中译者注

③ 在对话《理想国》当中，柏拉图提出了正义的本质问题。对话者一致认为，就其涉及个人的灵魂而言，如果人们首先从一个更大的模式，也就是国家的建立出发，这个问题可以更容易得到回答。为此目的，一个理想的城邦被假设性地建立起来。理想国的基本结构在于将所有公民分为三种职业：统治者（哲学家）、战士（或者护卫者）以及农民和手工业者，他们被分配了特殊的美德：统治者被分配了智慧，战士被分配了勇敢，农民和手工业者被分配了节制（作为自由人对妇女、奴隶和儿童的欲望进行统治）。然后，柏拉图给出了他对正义的定义，即"各做各的事"，也就是说，每个人只能从事同他们本性相适应的职业，而这三种职业之间的调换或者混杂，作为所有不幸的根源，应当不惜一切代价加以避免。然后对话又回到了每个人灵魂当中的正义问题上，显然在柏拉图眼里，城邦的秩序和灵魂的秩序是同构的。灵魂由三个部分或者三种能力组成，它们被分配了最重要的美德：统治者的智慧被分配给了理智能力，战士的勇敢被分配给了激情能力，而第三等级的节制被分配给了占统治地位的欲求能力（Begehrungsvermögen），即愉快和欲望。跟在国家那里一样，当每种能力只履行自己的功能并承认灵魂各个部分的等级时，一个灵魂就被描述为正义的。——就柏拉图对正义本质问题具有其理念问题的意义而言，职业、美德和灵魂能力的秩序同时也形成了属于理念的规定的等级秩序模式。但分工也是柏拉图理念论当中的模式或者物质基础，因为理想国的基础把被市场原子化的私人个别生产者看作它最初的起点、首先给定的东西以及前提条件，其孤立的活动和占有（这是实体或者本质原初的意义）与每个概念的孤立本质的问题有着明显的对应关系。（Vgl. *Politeia* 369 b 5 ff. 中译参阅柏拉图：《理想国》，第 58 页以下。）

④ 赫尔曼·格拉夫·凯泽林（1880—1946），文化—历史哲学家。创立了"智慧学校"和"意义哲学"。

⑤ 录音转抄在这里标注了"不清楚"。

⑥ 见第十六讲，注释⑮。

⑦ "啊，诸位究竟是什么，诸位这些由我描述、状写的思想！不久之前，诸位还是那么色彩斑斓、青春勃发、心怀恶意，长满了刺，到处隐藏着香料，让我直打喷嚏，放声大笑——可是，现在呢？诸位已经变得了无新意，诸位中有些恐怕已成了真理：它们看上去那么长生不老，那么正直，正直得让人心碎，那么无聊！"[Friedrich Nietzsche, *Jenseits von Gut und Böse*, Aphorismus 296; in: Nietzsche, *Werke*, a. a. O., (s. Anm. 259), Bd. III, S. 202 (II, S. 756). 中译参见尼采：《善恶的彼岸》，魏育青、黄一蕾、姚轶励译，华东师范大学出版社 2016 年版，第 278—279 页。]

⑧ 亚里士多德将陈述定义为λόγος ἀποφαντικὸς [lógos apophantikós]（"揭示性的陈述"），它区别于其他的句子形式（请求、愿望，等等），因为只有它才可以是真的或者假的。（Vgl. Aristoteles, *Lehre vom Satz*, Kapitel 1—6; in: Aristoteles, *Kategorien*, *Lehre vom Satz* [*Organon I/II*]. *Porphyrius*,

Einleitung in die Kategorien, übers., mit einer Einl. und erklärenden Anm. versehen von Eugen Rolfes, Hamburg 1974, S. 95—99.中译参阅亚里士多德:《亚里士多德全集》第一卷,第3—18页。)

⑨ 在这些考虑中,阿多诺能够尽可能地借鉴黑格尔有关判断本质的观点,也就是说,黑格尔关于判断两面性(一方面是同一性的表达,另一方面是主词和谓词的双重非同一性)的观点:"有鉴于此,我们必须从一开始就一般地提醒人们注意:命题,在判断的形式下,不适宜用来表述思辨真理;假若人们熟悉这个情况,就会克服许多对于思辨真理的误解。判断是主词和谓词之间的同一性联系;在这里,人们既不关心主词比谓词具有更多的规定性,也不关心谓词是主词的进一步发展。但现在的关键是,如果内容是思辨的,那么主词和谓词的非同一性因素就同样是一个本质环节,而这个环节在判断里并没有被表述出来。近代哲学的许多东西之所以在那些不熟悉思辨思维的人看来是悖谬的和光怪陆离的,就是因为人们总是用单纯判断的形式来表述思辨的结果。"[Hegel, *Werke*, a. a. O. (s. Anm.8), Bd. 5: *Wissenschaft der Logik I*, S. 93.中译参见黑格尔:《逻辑学Ⅰ》,第70页。]

⑩ 将"Sache"修改为"Urteil"。

⑪ 将"oder"修改为"und"。

⑫ 关于亨利·柏格森,见第五讲注释⑥。

⑬ 阿多诺在其他地方用"崩溃的逻辑"这个表述提出了在这里引用的构想并加以阐释。(Vgl. *Negative Dialektik*, GS 6, S. 148 f.中译参阅阿多诺:《否定的辩证法》,第125页以下。)这是"他最久远的哲学构想:甚至来自他的学生时代"。(Ebd., S. 409.中译参阅阿多尔诺:《否定的辩证法》,王凤才译,商务印书馆2019年版,第465页。)

⑭ Vgl. GS 5, S. 324 f.中译参阅阿多诺:《黑格三论》,第66页以下。

⑮ 将"bewegen"修改为"bedienen"。

⑯ 一切可以证明的东西也会遭到反驳。只有不可证明的东西才是不可辩驳的。(Georg Simmel, *Aus dem nachgelassenen Tagebuch*; in: *Fragmente und Aufsätze: aus dem Nachlaß und Veröffentlichungen der letzten Jahre*, München 1923, S. 4.)

⑰ 将"ohne die Annahme, daß Subjekt und Objekt schließlich nicht doch einander ganz unähnlich seien"修改为"ohne die Annahme, daß Subjekt und Objekt schließlich doch einander nicht ganz unähnlich seien"。然而,这种推测让编者感到头疼。一方面,它似乎令人信服地产生于前面的思路,其中谈到一个不可或缺的整体的假设,至少在黑格尔那里,这个假设采取了一个等同的整体以及主体和客体同一性的形态(vgl. hierzu auch Adornos eigene Ausführungen oben S. 24 und S. 125)。阿多诺也首先是从这种同一性入手的,他在演讲中所作的修正只会削弱同一性的假设,而有利于主体和客体的非不相似存在(Nicht-unähnlich-Seins)。然而,阿多诺论证的继续发展反对编者提议的这种推测,因为阿多诺将放弃把主体和客体相似性的

假设等同于“完成了的启蒙”，而按照阿多诺的说法，就启蒙是指批判而言，这恰恰意味着同一性思维战胜了非同一性。但下述情况或许也是可能的，“完成了的启蒙”这个概念在这个地方的含义有所不同，也就是说，阿多诺用这个概念指称一种彻底怀疑的辩证法的认识论立场，这种立场放弃了黑格尔式批判意图中的同一性的可能性，并以概念和事物、主体和客体之间的一种不可扬弃的非同一性为出发点，其后果是重新陷入“幽暗的神话”，即承认世界的不可知性。另一个推测是用“相似”来取代“不相似”。然而，所探讨的问题依旧存在。

⑱ 接下来的学期的美学讲座已经出版。（Vgl. NaS IV · 3）

讲座提纲

312

辩证法导论①

总　规　划*

1958 年夏季学期

4
8
10
22 课时

主　题

1. 导入:针对辩证法流行的反对意见
2. 辩证法的概念
3. 唯心主义辩证法:思想对客观性的诸态度
4. 唯心主义辩证法:意识的经验
5. 唯心主义辩证法:客观的逻辑运动

—8
6 .辩证法的诸模式:　感性确定性
出自《精神现象学》　主人与奴隶
苦恼的意识
本质和个体性,"伦理",S.300—307**
此外,良心
绝对自由与恐怖

9—10　出自《逻辑学》的诸辩证法模式:　存在　无　转变;　质和量

---

* 由于"总规划"是阿多诺手写的课程大纲,德文版在编辑时保留了一部分手写的、原始的痕迹,包括其在制作大纲时手写的序号、画线等等,中文版在编辑时也作此保留。——中译者注

** 阿多诺在此处引用了黑格尔《精神现象学》的其中一个章节,此处页码为他引的德文版页码。——中译者注

313

从存在论过渡到本质论

对传统逻辑的批判

11. 黑格尔方法的概述(Resumé)

12. 过渡到唯物主义辩证法:法哲学　a. 黑格尔的国家学说

　　b. 马克思对黑格尔法哲学的批判

13. 唯物主义辩证法的概念和问题

　　社会的概念中介——开放的辩证法

14. 辩证地把历史构想为一部阶级斗争的历史

15. 以交换关系为中心的辩证法

16. 辩证法和意识形态

17—18. 辩证法诸模式:

生产过剩

通过毁灭来阐明社会

自由概念的辩证法

唯物主义概念自身中的辩证法

国家和政治概念的辩证法

19. 美学辩证法

20. 我们的辩证法概念

21—22. 我们自己的模式

22. IV.58②

讲座:辩证法导论

1958 年 5 月 8 日

5 月 13 日开场[3]
双重性:
辩证法是思维和事物
当中矛盾的运动
方法和非—方法
提示唯心主义＝同一性

声名狼藉的辩证法,诡辩论的观念和理智的夸张。

在双重意义上跟当今盛行的实证主义思维习惯相矛盾。

反对诡辩论:真理的主观主义消解不是辩证法的意图,

见《精神现象学》第 24 页[4]　自柏拉图以来的辩证法

毋宁说　∧　是通过将主观的和否定的要素纳入真理本身来拯

今天:

救真理的客观性的努力。真理的理念不作辩解。

此外,单纯的真理的相当性理论(Adäquanztheorie)就已经自在地给予存在之物以正当性。真理一词当中的激情。

真理不在时间中,毋宁说动态在真理本身之中。

本质不仅仅是《精神现象学》第 15 页和《法哲学原理》[?]第 31 页的结论

辩证法不仅是主观主义的,而同样也是客观的。

因此例如:历史诸种力量的运动,最终进入到最崇高的精神构造物。

辩证法不是一种通过对话维持正当性的方法,而是企图在实在性中去领会客观的矛盾性。

哲学保持着其自身意识到的非正当性,但这样,以至于

因此,它从一开始就和当今的存在哲学形成最尖锐的对立,存在哲学原本就已经以反辩证法的方式被提出来了。

胜利者在此感到不安。

22. 讲座开始，思考真实的东西是整体这句引文

反对绝对第一者的概念，在自身内息止的东西，原初的东西。

就此，《精神现象学》第 14 页朗读＋解释

第 16 页最具尖锐性。

直到辩证法的夸张：一个哲学观念中没有意义的东西，其概念自身就蕴含着理智上最极致的张力，它能放弃这个理智上的环节。真理存在于极端之中。只有那些据说是夸大其词的东西，也就是那些习惯的表面上看令人厌恶的东西才有机会通达真理。另一方面，辩证法将被给予的东西、直接的东西以及不能消解在精神的规定中的东西认作它自己的诸环节之一。

中介并非外在于事物的东西

人们说，辩证法是有关所有事物的普遍中介性的学说，或者根据

-2-　　316

《精神现象学》的表述，辩证法是变易的学说，那么这同时也包含了一种在所有阶段都被确立起来的直接性的概念。

复活节之后继续展开⑤。

过渡到：辩证法的严肃性，也就是阶段的不可越过性的严肃性，如下环节恰恰处于这种严肃性之中：

关于理性主义的争论。人们决不能以此来指指责反思合理化的思维。

反对通过辩证法将世界连续

否定性的东西不是单纯的补充，它不是要被整体补偿，而⑥是要被整体缩减。

理智化的观念。∧ 拥有此观念的恰恰是黑格尔哲学，

不是单纯的归属到上位概念之下。概念不是[X]

由于他着眼于单纯主观推理的暴力而对这种推理进行了批判，

将那相反的环节以最尖锐的方式凸显出来。

见《精神现象学》第13页，否定者的严肃、痛苦、忍耐和劳作

《精神现象学》第33 | 34页，与此相对的是第35页以下

进入三段论的图式。反对对立者单纯外在的因素。对合题概念

这里也不是所谓概念的紧身衣。三段论图式相对的不相关性。辩证法在最严格的意义上根本不是一种作为主观程序的方法，而是它的反面，单纯的袖手旁观，听任事物本身的发展。

针对辩证法最常见的反对意见：辩证法只知道矛盾，却不晓得简单的差异。

——否定之否定的古
老的猜疑。被否定的
东西保存在否定当中。

不是为了贫乏，而是为了纪律 317

矛盾的概念不应该被实在化。∧ 它说的无非是，每个有限的判断，
就凭其判断的形式主张是全部的真理而言，
就跟它自己的有限性产生冲突，这有限性不可能是全部的真理。

内容的有限性，判断的质料。形式和内容的矛盾。

矛盾的范畴取自康德的二律背反学说，并从那里发展起来。

“超越经验”就失去了它的意义。

矛盾范畴通过如下这点而变得普遍，即康德内容和形式的区分，
一般说来康德的概念对子中那些僵化的、无中介的东西并不是固定不变的。

模式：形式和质料
X 是一个人
人包含一个理念，整体、正确的东西人的概念
人还没有在任何一个人身上
实现出来！
这个命题同时既是真的，也是假的：矛盾
当我们说：人指的不仅仅是这个类

自由，这存在于普遍性当中
自主的东西 X＝人，是假的

矛盾的理念来源于真理本身的强调性概念。

矛盾在根本上是逻辑学的标准。
辩证法作为矛盾的学说批判了世界简单的唯逻辑性，批判了将世界融合进简单的概念，反过来说，批判了存在之物与概念的同一性。

318

1958 年 6 月 19 日讲座开始：为什么矛盾不是单纯的差异？

差异是乌托邦，
辩证法不是世界观，
而是批判。

歌德对非同一物的答复：它是精神中无法融合的东西。

逻辑学＝绝对的同一性，矛盾是它的标准。

辩证法批判世界的唯逻辑性，批判其在我们的概念中的融合，反过来说，批判了概念与存在之物的同一性。

从事物出发：其对抗性特征。基础经验：世界的体系特征和对抗性特征是一体的。

5月13日 319

回到辩证法的紧身衣：辩证法是一个演绎的体系，是纯粹从概念中展开现实性的努力。

这既说到点子上了，也没说到点子上。一方面，辩证法事实上寻求展开实在事件当中的“逻辑”，但不是主观强加的逻辑，而是事物自身的逻辑。换句话说，辩证法的逻辑强制是社会的强制特征，其体系学是现实性造就的体系学，这种现实性是以某种方式作为宿命性而发展起来。对于我们所倡导的辩证法理论来说，体系是一个批判性概念。另一方面，辩证法恰恰不是直接的、连续的演绎关联。辩证法不以纯粹的同一性操作，不是从一个命题出发连续地推导出一切。这刚好是矛盾的核心功能。

例如：发展了的交换社会，财富和贫困的日益增长，等等。

如果没有理论，那么真正说来就不存在认识，而只有论断。

简短地讨论黑格尔和费希特的关系。

辩证法是在思想中公正地对待非同一物，即那不能被融合进思想的东西的努力，并且这种矛盾，即非同一物的同一性，真正说来是辩证法生命的要素。

这种努力的悖论迫使它展开矛盾，也就是说，矛盾不该被当作一个简单的判断来执行。

1958年6月19日⑦

320

这里已经暗示了辩证法两个可能的版本，
即肯定的，也就是唯心主义的辩证法和批判的，
也就是唯物主义辩证法。

也就是同一性的方面和非同一性的方面。
在黑格尔那里被当作精神来处理的东西，
在我却并非如此。
但由此——没有中介——辩证法
的概念本身就陷入困难。

辩证法呈现出传统思维的一系列困难。

1. 整体和部分必定总是相互关联的。部分已然是从整体出发得到把握，这
这正是被错误地理解为直觉的东西。24. VI⑧是有关直觉概念的部分。
个整体绝不是完全被给定的；整体就其自身而言不能被设想为某种完成
了的东西，而是从部分的运动，而不是从抽象的上位概念中推导出来的。
也就是说，整体不能从理论中被推导出来，
~~这正是那~~ 例如晚期的卢卡奇和抽象的意识形态概念。

例如：通过总体性中介的对文学的
唯物主义解释。我跟本雅明的争论。
这正是理论的位值，
理论代表着那个整体。

注意！反实证主义的要素　　321

是实在的：看上去最终的数据

-4-

统统都是由整个社会来中介的。

没有清楚明白的知觉：对象在自身之中活动

不是清楚的。特别是

2. 因此，不存在自然科学和传统 ∧ 实践上被应用的科学中那种的一步一步的程序。

辩证法是不连续性。针对要素分析。~~一步一步~~，完备性。
简单和复杂

反实证主义的因素。
核心：不承认外表

怀疑逃避[?]。

“飞跃”——方法的

飞跃——实在性

在断裂中思维＝

不和谐化

辩证法攻击传统绝对第一者的概念。

注意！黑格尔对“存在”的嘲讽

辩证法不是本体论⑨，∧ 它

不是“自然的”。反思　　思想的流动性，

也不是实证主义。　　内在于和外在于思想的存在。

对此的答复。——知道人们在这此争求的趋势

3. 辩证法避免赤裸裸的二选一，

不去廉价地[?]中介，没有“或许”，亦没有“也”。

即非此即彼，分类的、划分的思维。

例如：社会学＝人类学　322

跟今天盛行的思维习惯形成最尖锐的对立。

辩证法不是灵丹妙药，不是图式。

黑格尔的要求的新的严肃性，沉浸于事物自身。

这恰恰是反主观主义的。

也不是定义自身。

4. 辩证法不是从定义开始的，∧ 概念

前面已经出现。《精神现象学》（见："作为形式的论说文"）

将它的特性归功于背景 ∧ 同时根据思维的运动改变了其内在的构成。

定义作为事物之防卫的蹩脚性。

以个体与社会的关系为例证来阐述个体的概念，这个概念同时包括同一物和非同一物。分析在个体身上被扬弃的存在的双重概念。

5. 概念必须在其形象中得到设想，而不是被孤立地考量。

反对概念设置之任意性的动机，试图在概念中公正地对待事物本身的生命。当然，这预设了主体和客体通常的分离，也就是这样的假设：客

那么人们应该如何思维？
突发奇想？继续外行地进行思维？
答复：通过表达事物的思想的同一。（反对通行的划分成部分）
用模式来代替完备性

真理在这种同一的动机中：
主体本身就是一个抽象物，
一个环节。

体是未质化的，只有从主体那里才获得它范畴上的规定。 323
在这个意义上，一切辩证法都是跟传统认识论对立的唯心主义认识论。

论辩证法的特征。
一种不承认将哲学从科学中分离出来的思维。
也就是说，哲学的动机被带入质料的认识。
例如：对定义的哲学批判：不去下定义。

用于1958年6月12日的讲座[10] 324

顺便说说(ad vocem)克罗纳的矛盾。

同一性本身是充满矛盾的

不仅仅是单纯形式的,而且在内容上的真理。

克罗纳:pp.331—332*

如果对形式条件的洞见不是认识,怎么还存在先验逻辑?

设定边界就是要越过它。

克罗纳的辩证法:p.333**

* 此为阿多诺引用的克罗纳的《从康德到黑格尔》的德文版页码。——中译者注

** 同上。

用于 6 月 26 日的讲座

整体的预先推定问题。

批判这种说法：整体是之后的事情：　　个别物是抽象的产物，正如普遍物也是抽象的产物。

科学秩序将事物头脚倒置。

我对我们生活的世界的了解要早于对所谓个别数据的了解。

唯有认识论，而不是认识，才使之不同。

通过反思来恢复天真性的任务。

（这是所有辩证法的一个本质上的动机）

人们首先注意到的是压力。

与此相对的是跟整体同样抽象的局势。

理论必须遵循这一经验。

理论的位值：通过一以贯之的思维去表达精神的经验。

没有直觉：指向事实之外的知识是潜在的，已经以未被组织的形式在那里了，并通过连贯性被推向前进。

直觉的东西看上去好像是绽开、潜在的知识成为现实-变得被意识到。而这正是理论。

但其本身却不是绝对的东西而是开放的东西。

始终与自身的矛盾有关，因此不是完型。

整体绝不能被设想为完成了的东西，等等。

326

2.

> 不是自然科学进和传统的、在实践上被应用的一步一步的程序
>
> 不连续性。插入步骤的相对偶然性。
>
> 在这方面跟实证主义类似。

没有绝对的第一者。起源不是真实的东西，而是欺骗。

从上一页至此：本体论和实证主义。

反对清楚明白的知觉，因为这种最终的、绝对被给予的原则不是真理，根本不是被给予的，而在于一个过程之中。

关系到他物，因此不是绝对明晰的。

对象在自身中活动，因此不是清楚的。

笛卡尔式要求的教条。

327

人们应当如何思维?[11] | 不是缺乏准确性,而是更加准确,
由此溶解了固定的东西
坚持

防止随意性,一闪之念不是抽象的一致性,而是

理论经验的统一。 | 思维也不是一块白板,不是“纯粹的”,
而是经验中的一个环节。

反对要素分析。 自然科学:

这些要素不可避免地只是一个环节,而诸要素不是绝对的。 模式

陈述代替了事物。

整体不是简单地由诸部分构成,而是自我生产的。

例如:普遍的和特殊的法则。

精神的纪律问题。

思想的自由。

方法的不自由。

与此对应的是通往客体的自由。

解释要素(Faktoren)的概念

反对没有跳跃的过渡。

从上一页

生产性的思维是不连续的,处在断裂中,否则就是和谐主义的虚构。

不迂腐。体系的贫乏(Mesquine)。齐美尔。 | ~~体系,如果是实在的,可以作为保护壳。~~

~~否则就是不真实的。~~

思想的流动性,内在的和外在的。

328

假象

等级(d'échelle)

对此的怀疑:避免,相对主义(社会学上的)

一种思维的内核是其力量来源,而不是方法

答案:个别认识的规定性和倾向。

在辩证法当中,个别物要比传统思维更有约束力。

采取内在的态度—但不是采取一种“立场”。

一体的,但不是体系

帕森斯

同一性哲学以

完备性为前提

辩证法既不是本体论,也不是实证主义的。

反对完备性。确切说,反对无所遗漏的模式。力量的中心。

反对参照系。任意。过于机智(Das Übergescheite)

本体论:黑格尔论存在。

辩证法不是“自然的”,反思。对此的反对意见。

实证主义:看似被给予的事物总是被(社会)中介的。

内核:不受束缚。

3. VII. 58 被给予物中介性的诸模式

1) 跟公务员的关系(达姆施塔特研究)

2) 上级的面具

3) 对流行音乐的偏好:最大播放量。注意!这里存在的倒退。

反对意见:作为一种假设,这跟实证主义是一致的。 329

对此回应:1) 不是假设,因为通过“判决实验”(experimentum crucis)是无法证明的。

2) 这里设定的总体性无法被把捉为纯粹的被给予性。

3) 感官根本不是个别认识,而是直接物的中介。

4) 导致这种情况的道路是否定的,例如:客观上讲上级并不是坏心肠的,或者公务人员是不知名的。马克斯·韦伯。

1958年7月15日⑫ 330

小结：等级的假象(idol[e] d'échelle)。

反对思维中的强制性特征，“范畴”，各得其所。

流动性。

“来自外部的音乐”。

流动性的意义：内在的(即：连贯性)

超越的(整体中的位置。)

恰恰是这种双重性表达了辩证思维的互不-相融。

对流动性的怀疑，对抽身出来的怀疑。

跨进另一个种(μετάβασις εἰς ἄλλο γένος)，针对诡辩派的古老反对意见。

与此相反，有义务在负有责任的地方采取

~~人们~~每种思想立场，并将其超越性特征发展出来。

针对相对主义的流动性的怀疑在社会学上是有根据的。

定居，基础，反对“无基础”。

已经采纳了这个观点：没有任何基础的真理，只有活动着的真理。

331

内核，一种思维的实质性的东西，是其潜在的力量源泉，
思维由这个力量源泉所形成，每个步骤中都可被贯彻的
方法，也不是一个有待以物性的方式扣减的“论题”。

控制的功能转换：

曾经反对教条，不让自己受骗。

后来是对不顺服的思想的压迫。

连贯性＝真正说来已为我们所熟知的东西，无限小的过渡。

新的东西是质的飞跃。

个别物的约束性。内在的地位，而不是“立场”。

2　　332

18. VII.[13]　在这里是教条。同一性哲学的预设。

<u>完备性</u>：　该假设仅仅适用于特定的多样性。

否则的话，完备性就是不可预期的，除非我

作为一个分类者在搜集而来的、

完成的材料（也就是已经被终止的经验）中活动。

因此：不能争求完备性。

哲学-思维的任务：制定模式，

真理的标准：　而不是去包罗万象＋无所遗漏。“光源”。

有多少东西　发光，而不是归属。

被凑集起来　韦伯理想型的某种动机＋在胡塞尔那里则没有这种动机

两次都因为跟传统思维结盟

外延逻辑的本质。　而孱弱无力。

与两种“无理论”相对立：　在韦伯那里：启迪性的原则。在胡塞尔那里：被等同于普遍的概念。

但是∧：不是没有联系的，不是孤立的。

一切思想的相互沟通，不是为了协调一致，而是为了探寻不同的道路。

333

确切说，体系是一座迷宫。“真的思想只是那些

对自身一无所知的思想。”

也就是通过自己的运动被推向自身之外，而同它的普遍概念没有关联。这刚好是“一闪之念”在认识论上的位值。

在这里简短地讨论体系概念的历史。

体系概念的转变

在康德那里：不是狂想的东西，统一性。

曾经试图从自身中发展出具身性(Konkretion)。黑格尔。

大人物和小人物，王室成员

如今是顺从的，顶层组织。

在李凯尔特那里，已经作为一切事物都顺应其中的保护壳。

恰恰是事实的研究者和实证主义者谈到了新的体系概念

这使他们能容纳一切，而真正说来不允诺一种理论。

世界呈现为“封闭”状态。退回到简单的再生产。没有疆界。内在性。

塔尔科特·帕森斯的影响。

就此而言，骗人的一致性的表象。

这已经是很成问题的。对社会学＋哲学来说

没有一个共享的范畴体系；这正是从社会对抗主义中得出的结论。

334

3

价值中立的单纯假象。 客观上不存在中立的思维，就像它对本身的理解那样漠不相关。

不间断的同一性的逻辑形式变成内容方面的理想：

概念的功能性＋功能性障碍。

对参照系概念的批判。

这刚好跟混乱的事实相关。

思想的连续性物化为技术上的一体化，或者物化成了教条式的固定观点。

任意的秩序体系，通过整理性机关

官僚，备忘录作者

不是真理的合法化 总能生产出参照系

这样的参考系必定是僵化的。

成为控制的装置：你的参照系是什么＝

答复：这在于思想自身之中，

你有没有可疑的思想。 而不是外在于思想。

能被安置。参照系作为一种新的庇护。

形式上安全性的角色。

如今辩证法在历史上的位值：反对管理的思维。

335

∧ 你是赞成，还是反对。

辩证法不是赤裸裸的二选一。由此反对管理思维。

不允许非此即彼的强加（新教的良心强制）。“谁若不支持我，就是反对我。”在这上面的他律。

但被中介不是中庸之道的也许，不是亦此亦彼。

穿越极端的运动。反对资产阶级理性的误解，即所有事情都有正反两面。

二选一的标志：或者是社会学

或者是[×××××]本体论的人类学。　援引费尔巴哈：不是反对，而是超然其上。

将辩证法归属到I.之下的趋势。

但两者都不正确。　坚持这样的真理，不是“所有东西都是有条件的”，

而是不真实的东西的条件性。

但没有静态的真理。

反对起源+有效性的无中介的辩证法。　那坏的起源使真理掉价

反对“我作为”。反对有立足点的哲学和相对主义。两者是一回事。

反对价值哲学和价值中立。

药方：黑格尔要求沉浸于事物自身之中。

客体不是未质化的（unqualifiziert），而是被规定的，其中主体是唯心主义真理的环节

根据传统思维，对它唯独具有决定性的主体本身就是一个抽象，一个环节。

辩证法不从定义开始，也不从它自身开始。

对清楚概念的要求涉及下述事实，即概念始终通过

~~指示功能~~　要求把定义看成

概念才能得到规定。对事实的防卫的蹩脚性。“罪责”。

其中远古的、前批判的方面：概念的假设。

反对：　1）概念的明晰性规定。

2）概念的历史环节，摆脱定义的环节。

概念自在地不是固定的，而是有一个过程在它们中间发挥作用。

辩证法的任务不是为了便捷性的目的而去终止概念，

语言作为规范：

而是为了理解这个过程。例如：家庭。　语言上的[?]表达类型

可以在定义中终止——也就是那些在其中被储存起来的

不受束缚的理论的力量——但不能从这些定义开始。例如：我将艺术定义为，从谎言中[—]提炼真理的魔法。

为此，我必定已经知道艺术是什么了。——塔西佗式的理想。注意！凝练之一般。

反对操作性定义

1）它的同语反复，重复的本质。不是综合的

2）反对事物的任意环节。坚持偏见。

3）外推法的问题。

337

辩证法不能缺少普遍概念。

<u>对概念的态度</u>　　因此出现了这种反对意见：我必须有个普遍的构想

恰恰不是这样的：谁若说了 a，就不能说 b。

1）思维不是概念的白板，它事先将这些概念当作在内容上
<u>自在地</u>意味着某物的东西接受下来，并如此这般地使用它们。
现象学的真理：它试图公正地对待诸概念。
现象学的非真理：它把这个客观的环节绝对化了，
把诸概念固定化了，而忽略了它们在思维中的变化，
忽略了主观意图对它们的干预。
它们同时改变自身。

在这里插入 31. VII. 58　　5　　338

2）诸概念将他们的特征归功于背景中的具形化。

只是表面上的含混：作为孤立的概念。事实上，通过它们的位值

更被确定了。

通过陈述，思想超越了单纯的预先被给予性。主体的干预。同时自身也是一种客体。认识中主体-客体辩证法的模式

这就是陈述的认识论功能。

辩证法和一般逻辑形式的若干问题。

辩证法作为突破的努力：通过它自身来智取逻辑

给出三种基本类型。

判断的概念。

分析系动词中必然的非真理。（暴露出这个问题，在下节课加以勾勒。[14]）

判断，总是对主体所不是的东西的抽象，就此而言它是虚假的。

但倘若没有判断，也就没有真理。事态与综合。

一种无判断逻辑的模式，音乐，一般的艺术

真理在这里是被中介的。

判断：作为模式的死刑判决。

339

推理的概念。

逐渐意识到它的不足。

推理程序预设了一个等级制，该等级依据距离起源的远近来划分。

可疑之处在于桥梁概念的脆弱。

在辩证法中，一切事物都倾向于同样接近中心。

现象学意味着：论证的破灭。

也意味着：陈述。一切事物同样接近中心。紧密性。

它同时也是坏传统：反对推论的思维。

辩证法：在论证上反思论证。

3）诸概念必须在它们的形象中得到考量。

概念在关联中才是真实的，才能表达出

每一个别物的不足。——诸概念通过它们的联系而得到规定

苛求：根本不存在个别的真理。

340

6

辩证法导论续篇。

思想的流动 S.35 *

黑格尔本人对概念的规定。
《哲学入门》第 214 页
注释 2(精神现象学)⑮

第 96—97 页。知觉的辩证法。
承认真实的东西。
通过意识活动的欺罔
97 “不等同性”＝主体中的虚无。
知觉中的普遍性(例如:颜色)
这里的运动在于还原为纯粹的“这个”(τόδε τι)。
98 这种纯粹感性的东西正是筹办出来的东西,生产出来的东西,“意谓的东西”,也就是
被中介的东西。
意识返回到自身:反思
由此真实的东西被改变了
99 对意识的还原导致了知觉的非真理性。
反思的意识:同一性
其中的“普遍者”的是我们。

---

* 据推测,此处可能是黑格尔《精神现象学》中的序言提到的:“因此,现在的工作与其说在于使个体摆脱直接的感性方式,使之成为纯粹的、被思维和能思维的实体,不如说情形相反,在于扬弃那些僵硬确定的思想,从而使共相实现出来并加以激活。但要使固定的思想取得流动性(Flüssigkeit)却比将感性定在变成流动的要困难得多。……通过这样的运动,那些纯粹思想就变成概念。”(黑格尔:《精神现象学》,第 21—22 页),此处页码应为阿多诺引用的德文版页码。——中译者注

341

100 对象不同侧面的规定性(黑对白)
“属性”=事物本身的规定性=真实的属性。
事物,一,是也*;普遍的媒介。
在事物中,“也”和统一性是互不对立的
101 事物的统一性是在意识中的。一和也的环节是
主体和客体。
102 统一性+多样性在事物中自在地存在,不是单纯的主观添加
(注意!详细说明:我们是受到单纯
知觉状态的推动而进行这种范畴化的。)
103 一事物通过规定性而与所有其他事物相对立,但借此
却保持为自为的。
但事物仅在这个意义上与其他事物不存在这种关系。
事物由于它本质属性而走向崩溃。

---

* 参见《精神现象学》“知觉”章之“事物的单纯概念”:“但存在之所以是一个普遍的东西,乃是因为它在自身中拥有中介和否定的东西;通过它在自己的直接性里表现出这一点,它就是一个被区别、被规定了的属性。……由于它们是在普遍的东西的单纯性中被表达出来,这些真正讲来是凭借着进一步添加的规定才是种种属性的规定性,就自己与自己相联系,它们互相漠不相干,每一个都是独立的,都不受其他的束缚。……盐是单纯的这里,同时也是多方面的;它是白的并且也是咸的,也是立方形状的,也有一定的重量,等等。……盐的白色不影响或改变盐的方形,而这两者又不影响或改变盐的咸味,如此等等,而是由于每一属性本身都是单纯地自己与自己相联系,它们就并不干扰其他属性,而只是通过那漠不相关的‘也’(das Auch)来与它们相联系。”(中译参见黑格尔:《精神现象学》,邓晓芒译,人民出版社 2017 年版,第 72—73 页。)在这段话中,黑格尔从“知觉”的立场出发,将“一般物性”(Dingheit)看成是事物诸属性的普遍媒介,诸属性分有该普遍的规定性,但同时独立而漠不相干,表现为单纯的集合。例如盐,它的诸属性“白”“咸”“立方形状”等等,都是互不相关的“也”(auch)的关系,这些属性被总括在那个叫“盐”的统一性身上。——中译者注

103—104　总结

主要思想：

事物被表述为自为的存在，否定一切他在。

因此是绝对的否定。

104　因此是它的自我扬弃（就是说，因为它仅仅通过其与他物的关系而成为“自身”）。

第163—165页　怀疑主义和辩证法

163　怀疑主义在感性确定性、知觉和理性中揭示出辩证法。

164　怀疑主义作为对精神自由的意识（被挽救为一个环节）。“它的自我确信”。

165　怀疑意识单纯的经验特征。（朗读）

343

回到定义。⑯

“含混性”，共同的联系不是偶然的、主观的，而是一个

客观的规定。

它是被定义窄化的，一个未被定义的概念携带着

更完整的东西。

那么，艺术是：试图保存它自身中自在地包含着的东西，但要

将之提升到意识。

通过星丛而出现。

外语单词的例子。

读它 30 遍，我要比“下定义”更好地了解它。

概念也不是固定的，而是通过星丛

发生改变。

注释

① 在本书边码第425—426页的编者后记中,可以找到阿多诺为讲座准备的第一个提纲的一般解释。

② 这里的日期指的是总规划的制定日期。

③ 页边的日期通常指新的讲座日期。

④ 这里的页码指的是拉松版的《精神现象学》,阿多诺公开朗读的也是这个版本;见第二讲注释⑧。

⑤ 1958年5月15日是耶稣升天节,5月25日和26日是耶稣复活节。显然,5月27日和29日也没有举办讲座,所以这里的笔记指的是推迟到复活节之后6月3日的第五次讲座。

⑥ 这里可能读作"但是",但根据相应的解释,应该读作"或者";参见本书边码第59页。

⑦ 这里的日期标志着阿多诺6月19日讲座结束的地方,所以也是6月24日第9次讲座的开始。

⑧ 这里的日期标志着阿多诺6月24日讲座结束的地方,所以也是6月26日第十次讲座的开始,阿多诺还为第十讲制订了新的、更加详细的草稿;见本书边码第325页。

⑨ 至此(第十一讲结束),阿多诺不再遵循四页排版稿的第一个草稿。对接下来的讲座来说,从7月3日的第十二讲开始,接下来的几页出现了新的提示语。现有的第3点(辩证法避免赤裸裸的二选一,等等)到第5点(诸概念必须在其交流中,等等)就此被归入第十八讲到第二十讲。他在第297页的草稿中更加准确地阐释了在页边添加的提示语,这构成第十三讲的框架。

⑩ 这是对6月12日第七讲提示语的单页补遗。

⑪ 阿多诺在第十二讲中详细地阐释了这一页后半部分的提示语(第328—329页,日期为3. VII. 58)从"人们应当如何思维?"到"不受束缚"的提示语是第十三讲到第十六讲的基础,尽管阿多诺还为第十五讲到第十六讲写了新的草稿;参见第300—302页。

⑫ 接下来提示语第1到5点是阿多诺一气呵成的,它们构成了7月13日至7月31日其余讲座的基础。

⑬ 跟这页接下来的提示语(直到"一闪之念")相关的讲座举办于7月17日。

⑭ 这项企划或许要追溯到开始于7月15日的大纲起草的时间,因为7月31日的讲座是本学期最后一讲。

⑮ 下面提到的《精神现象学》的页码不是拉松版页码,而是阿多诺使用的克罗纳版页码;vgl. Hegel, *Sämtliche Werke* (s. Anm. 174), Bd. 3: *Phänomenologie des Geistes*.

⑯ 这页是对7月29日第十九次讲座的补遗。

缩 略 语

本书中阿多诺的著作是根据《阿多诺著作集》(*Gesammelten* 347
Schriften, hrsg. von Rolf Tiedemann unter Mitwirkung von Gretel Adorno, Susan Buck-Morss und Klaus Schultz, Frankfurt a.M.1970 ff.)以及已经出版的《阿多诺遗著集》(*Nachgelassenen Schriften*, hrsg. vom Theodor W. Adorno Archiv, Frankfurt a.M.1993 ff.)的版本来引用的。缩略语通用:

GS 1: Philosophische Frühschriften. 3. Aufl., 1996

GS 3: *Max Horkheimer und Theodor W. Adorno*, Dialektik der Aufklärung. Philosophische Fragmente. 3. Aufl., 1996

GS 4: Minima Moralia. Reflexionen aus dem beschädigten Leben. 2. Aufl., 1996

GS 5: Zur Metakritik der Erkenntnistheorie/Drei Studien zu Hegel.5. [recte: 4.] Aufl., 1996

GS 6: Negative Dialektik/Jargon der Eigentlichkeit. 5. Aufl., 1996

GS 8: Soziologische Schriften I. 4. Aufl., 1996

GS 9 • 1: Soziologische Schriften II. Erste Hälfte. 3. Aufl., 1997

GS 9 • 2： Soziologische Schriften II. Zweite Hälfte. 3. Aufl.，1997

GS 10 • 1： Kulturkritik und Gesellschaft I：*Prismen/Ohne Leitbild*. 2. Aufl.，1996

GS 10 • 2： Kulturkritik und Gesellschaft II：*Eingriffe/Stichworte*. 2. Aufl.，1996

GS 11： Noten zur Literatur. 4. Aufl.，1996

GS 14： Dissonanzen/Einleitung in die Musiksoziologie. 4. Aufl.，1996

GS 18： Musikalische Schriften V. 1984

GS 20 • 1： Vermischte Schriften I. 1986

GS 20 • 2： Vermischte Schriften II. 1986

NaS I • 3： Current of Music. Elements of a Radio Theory，hrsg. von Robert Hullot-Kentor，2006

NaS IV • 3： Ästhetik (1958/59)，hrsg. von Eberhard Ortland，2009

NaS IV • 12： Philosophische Elemente einer Theorie der Gesellschaft (1964)，hrsg. von Tobias ten Brink und Marc Phillip Nogueira，2008

NaS IV • 14： Metaphysik. Begriff und Probleme (1965)，hrsg. Von Rolf Tiedemann，1998

348 NaS IV • 15： Einleitung in die Soziologie (1968)，hrsg. von Christoph Gödde，1993

编者后记

克里斯托夫・齐尔曼(Christoph Ziermann)

阿多诺1958年夏季学期在约翰・沃尔夫冈・歌德-美茵河畔法兰 423
克福大学(Frankfurter Johann Wolfgang Goethe-Universität)所作的讲座仍然兑现了他在课程目录里所宣告的承诺:它提供了一个辩证法的导论。一般来说,阿多诺在即兴演讲中发展起来的理论思考,要比他关于黑格尔的著作或者《否定辩证法》更容易被理解。因此,该讲座绝对可以被看成这些文本的入门。通过朗诵黑格尔著作的个别段落并对其进行详细的阐释,阿多诺使辩证法的核心角色,例如"概念的运动"或者规定了的否定以及矛盾的意义变得容易理解。但阿多诺也为那些对辩证法持怀疑态度甚至不屑一顾的人铺平了道路,因为他系统地论述了辩证法的困难,对它的偏见和抵制,以及辩证法带来的苛求。只有那些期待辩证思维现成配方的人才会在这里感到失望;"但这正是辩证法的本质,即辩证法不是灵丹妙药,而恰好是让真理说明自己本身的努力。"(本书第31页)

在阿多诺本人思想的发展史中,这些讲座标志着一个并非不重要的转折点:首先,辩证法本身成为主题。在他自己的辩证法著作计划形成的两年前,在对他材料性作品的一种方法论的自我反思中,阿多诺第一次拟定了“一个开放的、断裂的辩证法”(本书第 125 页)的领域,这个领域随后在《否定的辩证法》中得到发展。这一点首先从阿多诺最初的总规划(见本书第 282 页“辩证法导论总规划”)中可以看出,该规划以近乎交响乐的布局已经让人了解到,一种哲学——它从黑格尔和马克思的辩证法中蜕变而来,并且要平视黑格尔和马克思的辩证法——要实现自我规定。即便是强烈偏离总规划的展开段落(Durchführung),也阐明了阿多诺辩证法观念的核心动机:它的定义是“使非同一物(即并不融入我们思维中的那些因素)仍然在思想中赢得它们权利的努力”(本书第 108 页);对辩证法最初的批判功能的强调;辩证法和本体论以及实证主义的特定对立;辩证法和否定形而上学的互补性;最后是对阿多诺来说尤为重要的辩证法的个人动机问题,而且今天,当资本主义的
424 内在—辩证的—矛盾让我们从后现代的迷梦中清醒过来时,这个问题似乎没有失去任何现实性:“分裂性或者异化的经验”(本书第 97 页),它就需要“一般辩证思维衡量世界的一种否定状态,并且辩证法用其本身的名字来称呼这种否定状态”(本书第 95 页),而不放弃这样的希望,即“旨在和解的东西,本身真正存在于世界的分裂性、否定和苦难中”(本书第 96 页)。

阿多诺每两周举办一次时长一小时的讲座,就像往常一样,他基于先前作的关键词和笔记自由讲演。这些讲座被录在磁带上——原本不是为了日后出版,而是为了供自己使用——然后变成录音转抄。这些录音转抄构成读者面前这个版本的文本基础;它们存放在特奥多·W.阿多诺档案馆,编号为 Vo 3023—3249。在原计划的 22 个讲座中,由于圣灵降临节后有一个星期的假期,所以实际上只举办了 20 次讲座。第一次演讲的记录没有被保存下来;取而代之的是一份速记手稿,但手稿作者已无可稽考。

编辑工作遵循了阿多诺讲座的一般编辑规则。这意味着,首先,编者并非意在制作一个考证版,而是一个阅读版,特别是由于这些“讲座”

之前并不是阿多诺本人撰写的，甚至也不是由他本人授权出版的。为了保持口头演讲的特点，编者尽可能不改变句法结构。编者自然要对标点符号负责，但它们只限于将经常错综复杂的句子划分开来，从而使阿多诺的思想脉络清晰可辨。在严重有损理解力的极少数情况下，编者才偏离了这条规则。只有在阿多诺出现明显口误，或者录音转抄出现打字错误或者听力错误的情况下，编者才会对文本进行个别的默示性的修正。所有在内容上偏离录音转抄，从而必须被视为编者补充的部分，都用方括号注明；凡是编者认为不得不优先考虑特定异文的猜想部分都有注释说明。引文和书名用双引号标明，个别概念和阿多诺喜 425
欢用的杜撰的引文用单引号标明。只有两点偏离了以往的编辑惯例。第一，阿多诺穿插的希腊单词和短语在方括号中附有拉丁语的改写，圆括号表示读音，尖音符表示重音。第二，讲座中出现的黑格尔引文所依据的是卡尔·马尔库斯·米歇尔(Karl Markus Michel)和伊娃·莫尔登豪尔(Eva Moldenhauer)的法兰克福版，但编者决定按照阿多诺本人显然在讲座过程中朗读的版本来引用黑格尔著作的大量引文。这样做不是为了创造一个所谓的“光晕”(Aura)，而是为了澄清阿多诺的个别论述，这些论述只有在旧版本的背景下才能得到理解(例如，将“Sein”拼写成“Seyn”)。为了便于查找引文，编者在注释中提请读者参阅法兰克福版本中相应的段落。

只要是与内容有关的注释，其目的都是为了方便读者阅读，并在编者力所能及的范围内阐明那些含混不清的段落。由于讲座的范围已被给定，阿多诺其他文本中对应的段落只是被破例地给出。阿多诺著作的标题和引用的内容均为斜体字*。内容概览虽然以阿多诺的方式被给出，但并不是为了回溯性地划分讲座，而是像索引一样，是为方便读者定位而制订的。

---

* 中译本中引用的内容以引号标出，著作按出版规范加上书名号。——中译者注

编者要感谢出版社允许向读者提供阿多诺为这些讲座作的大量笔记和草稿。对这些材料的研究表明，阿多诺的准备工作明显必须被区分成四个阶段：(1)总规划，(2)5月8日和5月13日作为排版的前两次讲座的详细计划(来自总规划的第一点和第二点)，(3)讲座的第一阶段(5月8日至6月24日)，其中阿多诺首先开始整理前两次讲座的草稿，但这样做打破了时间安排，并从那时起用手写的笔记(在页边空白处或者排版行间处)来补充下一次讲座的草稿，以及(4)讲座的第二阶段，阿
426 多诺(为6月26日、7月3日，然后为7月31日剩余的讲座)作了三次、相当详细的笔记。此外，还有a)第一阶段讲座(6月12日)的一张准备表，b)第二阶段(关于定义)的一张表，以及c)阿多诺为自己制作的《精神现象学》难词释义词汇表。阿多诺随后插入的内容用较小的字体表示；方括号内的问号指的是一个不再能辨认的词语。为阿多诺自己的笔记和草稿提供的编辑说明的目的仅限于澄清它们与个别讲座的具体关系，因为从阿多诺标注的日期来看，这一点并不明显。

最后，我很高兴向以这种或者那种方式向为我提供帮助的人表示衷心的感谢，他们是：安德烈亚斯·阿恩特(Andreas Arndt)、耶莱娜·哈尔-方丹(Jelena Hahl-Fontaine)、汉斯-约阿希姆·诺伊鲍尔(Hans-Joachim Neubauer)、维姆·普拉特沃特(Wim Platvoet)、米夏埃尔·施瓦茨(Michael Schwarz)以及马蒂亚斯·蒂尔(Matthias Thiel)。草稿的转抄是由亨利·洛尼茨(Henri Lonitz)完成的。

术 语 索 引

（术语后的数字为原书页码，即本书边码；高频出现的术语未列出）

E

F

G

H

J

K

Q

R

S

T

W

X

人名索引

(根据德语版附录第429—432页译出，人名后的数字为原书页码，即本书边码)

说　明

本书根据德国苏尔坎普出版社(Suhrkamp Verlag)2015 年 3 月出版的学术口袋书《辩证法导论》译出，由克里斯托夫・齐尔曼(Christoph Ziermann)编撰。在文本上与特奥多 W.阿多诺档案馆编辑出版的《特奥多 W.阿多诺遗著》(第Ⅳ部分，讲演录，第 2 卷)相同。

概　览

第一讲

对辩证法的偏见—辩证法的双重本性—辩证法作为规整理念的方法(柏拉图)—概念秩序作为对自然秩序的模仿—辩证法的命脉—辩证法必定“夸张”—辩证法的实证主义要素

第二讲

“概念的运动”(黑格尔)—辩证法假定了思维和存在的同一性—辩证法在黑格尔那里是同一性和非同一性的统一—过程中的非同一性，结果中的同一性—作为辩证法模式的辩证法导论—概念的运动不是诡辩—概念的运动作为科学的道路—认识的客体在自身中活动—客体的运动是合乎法则的—形而上学的真理概念—真理不可避免的物化—历史性运动不是存在的运动，而是具体的运动—辩证法不是奠基性的哲学—真理的时间内核

第三讲

第一哲学批判—质料也不是第一者—黑格尔的辩证法同时是对第一哲学的保存—每个规定都隐含着中介—概念的运动不是思维的添附—盖伦诡辩式的意义偷换—“整体是真实的东西”仅仅作为一切中介

的总概念——一种开放辩证法的理念—整体既不是泛神论的自然总体(Allnatur),也不是不可割裂的统一——"真理本质上是结果"—个别现象只有从整体上才能得到理解—诉诸整体性通过个别东西的自身运动而得到中介—整体的概念是预先被给予的

第四讲

传统的体系概念:从第一原理推导出整体—辩证法的体系概念—规定了的否定—康德那里的矛盾—黑格尔那里的矛盾—反题来源于正题—绝对者在客观性上有其尺度—辩证的批判必然是内在的—用思想的发展来反驳思想—生成中的绝对者在本质上是时间性的—理论与实践的相互影响—作为结果的真理是"具体的"

第五讲

世界普遍合理化的指控—辩证法不是理性主义思维—理性主义争论—概念性思维是不可避免的—非理性主义的真理环节—非理性之物是理性的环节—痛苦和幸福是内在于思维的—自在存在、自为存在和自在自为的存在—正题、反题和合题的关系—辩证的方法关乎事物矛盾性的生命—辩证法不能幸免于意识形态上的滥用

第六讲

辩证的方法不是形式性的思维图式—真理的客观化—任何真实的思想一旦被孤立起来也会变得不真实—三段论图式在黑格尔那里的不相关性—对矛盾普遍化的指控—矛盾不是第一原则—黑格尔对康德先验辩证论的批判

第七讲

黑格尔发展的辩证原则是一种现实存在的原则—辩证法在康德

那里仅仅是理性批判的否定性方面—理性批判的肯定性环节—反思成为理性的思辨性自我认识的原则—对认识的认识同时也是内容性知识的原则—辩证法与形式逻辑—黑格尔那里的“例子”—判断的逻辑形式和着重意义上的概念—辩证的矛盾是思维与世界相互分离的表达

第八讲

辩证法以其自身之名来称呼世界的否定性状态—矛盾不仅在思维当中,而且也是客观的—矛盾作为分裂的原则同时也是统一的原则—辩证法是先验和经验的统一—世界的客观秩序本身的概念本性—辩证法的强制性特征—辩证法的体系要求—黑格尔法哲学中的辩证矛盾—辩证法体系不是连续的演绎关联—黑格尔的经验概念

第九讲

认识的悖论性任务:非同一物的同一化—思维与存在在思维中的同一性(黑格尔)—非同一性和矛盾不能在思维中被扬弃(马克思)—唯物主义的存在先于意识是成问题的—部分与整体互相预设—唯物主义的文学批评不能从无中介的个别经验开始(本雅明)—辩证唯物主义不是庸俗的唯物主义—对总体性的形而上学实体化的指控(韦伯)

第十讲

对社会整体的知识先于个别经验—对整体的先行经验不是人的特权—放弃黑格尔对无中介的直观的重建—整体和部分的协调一致是一个过程的结果—直觉—理论不是完成了的东西—辩证法的教条式僵化的危险(卢卡奇)—追溯认识的起源是非辩证的—关于过时的哲学观念在个别学科中的继续存活

第十一讲

角色概念的术语修正—整体和部分互不优先—形而上学作为第一者的科学—本原作为单纯的开端(黑格尔)—黑格尔的本体论挪用—黑格尔那里的“抽象”—辩证法不是运动的本体论—黑格尔那里的“存在”—直接性哲学是向神话学的倒退—辩证法和实证主义—物化世界自然的假象

第十二讲

辩证法和实证主义的亲和性—本质与现象的根本区分—辩证法穿透了最终的被给予性之直接性的假象—达姆斯塔特社区研究—工业社会学的动机分析—经验性和批判性的民意调查—从实证主义过渡到辩证法—被给予物中的矛盾作为辩证运动的原则

第十三讲

笛卡尔那里的科学方法—理性主义作为追求自然统治的意志—被认识者明见性的公设(笛卡尔)—解释学的居间思考(Zwischenbetrachtung)—明见性公设作为形而上学终极论证的形态—感性知觉的明见性已经被中介了—认识的秩序和被认识之物的秩序—经验与概念—要素分析摧毁了认识的真正兴趣—自然哲学和自然科学—哲学仍然受缚于个别科学的质料性内容

第十四讲

单靠要素分析不能产生认识—普遍物自身在特殊物中具体化—辩证法对发展概念的态度—家庭不是单纯的残留物—社会不是有机体，而是对抗性的—认识的连续性步骤—通过不连续性来建构社会的统一性—预设的连续性是肯定性的—热情是认识的必然环节—连续性的肯定性方面

第十五讲

逻辑的强制特征—内在批判和超验性批判—思想的流动性不是逃避—诸矛盾是根本性的—反对相对主义—对个别对象的辩证认识需要反思性的自省—对无根据性的指控—关于流动性的社会学说明—哲学的实质在于其思想的力量来源—赫拉克利特和黑格尔那里被息止的动力

第十六讲

完备性公理教条式的特征—完备性公设在德国唯心主义中的兑现—借助模式辩证地阐明诸对象领域—马克斯·韦伯的理想型—埃德蒙德·胡塞尔那里的本质直观—用模式来思维—文学作品中迷宫式的交流(卡夫卡、巴尔扎克、冯·多德勒)—体系概念的历史变迁

第十七讲

意识作为近代体系思想的统一性原则—19 世纪对体系的批判和拯救的努力—体系概念在今天的吸引力—体系思想幽灵式的长存—体系的需要和封闭的世界经验—诸个别科学间没有范畴的连续性(塔尔科特·帕森斯)—功能性体系概念的辩解性—"参照系"—科学的逻辑和坏的形而上学在今天是互补的—辩证法有益的时代错乱

第十八讲

二分法的意识—辩证法的中介不是亦此亦彼—中介作为极端批判性的自身反思—社会学中的非此即彼—辩证法否定性的真理概念—价值既不是彼岸的,也不仅仅是相对的—真理的尺度内在于客体当中—辩证法不是立场思维—辩证法拒绝灵丹妙药—作为逻辑形式的定义

第十九讲

一个概念直指式规定和定义式规定的界限—概念不是一块白板—概念和星丛—概念的动力和生命是辩证法的对象—口头定义和哲学定义—哲学的定义渴求关于事物的预知—它将概念扩展为力场—缩减作为哲学定义的特殊标志—个别科学中的操作性定义—认识综合性环节的丧失—操作性定义的应用范围—辩证法作为唯名论和实在论的批判性中介—现象学意义分析的真理性环节

第二十讲

作为星丛和形象的辩证的概念规定—柏拉图的理念秩序是社会分工的表达—对事物的陈述不是外在的—陈述保障了认识的客观性—作为辩证法初始动机的同一化判断中的矛盾—逻辑判断形式的真实性和不真实性—判断中主观的综合和客观的事态—对逻辑学的内在批判—对推理程序的现象学批判—放弃作为辩证思维之指标的逻辑归属—在没有假设主体和客体同一性的情况下,认识是可能的吗?

译 后 记

按照我们对阿多诺著作的划分*，本书属于“第三层次”，也就是阿多诺战后的系列讲课录音整理稿，这些课程伴随着其代表作的酝酿、构思和写作，为我们理解阿多诺艰深的代表作提供了一条更加便捷的途径。作为真实课堂的录音整理稿，它不仅反映了阿多诺本人创作历程的特定节点，而且包含着反映当时青年学生思想状况的诸多线索，阿多诺甚至专门为对辩证法拒绝、偏见和苛求的普通学生作出有针对性的解释，为我们了解战后德国大学的精神氛围提供了最直接的资料。另外，本书还附有阿多诺本门课程的规划纲要，不仅提供了一个内容框架，而且让读者对阿多诺的教学活动方式有一个感性认识。

阿多诺在第一讲就强调，“辩证法是一种思维方法，但更是事物的一种特定结构”**，这一观点的直接来源无疑是黑格尔和马克思。在讲课的过程中，阿多诺反复向学生诵念黑格尔哲学文本的特定段落，并对其作出有针对性的解释，使得辩证法的核心观念如“矛盾”“概念的运动”和“规定了的否定”等变得不再艰深，以让普通听众容易理解。同时阿多诺还不时阐明辩证法与当代哲学诸多思潮，尤其是现象学、存在哲学和实证主义等在基本立场上的差异，通过批判诸多直接性观念，在当

* 参阅阿多诺：《本真性的行话》，谢永康译，上海人民出版社 2021 年版，译后记。

** 参见本书第 1 页。

代重新突出了黑格尔的普遍中介的观念;像马克思本人一样,阿多诺也通过对唯心主义的辩证批判得出唯物主义,或者说为非同一物伸张其应有的权利。这些意图后来在《否定的辩证法》之中得以展开,成为阿多诺哲学思想的核心部分。总之,本书可以被视为我们走进否定辩证法的第一步。

最后还要对本书的翻译工作作一些交代。作为阿多诺著作的第三层次著作,本书除了诸多口语化表达之外,翻译难度总体低于其代表作。本书的翻译工作由谢永康和彭晓涛合作完成:彭晓涛先翻译出每一讲的初稿,然后由谢永康逐句核对,并提出修改意见。全书完成后,由两人各自先后校对一遍,并将全文提交"阿多诺选集译者工作群"做终稿审读,由余玥、李菲和彭蓓进行审读完并修改后交出版社,最后由谢永康修改定稿。在此对参与本书工作的各位译者同仁以及上海人民出版社的于力平和毛衍沁编辑表达衷心的感谢!当然,译文肯定还存在诸多不当甚至错讹之处,均由译者负责,主要是谢永康负责,恳请读者批评指正。

谢永康　彭晓涛

2024 年 3 月 26 日

图书在版编目(CIP)数据

辩证法导论/(德)阿多诺(Theodor W. Adorno)
著;(德)克里斯托夫·齐尔曼编;谢永康,彭晓涛译
.—上海:上海人民出版社,2024
(阿多诺选集)
ISBN 978-7-208-18798-6

Ⅰ.①辩… Ⅱ.①阿… ②克… ③谢… ④彭… Ⅲ.
①辩证法-研究 Ⅳ.①B015

中国国家版本馆 CIP 数据核字(2024)第 053834 号

责任编辑 毛衍沁
封面设计 尚书堂

阿多诺选集
辩证法导论
[德]阿多诺 著
[德]克里斯托夫·齐尔曼 编
谢永康 彭晓涛 译

出　　版 上海人民出版社
(201101 上海市闵行区号景路 159 弄 C 座)
发　　行 上海人民出版社发行中心
印　　刷 上海商务联西印刷有限公司
开　　本 635×965 1/16
印　　张 22.25
插　　页 2
字　　数 282,000
版　　次 2024 年 5 月第 1 版
印　　次 2024 年 5 月第 1 次印刷
ISBN 978-7-208-18798-6/B·1740
定　　价 88.00 元

Frankfurter Schule

法兰克福学派书系

马克斯·霍克海默

《启蒙辩证法：哲学断片》
《批判理论》
《文化批判》
《理性之蚀》

特奥多·W.阿多诺

◇ 阿多诺选集·哲学

《否定的辩证法》
《美学理论（修订译本）》
《最低限度的道德：对受损生活的反思》
《黑格尔三论》
《认识论元批判：胡塞尔与现象学的二律背反研究》
《本真性的行话：论德意志意识形态》
《批判模式》
《棱镜》

◇ 阿多诺选集·音乐

《论瓦格纳与马勒》

◇ 阿多诺选集·遗著

《道德哲学的问题》
《辩证法导论》

尤尔根·哈贝马斯

《交往行为理论(第一卷)：行为合理性与社会合理化》
《包容他者》
《后民族结构》
《欧盟的危机：关于欧洲宪法的思考》
《社会科学的逻辑》
《真理与论证》
《在自然主义与宗教之间》

Frankfurter Schule

法兰克福学派书系

阿克塞尔·霍耐特

《权力的批判：批判社会理论反思的几个阶段》
《为承认而斗争：论社会冲突的道德语法》
《承认：一部欧洲观念史》
《理性的病理学：批判理论的历史与当前》
《再分配还是承认？——一个政治哲学交辩》
《正义的他者》
《时代的活体解剖：20 世纪思想史画像》
《承认还是歧义？——一场辩论》

南希·弗雷泽

《食人资本主义》
《正义的中断:对“后社会主义”状况的批判性反思》
《正义的尺度:全球化世界中政治空间的再认识》
《伤害+侮辱:争论中的再分配、承认和代表权》

哈特穆特·罗萨

《新异化的诞生：社会加速批判理论大纲》
《不受掌控》
《晚期现代社会的危机：社会理论能做什么?》

莱纳·福斯特

《辩护的权利：建构主义正义论的诸要素》
《正义的语境：超越自由主义与社群主义的政治哲学》
《冲突中的宽容：一个争议性概念的历史、形态和当下境遇》